Alexander Lowen

Liebe, Sex und dein Herz

Kösel

Übersetzung aus dem Amerikanischen: Karin Petersen, Berlin.
Die Originalausgabe erschien unter dem Titel »Love, Sex and
Your Heart« bei Macmillan Publishing Co., New York.

2. Auflage 1989, 9.–16. Tausend
Copyright © 1988 by Alexander Lowen, M.D.
© 1989 für die deutsche Ausgabe by Kösel-Verlag
GmbH & Co., München.
Printed in Germany. Alle Rechte vorbehalten.
Druck und Bindung: Kösel, Kempten.
Umschlag: Elisabeth Petersen, Glonn.
ISBN 3-466-34235-X

Inhalt

Vorwort

Wir alle erkennen das Herz als ein Symbol für Liebe an. Aber ist die Beziehung zwischen Herz und Liebe eine rein symbolische? Oder gibt es zwischen beiden eine reale und lebenswichtige Verbindung?

Die meisten Menschen haben nicht nur erlebt, daß ihr Herz in Gegenwart eines geliebten Menschen schnell schlägt, sondern auch, wie ihnen nach einer Auseinandersetzung mit dem oder der Geliebten das Herz schwer ist. Darüber hinaus ist es in sämtlichen Kulturen ein allgemein verbreitetes Verhalten, sich die Hand auf das Herz zu legen, wenn man über Liebe spricht, wie um die körperlichen Empfindungen zu lokalisieren, die mit der Emotion einhergehen. Da das Herz anscheinend an jeder Liebeserfahrung beteiligt ist, müssen wir annehmen, daß Redewendungen wie »ein Herz voller Liebe« auch ein körperliches Phänomen beschreiben.

Welche Gültigkeit hat dann für uns die Vorstellung vom gebrochenen Herzen? Obgleich Herzen nicht in Stücke brechen, wenn die Liebe zurückgewiesen oder ein geliebter Mensch verloren wird, zerbricht in solchen Situationen eindeutig etwas. Gibt es so etwas wie ein verschlossenes Herz oder ein offenes Herz? Diese Fragen sind nicht nur für ein Verständnis unserer Gefühle wichtig, sondern auch für die Gesundheit des Herzens. Wenn wir annehmen, daß die Verbindung zwischen Herz und Liebe eine reale ist, wie ich es in diesem Buch fortwährend tue, kann die Hypothese aufgestellt werden, daß ein Herz ohne Liebe unweigerlich dahinsiechen und sterben muß. Mein Glaube, daß es sich tatsächlich so verhält, stammt aus meiner Erfahrung als Arzt, der Patienten bei ihrem Bemühen hilft, ihre Herzen zu öffnen und Freude am Leben zu gewinnen. Einige ihrer Fallgeschichten werde ich in diesem Buch vorstellen.

Was ist mit der Sexualität? Wenn wir die Meinung vertreten, daß Liebe und Sexualität zwei getrennte Funktionen sind, wie manche Menschen das tun, müssen wir annehmen, daß das Herz am Sex nicht stärker beteiligt ist als an jeder anderen körperlichen Aktivität. Bei dieser Auffassung wird die Funktion des Herzens, Blut durch den Körper zu pumpen, um das Gewebe mit Sauerstoff und Nahrung zu versorgen und Rückstände zu beseitigen, zwangsläufig als eine rein mechanische betrachtet. Aber auch hier stoßen wir wieder auf die Umgangssprache, die statt von Sexualität oder Geschlechtsverkehr von »sich lieben« spricht und die somit von einer direkten Verbindung zwischen Liebe und Sexualität und darüber hinaus also auch zwischen dem Herz und den Geschlechtsteilen ausgeht.

Es ist das Anliegen dieses Buches, diese Verbindungen zu erhellen, damit der Leser und die Leserin sehen können, wie ihr emotionales Leben an ihr körperliches Dasein gebunden ist und wie ihre körperliche Gesundheit von ihrem emotionalen Wohlbefinden abhängt. Es ist meine Hoffnung, daß den Lesern ein Verständnis der Ursachen für die Angst vor Liebe dabei hilft, ein liebevollerer Mensch zu werden und dadurch die Gesundheit ihres Herzens sicherzustellen. Ohne dieses Wissen gehen unsere sämtlichen Bemühungen, für die Gesundheit unseres Herzens zu sorgen, am Kern des Problems vorbei.

Wir werden deswegen damit beginnen, das Band zwischen Herz und Liebe zu untersuchen, eine Beziehung, die über die Jahrhunderte hinweg von Dichtern, Philosophen und religiösen Lehrern immer wieder erkannt und ausgedrückt wurde.

Erster Teil
Die Erfüllung in der Liebe

Es gibt wahrscheinlich keinen Begriff in unserer Sprache, der auf so viele unterschiedliche Weisen benutzt wird, wie der Begriff »Liebe«. Einige Menschen benutzen ihn, um damit eine allgemeine Selbstaufgabe zu umschreiben. Andere benutzen ihn auf ziemlich egoistische Weise, um damit ihr Bedürfnis, akzeptiert und umsorgt zu werden oder einen anderen Menschen zu besitzen und zu kontrollieren, auszudrücken.

Liebe kann als eine Haltung oder eine Handlung betrachtet werden, aber wir müssen erkennen, daß sie ein *Gefühl* ist – und aus diesem Grunde auch ein physiologischer Ablauf im Körper. Um Liebe verstehen zu können, müssen wir diesen physiologischen Prozeß verstehen. Wie bei jedem anderen physiologischen Prozeß auch, besteht sein Ziel darin, das Wohlbefinden des Organismus zu steigern, was als Lust und Freude erlebt wird. Die Erfüllung in der Liebe ist die Freude, die am intensivsten dann verspürt wird, wenn zwei Menschen, die sich lieben, zusammenkommen.

In den nächsten Kapiteln werden wir untersuchen, wie Liebe erfüllt und wie sie frustriert wird.

1 Liebe steht im Zentrum des Lebens

Seit frühester Zeit ist das Herz ein mächtiges Symbol im menschlichen Denken. Die Austauschbarkeit der Worte Herz und Kern wird in allgemeinen Redewendungen wie »das Herz aller Dinge« oder »im Grunde seines Herzens« offensichtlich. Die meisten Menschen betrachten das Herz als ihren Wesenskern, ähnlich wie die Nabe eines Rades. Wenn man also von einem Menschen sagt, er habe sich »von ganzem Herzen« geändert, gehen wir davon aus, daß seine Lebenseinstellung sich grundlegend gewandelt hat.

Das Herz ist nicht nur Symbol für das emotionale Zentrum der Menschheit, sondern auch für ihr spirituelles Zentrum. Viele Menschen halten das Herz für die Quelle allen Lebens. Ein jüdischer Mystiker sagte: »Wisset, daß das Herz die Quelle allen Lebens ist, und es hat seinen Platz im Mittelpunkt des Körpers als innerstes Heiligtum.«[1] Da wir auch Gott für die Quelle allen Lebens halten, folgt daraus, daß Gott seinen Sitz im Herzen haben muß. Und so lautet auch ein Rat in den Lehren der Upanischaden: »Betritt den Lotos des Herzens und meditiere dort auf die Gegenwart des Brahmanen.«[2]

Laut George S.J. Mahoney, einem christlichen Theologen, »ist das Herz in der Sprache der Bibel der Sitz menschlichen Lebens, der Sitz all der Lehren, die uns in unserem innersten Wesen erreichen… Das Herz ist der Ort, an dem wir Gott von Angesicht zu Angesicht begegnen.«[3] Bruder David Steindl-Rast äußert sich übereinstimmend: »Wenn wir unser Herz wirklich finden, finden wir das Reich, in dem wir aufs innigste mit uns selbst, mit anderen und auch mit Gott eins sind.«[4] In den Upanischaden wird das Selbst ebenfalls im Herzen angesiedelt, im innersten Kern von Spiritualität: »Das Selbst ist wahrlich das Herz… Der Mensch, der das weiß, betritt die himmlischen Gefilde tagtäglich.«[5] Wie metaphorisch, spirituell und philosophisch diese Lehren auch immer sein mögen, es muß für die wiederholt aufgeführte Verbindung zwischen dem menschlichen Herzen und der Quelle allen Lebens eine tatsächliche physische Grundlage geben. Diese Grundlage ist der Herzschlag selbst, der rhythmische Pulsschlag, der das lebenspendende Blut durch den Körper befördert. Er ist die offensichtlichste Manifestation der Lebensenergie im menschlichen Organismus. Dieses rhythmische Pulsieren charakterisiert alle Lebewesen sowie das gesamte physische Universum – auch Ton und Licht bewegen sich letztendlich als Wellen durch den Raum.

Obwohl die Verbindung von Herz und Liebe in unserer Kultur allgemein anerkannt ist, betrachten sowohl Herzspezialisten als auch die meisten Nicht-Fachleute diese Verbindung als eine nur symbolische. Ein Schlagerstar mag singen: »Du hast mein Herz gestohlen«, oder: »Ich habe mein Herz an dich verloren«, aber wer glaubt schon, daß ein Mensch sein Herz tatsächlich verlieren kann oder eines Morgens aufwacht und feststellen muß, daß es ihm gestohlen wurde? Trotzdem ergibt es einen Sinn, wenn wir diese Ausdrücke beim Wort nehmen. Jemand »verliert« sein Herz, wenn er sich so tief auf einen anderen Menschen einläßt, daß es ihm nicht länger zu gehören scheint. Jedesmal, wenn er an den geliebten Menschen denkt, verspürt er ein Gefühl von Freude oder Traurigkeit, das so eng an den anderen gebunden ist, als habe dieser sein Herz in Besitz genommen.

Wie wir sie auch beschreiben mögen – Gefühle sind keine eingebildeten Höhenflüge. Sie beruhen auf tatsächlichen Vorgängen im Körper, die ihnen Antrieb verleihen. Wenn wir das Gefühl haben, uns sei schwer oder leicht, kalt oder warm ums Herz, gibt es einen entsprechenden Ablauf auf der physischen Ebene im Körper, der uns so fühlen läßt. Dieses Geschehen kann am besten als ein Ab- oder Zunehmen des Erregungszustands des Körpers beschrieben werden. Bei Erregung fühlen wir uns leicht; bei Abwesenheit von Erregung fühlen wir uns niedergeschlagen und deprimiert. Steht die Erregung im Zusammenhang mit Liebe, spüren wir sie ganz unmittelbar in der Herzgegend. Beim Anblick des geliebten Menschen oder beim Denken an ihn kann uns leichter ums Herz werden, und das Herz kann schneller schlagen. Dabei kann unser Herz sogar »einen Sprung machen« und einen Schlag aussetzen.

Solange es Leben gibt, existiert jede Zelle in einem Zustand der Erregung, ganz gleich ob es sich um die eines einzelligen oder eine innerhalb eines komplexen, hochstrukturierten Organismus wie dem des Menschen handelt. Die Erregung kann zu- oder abnehmen, ist aber immer bis zu einem gewissen Grad vorhanden. Dieser Zustand ist bei den ganz Jungen am intensivsten und bei den ganz Alten am schwächsten ausgeprägt, was heißt, daß die Flamme des Lebens langsam verlischt, während wir älter werden. Ein Kind kann so erregt werden, daß es im wahrsten Sinne des Wortes Freudensprünge macht. Diese Reaktion kommt bei einem älteren Menschen, dessen Körper unbeweglicher und steifer geworden ist, seltener vor. Im Tode wird das Erregungspotential des Körpers ganz ausgelöscht.

Der Erregungszustand eines Menschen ist immer an seinem Körper ablesbar. Bei einem hohen Maß an Erregung fließt mehr Blut zur Körperoberfläche, die Augen strahlen, die Spannkraft der Haut verbessert sich, die Bewegungen sind spontaner, die Hände wärmer, das Gehirn ist rege, und das Herz schlägt schneller. Im Tode werden die Augen trübe und glasig, der Körper stellt seine Bewegungen ein, und die Haut wird weiß und kalt.

Negative Erregungszustände zeigen nicht die gleichen Wirkungen. Wenn der Körper im Zustand der Panik gesteigerte Aktivitäten an den Tag legt, sind die Bewegungen wild und unkoordiniert, und die Erregung konzentriert sich weitgehend auf die Muskulatur und das Herz, das dabei rasen kann. Wenn die Angst ein gewisses Maß übersteigt, kann der Mensch sterben, da das Muskelsystem gelähmt wird und das Herz zu schlagen aufhört. Starker Schmerz, der den Körper veranlaßt, sich zu krümmen und zu winden, ist ein weiterer negativer Erregungszustand. Das gleiche gilt für Wut, die, anders als Ärger, negative Auswirkungen auf den Körper hat. Bei Ärger ist der Körper heiß, und die Augen können Funken sprühen; bei Wut dagegen ist der Körper kalt, und die Augen sind schwarz

Zu positiver Erregung kommt es durch eine angenehme Situation. Der Körper befindet sich in einem Zustand der Ausdehnung, und die Aufladung oder Erregung an der Körperoberfläche ist stark. Negative Erregung entsteht in Situationen von Angst und Gefahr. Der Körper befindet sich in einem Zustand der Kontraktion, und die

Aufladung an der Körperoberfläche verebbt. Auch die Atmung ist in beiden Zuständen unterschiedlich. Bei Wohlbehagen ist die Atmung leicht, tief und relativ langsam. Sie wird niemals mühsam, weil mühsames Atmen ein Zeichen für Bedrängnis ist. Wenn ein Mensch jedoch Angst hat oder Schmerzen verspürt, ist die Atmung flach, angestrengt und schnell.

Das Gefühl von Liebe ruft die begrüßenswertesten Wirkungen auf den Körper hervor. Ein verliebter Mensch scheint vor Freude zu strahlen. Seine glänzenden Augen und seine rosig schimmernde Haut sind nicht nur der starken Blutzufuhr zur Körperoberfläche hin, sondern auch einer Welle von Erregung zuzuschreiben, die zur Körperoberfläche fließt und das Gewebe belebt.

Das Strahlen und Glühen eines verliebten Menschen ist keine rein bildliche Vorstellung, denn es kann tatsächlich wahrgenommen werden. Die Ursache dafür liegt in einem größeren Erregungszustand und einem intensiveren Pulsieren der Organe und des Gewebes. Das rhythmische Pulsieren ist nicht dem Herzmuskel vorbehalten. Wenn es sich auch vor allem in der Atmung manifestiert und ebenso, wenn auch weniger sichtbar, in den peristaltischen Wellen des Verdauungstraktes, kommt es doch in sämtlichen lebenden Zellen und Organen vor. Obgleich jedes Gewebe- oder Organsystem seinen eigenen Rhythmus hat, ist dieser doch auf das grundlegende Pulsieren des Herzens abgestimmt und auch davon abhängig. Der Herzschlag ist es, der dem ganzen Körper Leben verleiht. Wenn uns leicht ums Herz ist, arbeiten sämtliche Organe besser; ist uns schwer ums Herz, ist die Funktion sämtlicher Organsysteme herabgesetzt.

Bei Wohlbehagen fließt also das Blut zur Körperoberfläche, während es bei Schmerz zur Körpermitte strömt. Ein Mensch kann auf eine Angst- oder Paniksituation reagieren, indem er durch Handeln versucht, die Bedrohung oder Gefahr abzuwenden, und dabei das willkürliche Muskelsystem aktiviert, das dicht unter der Haut liegt. Als Vorbereitung auf das Handeln strömt dann das Blut in diese Muskeln und lädt sie auf. Ob der Mensch eine solche Reaktion als Ärger oder als Angst erfährt, hängt ganz davon ab, ob sich daraus eine Bewegung auf die Welt zu ergibt mit dem Ziel,

Harmonie und Freude wieder herzustellen, oder eine Fluchtbewegung vor der Gefahr.

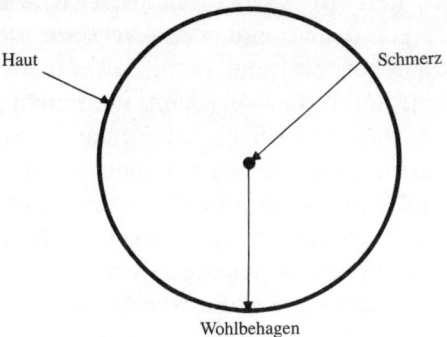

Haut

Schmerz

Wohlbehagen

Abbildung 1: Die Antwort des Organismus auf seine Umgebung – sich vor Wohlbehagen ausdehnen oder vor Schmerz zurückziehen.
Schmerz oder Angst bewirkt Kontraktion, die eine verminderte Aufladung an der Oberfläche erzeugt. Wohlbehagen ruft Ausdehnung hervor, was zu einer gesteigerten Aufladung an der Körperoberfläche führt: Haut, Augen, erogene Zonen.

Die Bewegung von Blut und Körperflüssigkeiten hin zur Körperoberfläche oder weg davon (siehe Abb. 1) stellt die Reaktion eines Menschen auf seine Umgebung dar. Ist die Umgebung akzeptierend, positiv und lebensbejahend, drängt das Blut zur Oberfläche, und der Mensch selbst wird ausgreifen, um Kontakt aufzunehmen. Das wiederum führt zu Gefühlen von Zuneigung und Wohlbehagen oder, bei intensiverer Erregung, zu solchen von Liebe und Freude. Zuneigung und Wohlbehagen können nicht voneinander getrennt werden. Wir lieben alles, womit wir uns wohlfühlen. Trotzdem erzeugt Liebe nicht immer Wohlbehagen; viel zu oft führt sie zu Schmerz. Bei Liebe drängt es uns, dem geliebten Menschen näher zu kommen, aber wenn er oder sie uns dann ablehnt oder verläßt, verkehrt sich unser Wohlbehagen schnell in Schmerz. Die Intensität des Schmerzes steht in direktem Verhältnis zur Intensität der Liebe. Wenn ein Kind, das seine Eltern von ganzem Herzen liebt, auf Ablehnung stößt, kann man wohl sagen, daß diese Ablehnung ihm das Herz bricht.

Wie bei jedem Schmerz zieht sich auch bei einem gebrochenen Herzen das Blut von der Körperoberfläche in die Mitte des Körpers zurück, was das Herz belastet und ein Gefühl von Schwere und Hoffnungslosigkeit hervorruft. Erlebt ein Mensch, wie ihm in der Kindheit das Herz gebrochen wird, kann das dazu führen, daß er später Angst hat zu lieben. Das heißt nicht, daß er nicht lieben kann oder wird, aber sein Impuls, auszugreifen, wird nicht aus ganzem Herzen geschehen, sondern eher ein zögernder Versuch sein. Er kann die Sehnsucht zu lieben im Herzen tragen und bewußt lieben wollen, aber wenn die Erinnerung an den Schmerz in seinem Unbewußten weiterhin lebendig ist, wird Angst ihn davon abhalten, auszugreifen. Sein Körper wird unter der Kontrolle des sympathischen Nervensystems stehen, das die Blutzufuhr zur Körperoberfläche behindert.

Die Erregung der Liebe hängt von der Nähe der Liebenden ab. Ähnlich wie das Gesetz der Schwerkraft besagt, daß die Anziehung zwischen zwei Körpern umgekehrt proportional zur Quadratzahl der Entfernung zwischen ihnen ist, ist die Erregung zwischen Liebenden desto größer, je näher sie sich sind. Die Erregung ist am größten, wenn zwei Individuen liebevollen Kontakt miteinander haben.

Jeder angenehme Kontakt zwischen zwei Körpern führt zu Liebesgefühlen. Die übliche Umarmung von Freunden, die sich treffen, ist ein Ausdruck von Zuneigung, der dazu dient, die Beziehung zwischen ihnen zu festigen. Der Handschlag ist der bei uns am meisten verbreitete Körperkontakt, mit dem wir ein gewisses Maß an positiven Gefühlen ausdrücken. Die Verweigerung des Handschlags bei der Begrüßung oder beim Abschied kann als Ausdruck von Kälte oder Feindseligkeit betrachtet werden. Ebenso ist ein Kind, dessen Eltern ihm körperliche Zuneigung verweigern, zwangsläufig tief verletzt. Viele meiner Patienten haben sich darüber beklagt, daß ihre Eltern sie selten berührt, im Arm gehalten oder geküßt haben, obgleich sie dem Kind erzählten, es würde geliebt. Ihre Eltern mögen sie durchaus geliebt haben, aber dieses Gefühl wurde nur selten so ausgedrückt, daß meine Patienten sich auch geliebt *fühlten.*

16

Es gibt viele Möglichkeiten des liebevollen Kontakts ohne körperliche Berührung. Der Ton ist zum Beispiel eine physische Kraft, die auf den Körper einwirkt. Kinder werden durch das Wiegenlied der Mutter, das sie als Ausdruck von Liebe wahrnehmen, gewärmt und beruhigt. Liebevoll gesprochene Worte können die gleiche Wirkung haben, nicht aufgrund der Worte selbst, sondern aufgrund des Tonfalls, in dem sie geäußert werden. Eine warme Stimme drückt ebenso eindeutig Liebe aus, wie eine kalte, kurz angebundene Stimme Feindseligkeit übermittelt. Die Augen sind ein weiteres wichtiges Kommunikationsmittel. Wir können Menschen mit Wärme und Zuneigung betrachten oder mit Kälte und Feindseligkeit. Der Satz, daß Blicke töten können, zeugt von ihrer Macht. Ebenso kann ein Blick voll Zuneigung unser Herz berühren.

Damit ein Ton eine emotionale Wirkung haben kann, muß er gehört werden; damit ein Blick wirken kann, muß er gesehen werden. Augenkontakt ist kein mechanischer Ablauf mit berechenbarem Resultat. Zwei Menschen können einander anschauen, ohne einen Kontakt herzustellen, weil nichts zwischen ihnen fließt. Wenn ihre Augen aufleuchten, senden sie jedoch einen Lichtstrahl aus, der den Raum durchqueren und die Augen des anderen erreichen kann, wodurch ein wirklicher Kontakt entsteht. Viele von uns haben einen solchen Augenkontakt selbst erlebt und wissen, wie erregend er ist. Gelegentlich führt er auch zu dem Phänomen, das wir Liebe auf den ersten Blick nennen. Ich kann mich deutlich daran erinnern, daß ich mich an dem Abend in meine Frau verliebte, als ich in ihren Augen Sterne leuchten sah. Ihr Blick berührte mein Herz und nahm mich gefangen. Liebe verlangt nach Nähe. Der Kontakt kann mit einem Blick beginnen, wird jedoch bei einem natürlichen Verlauf zu einer Umarmung oder noch intimerem Kontakt zwischen zwei Menschen führen.

Normalerweise wird der intime Kontakt über Körperbereiche hergestellt, in denen das Blut sehr dicht an der Oberfläche fließt. Diese Bereiche sind als erogene Zonen bekannt, nämlich Lippen, Brustwarzen und Genitalien. Die rote Farbe der Lippen zeigt an, wie reichlich sie direkt unter einer dünnen Schicht von Schleimhäuten mit Blut versorgt sind. Wenn zwei Lippenpaare beim Küssen aufeinandertreffen, ist das Blut der Beteiligten nur durch diese dünnen Häute getrennt, wodurch ein hohes Maß an Erregung entsteht. Tatsächlich kann der Mundraum, einschließlich der Zunge, als erogene Zone betrachtet werden, weil der ganze Bereich reichlich von Blutgefäßen durchzogen ist. Jeder stimulierende Kontakt eines erogenen Bereichs ist erregend, wenn der Mensch in entsprechender Stimmung ist. Wenn erogene Zonen miteinander in Kontakt kommen, wie es beim Sex geschieht, kann die Erregung sich in hohem Maße steigern.

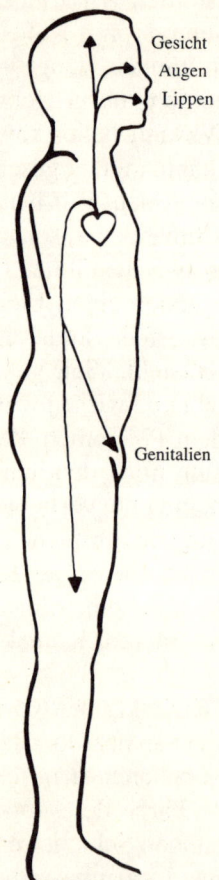

Gesicht
Augen
Lippen

Genitalien

Abbildung 2: Der Weg des Blutes (Eros) vom Herzen (Liebe) zu den erogenen Zonen (Lust)

Die genitale Liebe zwischen Mann und Frau sollte daher von allen Aktivitäten die erregendste sein, denn die Geschlechtsorgane ermöglichen den engsten Kontakt zwischen zwei Individuen. Zu einem ähnlich engen Kontakt kommt es beim Stillen, wenn der Mund des Säuglings und die Brust der Mutter eine nahezu vollkommene Einheit bilden.

Abbildung 2 zeigt den Weg, den das Blut vom Herzen sowohl nach oben (durch die aufsteigende Hauptschlagader) als auch nach unten (durch die absteigende Hauptschlagader) nimmt. Bei Wohlbehagen strömt das Blut reichlich zur Körperoberfläche, und bei erotischer Lust bewirkt es eine starke Erregung der erogenen Zonen.[6] Aus diesem Grund wird das Blut als Liebesbote betrachtet. (Weitere Überlegungen zum Thema Blut als Liebesbote finden Sie in meinem Buch *Körperausdruck und Persönlichkeit*).

Liebe beschränkt sich nicht auf die sexuelle Liebe zwischen Mann und Frau. Liebe existiert überall da, wo es Wohlbehagen und den Wunsch nach Nähe gibt. Ein Kind, das seinen Teddy liebt, wird ihn wie ein Lebewesen eng an seinen Körper drücken, weil dieser Kontakt ihm angenehm ist und es sich dabei wohlfühlt. Auf ähnliche Weise lieben wir unsere Freunde und Freundinnen aufgrund des Wohlbehagens und der Erregung, die wir in ihrer Gesellschaft empfinden. Die Liebe, die ein Mensch zu einem Haustier empfindet, folgt demselben Prinzip: Der Wunsch nach Nähe und Kontakt ist gebunden an das Gefühl von Erregung und Wohlbehagen während dieses Kontaktes. Lieben heißt, sich verbunden fühlen, nicht abstrakt wie in der Liebe zum Nächsten, sondern körperlich durch Nähe und Kontakt.

Der genitale Kontakt zwischen Mann und Frau birgt, wie schon erwähnt, die größte Erregung und die größte Lust. Eine solche Erregung und Lust beruht darauf, daß die Geschlechtsorgane anschwellen oder reichlich mit Blut aufgeladen werden, so wie die Hitze sexueller Leidenschaft darauf beruht, daß das Blut sich dicht unter der Körperoberfläche befindet. Ohne diese Blutfülle sind die Genitalien wie auch die Haut sämtlicher anderer Körperteile relativ kalt. Werden sie aber stimuliert, beginnen sie als Antwort auf den Herzschlag rhythmisch zu pulsieren. Das ist der Grund, warum das

Herz die Quelle des Eros ist – oder, wie man auch sagen könnte, die Heimat des Eros.

Eines der verblüffendsten Mysterien im Leben ist das Phänomen der Liebe auf den ersten Blick. Daß es tatsächlich existiert, ist durch viele Erfahrungsberichte fraglos belegt. Manchmal kann es aber auch ein späterer »Anblick« sein, der die Wende bringt: Zwei Menschen, die sich schon seit einiger Zeit kennen, tauschen einen Blick miteinander aus oder erleben in anderer Form einen Kontakt, durch den die Liebe entfacht wird. Die einzig vernünftige Erklärung für dieses Phänomen ist, daß beide durch einen Blick oder einen Kuß im Herzen berührt und erregt wurden, so daß eine Woge von Erregung und Wärme den ganzen Körper durchlief. Dieses Gefühl, (nennen wir es »Liebe«) drängt uns, wie jedes andere auch, zur Tat. Aus ihm entsteht der Wunsch, dem geliebten Menschen so nahe wie möglich zu sein. Körperkontakt steigert die Erregung, sorgt aber auch für eine Entladung der Spannung, die durch das Begehren erzeugt wird. Die maximale Entladung geschieht natürlich durch sexuellen Kontakt, aber auch eine Umarmung oder ein Kuß kann als Abbau von Spannung fungieren.

Das Einssein der Liebenden in der sexuellen Umarmung führt nicht immer zu überwältigender Lust. Viele Paare, deren Beziehung mit intensiven Liebesgefühlen angefangen hat, enden bei Enttäuschung und Frustration. Den meisten Menschen fällt es viel leichter, erregt zu werden, als diese Erregung in die Lust und Befriedigung umzuwandeln, die aus der vollständigen Entladung dieser Erregung resultieren. In vielen Menschen gibt es ein unbewußtes Tabu gegen jeglichen sexuellen Kontakt mit einem geliebten Menschen. Dieses Tabu stammt aus den Kindheitserfahrungen der ödipalen Phase. Es bewirkt eine Spaltung der Einheit der Persönlichkeit, indem es die Liebesgefühle im Herzen von den Gefühlen sexuellen Begehrens im genitalen Apparat abspaltet. Auch wenn diese Spaltung niemals total ist, blockiert sie doch die Erfüllung in der Liebe. Wir müssen erkennen, daß es zwischen der Erregung in der Liebe und der Erfüllung in der Liebe einen Unterschied gibt. Auf jeden Fall gibt es Menschen, die niemals das Glück hatten, die ekstatische Erregung zu erleben, die eintritt, wenn wir uns verlieben und unser Herz sich dabei plötzlich und ganz einem anderen Menschen öffnet. Ihre Herzen sind verschlossen und können deswegen von einem anderen Menschen nicht erreicht werden. Aber kein Herz ist der Liebe gegenüber jemals ganz verschlossen. Wie Dornröschen mag es schlafend hinter einer scheinbar undurchdringbaren Dornenhecke gefangen liegen, aber irgendein Prinz oder eine Prinzessin kann die Hecke durchstoßen und das schlafende Herz erwecken. Wenn das geschieht, ist es jedesmal wie ein Wunder.

Wie kann ein Mensch eine solch starke Reaktion in einem anderen Menschen auslösen? Indem er in dessen Unbewußtem die Erinnerung an ein Gefühl von Lust und Erregung weckt. Verliebtsein kann paradiesisch sein, wenn unsere Liebe erwidert wird, oder es kann die reine Hölle sein, wenn unsere Liebe abgelehnt wird. Ich glaube, wir alle haben das Paradies einmal gekannt und verloren. Wir verlieben uns, wenn wir glauben, es wiedergefunden zu haben. Dieses Paradies, wo all unsere Bedürfnisse befriedigt wurden, wo es keinen Grund gab zu kämpfen oder uns anzustrengen, war der Mutterleib.

Für viele von uns setzt sich dieser paradiesische Zustand nach der Geburt für kurze Zeit fort, wenn unsere Mütter uns, wie die gute Erde selbst, versorgen und beschützen. Bis zu einem gewissen Grade hat jeder Säugling die Erregung des liebevollen Kontakts mit der Mutter und ihrem Körper erlebt. Jedes Kleinkind liebt seine Mutter von ganzem Herzen und reagiert erregt und lustvoll, wenn sie liebevollen Kontakt zu ihm herstellt. Dieser glückselige Zustand wird früher oder später erschüttert, aber in unseren Herzen bleibt die Sehnsucht danach zurück.

Kinder haben zwei Liebesobjekte, Mutter und Vater. Durch die Liebe von beiden erfahren sie die Freude des Liebens und des Geliebtwerdens. Aber die Freuden der Kindheit dauern nicht an. Der selige Zustand der Unschuld wird auf brutale Weise zunichte gemacht, wenn Kinder von ihren Eltern mißbraucht werden, was in unserer Kultur nichts Ungewöhnliches ist. Wenn aber die Realität der Liebe verloren geht oder zerstört wird, bleibt der Traum, denn ohne ihn wäre das Leben öde und leer. Die Hoffnung, das Paradies wiederzugewinnen, gibt unserem Leben Sinn. Wenn wir auf jemanden treffen, der in irgendeiner verblüffenden Weise dem geliebten Menschen gleicht, den wir in unserer Kindheit verloren haben, scheint das Wunder zu geschehen, der Traum scheint Wirklichkeit zu werden. In den meisten Fällen zerplatzt die Seifenblase. Was Realität schien, erweist sich als Illusion. Warum diese grausame Täuschung? Was ist falsch gelaufen?

Jede Erörterung der Liebe stößt auf die Schwierigkeit, daß das Wort zwei verschiedene Gefühle beschreibt, die beide ihren Ursprung im Herzen haben. Eins ist die Sehnsucht nach Nähe, die aus einem Mangel entsteht. Das andere ist der Wunsch nach Nähe, der aus der Fülle des Herzens erwächst. Auch wenn das Gefühl von Liebe im ersten Fall echt ist, ist es doch infantil oder kindlich. Es hat etwas Verzweifeltes an sich, weil sein Ziel darin besteht, den anderen an sich zu binden. Ist die Bindung erst einmal hergestellt, kann die abhängige Person nicht loslassen. Aber diese Unfähigkeit, loszulassen, findet ihren Ausdruck auch in der sexuellen Beziehung, so daß die Beziehung wenig Erfüllung schenkt. Die Liebe hingegen, die aus der Fülle des Seins entsteht, ist reife Liebe. Sie bindet den geliebten Menschen nicht, sondern läßt ihm oder ihr vielmehr Freiheit.

Es kommt oft vor, daß wir durch die moralischen Gebote, die wir als Kinder für die Liebe zu Eltern und Nachbarn erhielten, in bezug auf die Liebe verwirrt sind. Selbst wenn Mißhandlungen Bestandteil der Lebensgeschichte eines Patienten sind, kann er in der Therapie sagen: »Ich liebe meine Mutter.« Nach beträchtlicher analytischer Arbeit stellt sich meistens heraus, daß der Patient ärgerlich über die Mißhandlung ist und Haßgefühle auf die Mutter hegt. Ärger und Haß wurden aufgrund von Schuldgefühlen unterdrückt. Trotzdem bringen die Erkenntnis und das Akzeptieren der Haßgefühle auf die Mutter nicht sämtliche liebevollen Gefühle zum Verschwinden. Etwas an Liebe verbleibt im Herzen, denn Mutter war die Lebensspenderin und die ursprüngliche Quelle angenehmer Gefühle.

Man kann mit Sicherheit vermuten, daß die Intensität oder Fülle der Liebe eines Menschen sich im Zustand seines Herzmuskels widerspiegelt, besonders wenn wir Ausdrücken wie »warmherzig«, »kaltherzig«, »weichherzig« und »hartherzig« Glauben schenken. Das Herz ist ein Muskel wie jeder andere Muskel auch; ob er weich oder hart ist, hängt vom Grad seiner Entspanntheit ab. Gleichzei-

tig tendiert das Muskelgewebe dazu, beim Altern, das einem Ver-
härtungsprozeß gleichkommt,seine Weichheit zu verlieren. Ein
weicher Muskel ist vielleicht nicht so kräftig wie ein größerer, här-
terer, was seine Funktionsfähigkeit betrifft – das heißt die Fähigkeit, Gewicht zu bewegen –, aber er arbeitet besser, weil er größere
Mobilität und Kontraktionsfähigkeit aufweist sowie schneller und
vollständiger reagiert. Man würde von einem Kleinkind niemals
sagen, daß es halbherzig reagiert. Ein junges, weiches Herz, das zu
größerer Erregung fähig ist, erlebt intensivere Liebesgefühle als ein
älteres Herz oder eines, das kalt und hart geworden ist.

Wie aber wird ein Herz kalt und hart? Die Antwort darauf liegt in der
engen Beziehung zwischen Liebe und Haß. Haß kann als Liebe beschrieben werden, die kalt geworden ist.[7] Das ist kein schneller
Prozeß; damit Liebe erstarrt, braucht es wiederholte Enttäuschungen.
Um diese Entwicklung verstehen zu können, müssen wir mit dem
Impuls beginnen, der im Zentrum, im Herz, allen Lebens ist – auszugreifen. Wenn eine solche Geste auf eine negative Antwort stößt,
ist die Reaktion darauf Ärger. Bei Ärger strömt das Blut in die Muskulatur, ebenso wie Liebe unter die Haut geht. Diesen Ablauf
können wir in Abbildung 3 darstellen.

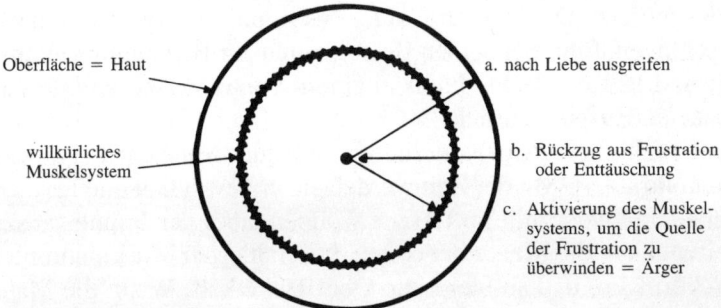

Abbildung 3: Die ärgerliche Reaktion auf das Frustriertwerden des liebevollen
Impulses

Wenn der Ausdruck von Ärger den Zustand liebevollen Kontaktes
erfolgreich wiederherstellt, entlädt sich die Erregung im Muskelsystem. Die Muskeln kehren zu einem Zustand der Entspannung

23

und Weichheit zurück, der es dem Liebesimpuls ermöglicht, sich erneut zur Körperoberfläche hin auszudehnen. Wenn aber der Ausdruck von Ärger auf eine feindselige Reaktion trifft, hat ein Mensch keine andere Zuflucht als den Rückzug aus der Beziehung, weil diese Antwort eine Verneinung seines Rechtes ist, sich um die Befriedigung seiner Bedürfnisse zu bemühen.

Das bedeutet nicht, daß wir mit jedem Ausdruck von Ärger eines anderen Menschen einverstanden sein müssen; aber wenn eine Beziehung wirklich liebevoll ist, können wir dem Menschen, den wir lieben, das Recht, ärgerlich zu werden, nicht verwehren. Unglücklicherweise verwehren Eltern einem Kind dieses Recht oft, weil sie seine Äußerungen von Ärger als eine Herausforderung ihrer Autorität auslegen. Macht oder Autorität in eine Liebesbeziehung einzubringen aber heißt, sie zu verraten. Ein Kind kann sich aus einer solchen Beziehung nicht zurückziehen, weil es abhängig ist. Also verbleibt es in der Beziehung, aber seine Liebe verkehrt sich nach und nach in Haß; das heißt der Impuls, auszugreifen, gefriert wie ein Fluß im Winter. Dabei müssen wir wissen, daß es dieselben Muskeln sind, die sowohl beim Ausstrecken der Arme als auch beim Zuschlagen der Arme beteiligt sind, wenn auch die erste eine weiche Bewegung, die zweite hingegen eine harte und explosive Bewegung ist. Die Unterdrückung des Impulses, ärgerlich um sich zu schlagen, führt bei beiden Bewegungen zur Bewegungsunfähigkeit und läßt das Individuum in einem kontrahierten und deshalb erstarrten Zustand zurück.

Bei Unfähigkeit, Ärger zu äußern, sind die Muskeln angespannt und kontrahiert. Mit der Zeit werden sie unbeweglich und hart. Die Liebe kann weiterhin im Herzen wohnen, aber der Impuls, auszugreifen, kann die Mauer der festen, kontrahierten Muskulatur nicht durchdringen, und so bleibt die Oberfläche kalt. Wenn die Mauer total dicht ist, können wir auch sterben, weil es unmöglich ist, ohne jede Liebe zu leben. Selbst die haßerfülltesten unter den Nazis hatten ein gewisses Maß an positivem Kontakt zu anderen Nazis sowie an Liebe für Hitler. Diese begrenzten Äußerungen einmal beiseitegelassen, hatten sie jedoch viel Haß in sich. Die Dynamik, die Haß zugrundeliegt, wird in Abbildung 4 gezeigt.

24

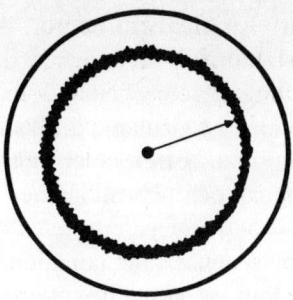

Abbildung 4: Der Block gegen das Lieben. Der Impuls zu lieben, der vom Herzen ausgeht, wird blockiert durch eine angespannte und kontrahierte Oberflächenmuskulatur, die den Impuls daran hindert, die Oberfläche zu erreichen.

Das Individuum ist sich dieser Dynamik weder bewußt, noch ist ihm klar, daß es zwischen dem Haß, den es verspürt, und dem von ihm einstmals empfundenen Verrat an seiner Liebe einen Zusammenhang gibt. Ebensowenig versteht es, daß ein Teil dieser Liebe, wie gering sie auch sein mag, weiterhin in seinem Herzen lebendig ist. Durch Mobilisierung des Ärgers, der in den verspannten Muskeln des Körpers festgehalten wird, kann der Haß beseitigt und die Liebe reaktiviert werden. In den Verspannungen der Armmuskeln und der Muskulatur des oberen Rückens sitzt Ärger, der sich durch Stoßen und Schlagen ausdrücken würde. In den Verspannungen der Kiefermuskeln sitzt Ärger, der sich durch Beißen Ausdruck verleihen würde, ein Impuls, den viele Säuglinge und Kinder als Reaktion auf ein frustrierendes Verhalten eines Elternteils verspüren. Die Beine sind ein weiterer Körperteil, in dem Ärger sitzen kann – Ärger, der sich durch Treten nach einem Elternteil hätte entladen können, der den Unterleib des Kindes beim Waschen oder bei der Reinlichkeitserziehung gefühllos behandelte.

Noch ein weiterer Aspekt dieses Themas bedarf der Erläuterung. In Abbildung 5 ist der Liebesimpuls zwar stark genug, um das verspannte, harte Muskelsystem zu durchdringen, wird aber bei diesem Prozeß beschädigt und kommt als Sadismus an die Oberfläche.[8] Für den Sadisten ist die Verletzung des geliebten Menschen kein Ausdruck von Ärger, sondern von Liebe. Viele Überlebende der Nazi-

Grausamkeiten beschrieben meinem Lehrer, Wilhelm Reich, einen Ausdruck in den Gesichtern ihrer Folterer, der sich nur als Bitte um Liebe und Verständnis beschreiben ließ. Es war, als wären diese Sadisten selbst gefolterte Menschen, die sich durch das Foltern anderer von ihren Foltern zu befreien versuchten. Dieser Blick war den Überlebenden sogar noch schmerzlicher als die Behandlung, die sie erfuhren.

Mit dieser Analyse der Wechselfälle der Liebe sind wir jetzt in der Lage, den folgenden Fall zu verstehen, der die Belastungen und Verwirrungen illustriert, die in einer Ehe entstehen können, die allem äußeren Anschein nach als stabil und sicher gilt.

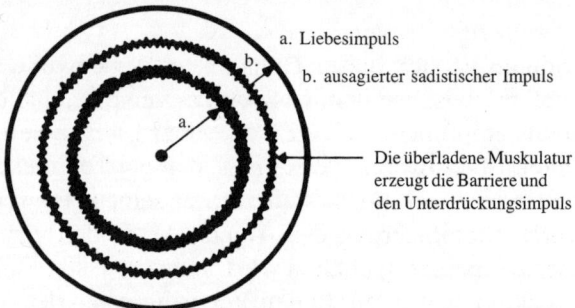

a. Liebesimpuls

b. ausagierter sadistischer Impuls

Die überladene Muskulatur erzeugt die Barriere und den Unterdrückungsimpuls

Abbildung 5: Die Umwandlung von Liebe in Sadismus

Ein Mann namens John, Mitte fünfzig, kam zu mir in die Beratung, weil er emotionalen Kummer hatte. In den letzten dreißig Jahren hatte sich seine sexuelle Beziehung zu seiner Frau ständig verschlechtert. Obwohl sie in einem Bett schliefen, hatten sie höchstens einmal im Monat sexuellen Verkehr miteinander. In den fünfunddreißig Jahren seiner Ehe hatte John hart gearbeitet, um ein erfolgreiches Unternehmen aufzubauen, und zum jetzigen Zeitpunkt war er finanziell selbständig. Er und seine Frau hatten viele Freunde, und in gewisser Weise konnten sie ihr Zusammensein genießen. Er wäre zufrieden gewesen, sagte er, die Beziehung fortzusetzen, obwohl er zugab, daß ein solches Leben für ihn wenig Aufregendes enthielt. Aber das Schicksal griff ein in Form einer jüngeren Frau, auf die er sich einließ und die sein Leben verändert hatte.

26

Einfach nur mit dieser Frau zusammenzusein, berichtete er, errege ihn. Es mache ihm Spaß, sich mit ihr am Telefon zu unterhalten, und er freue sich darauf, sie zu treffen. Normalerweise, sagte er, fiele es ihm schwer, sich bei irgendwelchen sozialen Anlässen mit seinen Bekannten locker zu unterhalten, aber wenn er mit seiner Freundin zusammen war, konnte er stundenlang über alles und nichts reden. War er in sie verliebt? Er wußte es nicht, glaubte es aber. Und er glaubte, daß auch sie ihn liebte. Natürlich wurden seine sexuellen Gefühle bei ihr sehr lebendig, lebendiger als sie es jemals bei seiner Frau gewesen waren.

Er suchte mich auf, weil er sich zerrissen fühlte. Er hätte seine Frau gern verlassen und seine Geliebte geheiratet, aber er behauptete, auch seine Frau zu lieben und Angst zu haben, sie zu verletzen. Er führte noch weitere Gründe für seine Unfähigkeit an, diesen Schritt zu machen: seine Freunde würden sich gegen ihn wenden, sagte er, und da seine Freundin zwei kleine Kinder hatte, würde er in seinem Alter eine neue Familie großziehen müssen; außerdem erschien es ihm fraglich, ob ihre Beziehung halten werde. Würde er diese Frau auch noch begehren, wenn er älter wurde? Würde er imstande sein, sie zu befriedigen?

Ich hatte meine Zweifel daran, daß diese Gründe schwer genug wogen, um John davon abzuhalten, auf die Frau zuzugehen, die er wollte. Während weiterer Gespräche bei den folgenden Treffen enthüllte er mir, daß er sich vor seiner Frau immer ein wenig gefürchtet hatte und daß sie ihre Beziehung dominierte. Einer der Faktoren, die zum Niedergang ihrer Beziehung beigetragen hatten, war die Tendenz seiner Frau, ihn in der Öffentlichkeit herunterzumachen. Seine Mutter war in seiner Kindheit ebenfalls die dominierende Person gewesen, und er bekannte, daß er vor ihr Angst gehabt hatte. Er konnte diese Frauen nicht verletzen, sagte er, und er hatte Schuldgefühle, wenn er ihnen Schmerzen bereitete. Er bekannte auch, daß seine Frau aber in gewisser Weise auf ihn herabblicke, ganz anders als seine Geliebte. Trotz alledem konnte er den Schritt nicht tun; andererseits seine neue Liebe aber auch nicht aufgeben.

Welche der beiden Frauen liebte er, oder liebte er sie wirklich beide? Ich hatte wenig Zweifel, daß das, was er in seiner neuen Beziehung empfand, Liebe war. Wenn er an die Frau dachte, die seine sexuelle Leidenschaft erweckt hatte, oder sie sah, schlug sein Herz schneller. Wenn Liebe der Wunsch ist, einem anderen Menschen nahe zu sein, dann war das hier Liebe. Seine Frau rief diese Reaktion nicht in ihm hervor, und trotzdem war es absolut glaubwürdig, daß er in seinem Herzen einige Gefühle für sie hegte. Ich zweifelte jedoch daran, daß, wenn er ihr überhaupt sagte, er liebe sie, die Worte viel Überzeugungskraft hatten, war mir aber sicher, daß in den gleichen Worten das Vibrieren tiefer und wahrer Gefühle mitschwang, wenn er sie seiner Geliebten sagte. Aber wie können wir dann die Tatsache erklären, daß er nicht log, wenn er behauptete, seine Frau zu lieben? Wenn wir die Ursachen für Herzleiden verstehen wollen, müssen wir die komplexen Emotionen des menschlichen Herzens verstehen.

Psychiater benutzen für die Beschreibung eines Menschen, der zwei widersprüchliche Gefühle gleichzeitig empfindet, den Terminus »ambivalent«. John war ambivalent, was seine Frau betraf. Er wollte sie verlassen und zugleich bei ihr bleiben. Die Wirkung dieser Ambivalenz ist eine Handlungslähmung. Man kann sich unmöglich bewegen, wenn man gleichzeitig in zwei verschiedene Richtungen gezogen wird. Wenn die Ambivalenz bestehen bleibt, erzeugt sie ungeheuren emotionalen Streß, der eine Gefahr für das Herz bedeutet

Wie geraten wir in die Falle einer Haßliebe? Wenn eine Liebesbeziehung bitter wird, wie das manchmal vorkommt, ist die gesunde Reaktion, sie zu beenden und zu gehen. Diese Reaktion wird jedoch blockiert, wenn Schuldgefühle vorherrschen. John fühlte sich schuldig, seine Frau wegen einer anderen Frau zu verlassen. Die Vorstellung, er könne sie verletzen, wurde immer bedrängender und geriet in Konflikt mit seiner Vorstellung davon, was er eigentlich tun sollte. Es fiel ihm leichter, die Idee fallenzulassen, er könne die Liebe einer anderen Frau erwidern, als die Idee zu akzeptieren, daß er auf seine Frau ärgerlich war: weil sie ihn dominierte, ihn demütigte und im Bett herzlich wenig Interesse an ihm zeigte. Indem er seinen Ärger unterdrückte, ebnete er den Weg dafür, daß seine Liebe sich in Haß verwandelte. Da er aber ebensowenig zugeben konnte, daß er seine Frau haßte, wie daß er ärgerlich auf sie war, nahmen seine Schuldgefühle zu. Im allgemeinen entstehen Schuldgefühle aus der Unterdrückung von Gefühlen, die das Über-Ich als falsch verurteilt. Schuldgefühle liegen sämtlichen ambivalenten Haltungen zugrunde und verhindern die Lösung des Konfliktes.

Psychiater haben bei jedem Patienten ständig mit dessen Schuldgefühlen zu tun. Jede Verspannung im Körper hängt mit irgendeinem Gefühl der Schuld zusammen. Ohne Schuldgefühle würden wir alle uns für liebenswert halten, ganz unabhängig davon, ob unser Verhalten immer auf Akzeptanz stößt. Wir wären imstande zu sagen: »Ich bin, wer ich bin, und ich akzeptiere mich.« Schuld heißt, wir fällen das Urteil über uns, daß etwas mit uns nicht stimmt, daß wir es nicht wert sind, geliebt zu werden, wenn wir es uns nicht durch gute Taten verdienen. Wenn wir ärgerlich auf die Menschen sind, die uns verletzt haben, und diejenigen hassen, die unsere Liebe mißbraucht haben, heißt das nicht, daß mit uns etwas nicht stimmt. Da dies natürliche biologische Reaktionen sind, müssen sie als moralisch gerechtfertigt betrachtet werden. Kinder jedoch, die von ihren Eltern und anderen älteren Familienmitgliedern abhängig sind, kann man leicht eintrichtern, etwas anderes zu glauben. Wenn ein Kind sich ungeliebt fühlt, nimmt es an, daß das sein Fehler ist, da es für den Verstand eines kleinen Kindes unvorstellbar ist, daß seine Mutter oder sein Vater, die ihm das Leben schenkten, nicht lieben, was sie ihm geschenkt haben. Wenn ein Kind erst einmal an sich selbst zweifelt, ist es für die Eltern nicht schwer, es davon zu überzeugen, daß es schlecht ist, wenn es ärgerliche oder negative Gefühle gegen sie hegt. Wenn »gut sein« ihm Liebe einbringt, wird das Kind alles in seiner Macht stehende tun, um gut zu sein, einschließlich der Unterdrückung »schlechter« Gefühle. Auf diese Weise werden Schuldgefühle es in ein lebenslanges Verhaltensmuster einsperren: daß es nämlich negative oder feindselige Gefühle gegenüber Menschen verneint, die es eigentlich lieben sollte. Das unbewußte Zurückhalten solcher Gefühle erzeugt eine chronische Verspannung der Muskeln, vor allem derjenigen im oberen Rückenbereich.

Eine weitere Dimension von Schuldgefühlen, die durch Johns Fall demonstriert wird, hängt mit ihrer Verbindung zur Sexualität zusammen. John fühlte sich schuldig, weil er sich sexuell mit einer jüngeren Frau eingelassen hatte. In dem Glauben aufgewachsen, Ehebruch sei eine Sünde, konnte er nicht voll akzeptieren, daß Sexualität ein Ausdruck von Liebe ist. Sexuelle Erregung kann sich jedoch im ganzen Körper ausbreiten bis zu dem Punkt, wo sie sogar das Herz berührt. Wenn das geschieht, hat jeder Kontakt zwischen zwei Körpern eine erotische Qualität, wenn auch die Aufladung in den erogenen Zonen am stärksten ist. Wenn weitere Körperbereiche an der Entladung der Erregung teilhaben, steigert das den Genuß und die Befriedigung durch den Orgasmus. Wenn der ganze Körper daran teilhat, erlebt man einen totalen Orgasmus, der auch das Herz mit einbezieht. Ein solcher Orgasmus kommt der Erfahrung von Ekstase nahe.

Leider ist eine solche Reaktion selten. Für die meisten Männer beschränkt sich der sexuelle Höhepunkt auf die Ejakulation. Viele Frauen erreichen überhaupt keinen Höhepunkt und wenn, dann ist er ebenfalls beschänkt auf die Klitoris. Sexuelle Höhepunkte variieren, und es ist durchaus angemessen, sie als »aus ganzem Herzen«, »halbherzig« oder »mit sehr wenig Herz« zu bezeichnen. Diese Beschreibung menschlicher Reaktionen im sexuellen Bereich trifft jedoch auch auf andere Aktivitäten zu. In der heutigen Geschäftswelt ist der Kopf wichtiger als das Herz. Wir lassen uns auf unsere Arbeit, die in den meisten Fällen nicht gern getan ist, nicht von ganzem Herzen ein. Was hat das Herz mit Geldverdienen zu tun? Als die Arbeit noch eine intensive körperliche Aktivität war, waren mehr Dimensionen unseres Seins daran beteiligt. Sich auf eine geschäftliche Verhandlung emotional einzulassen, ist ein sicherer Weg zum Verlieren. Tatsächlich haben wir die drei Hauptsegmente unseres Körpers und unserer Persönlichkeit voneinander getrennt. Kopf und Genitalien haben nichts mit dem Herzen oder miteinander zu tun. Der Kopf ist für das Geldverdienen da, die Genitalien für »Juchheirassa«, und das Herz, das arme Herz, hat seine Verbindung zur Welt verloren, weil es von Kopf und Genitalien getrennt wurde.

Verspannungen im willkürlichen Muskelsystem unterstehen der Kontrolle durch das Ich, das den Wünschen des Herzens oft Gegenbefehle erteilt und eine Opposition zwischen Kopf und Herz hervorruft. Aus Angst vor Ablehnung hören wir auf, unsere Hände auszustrecken, um zu berühren, die Arme zu öffnen, um jemanden zu halten, die Lippen zum Küssen darzubieten, mit dem ganzen Mund zu saugen (wie Säuglinge es tun) oder mit den Augen wirklich hinzuschauen. Diese Bewegungen werden durch Verspannungen in Schultergürtel, Nacken und Kiefer beschnitten oder ganz zurückgehalten. Verspannungen in den Schultern stammen, wie wir bereits gesehen haben, von dem Zwang, den Impuls zum Umsichschlagen bei Ärger oder Wut zu unterdrücken. Ein zusammengekniffener, dünnlippiger Mund drückt Mißtrauen und die Mißbilligung von Herzlichkeit aus, der verspannte Kiefer weist auf die Entschlossenheit hin, der Sehnsucht nach Liebe, Nähe und Kontakt aus Angst vor Enttäuschung oder Ablehnung nicht nachzugeben.

Ein ähnliches Phänomen spielt sich in der unteren Hälfte des Körpers ab, verursacht durch einen Ring von Verspannungen um den Unterleib. Diese Verspannungen entwickeln sich schon früh im Leben durch die Erfahrungen von Scham, Angst und Schuldgefühlen aufgrund sexueller Gefühle und ihres Ausdrucks. Wir werden dieses Problem im nächsten Kapitel ausführlicher behandeln. An diesem Punkt genügt es zu sagen, daß das Kind erfährt, daß es zutiefst verletzt werden kann, wenn es seinen sexuellen Wünschen und Impulsen nachgibt. Es kann sexuelle Erregung nicht ungeschehen machen, weil sie auf einer Ebene stattfindet, die sich der bewußten Kontrolle entzieht. Es kann aber verhindern, daß das Selbst sich in der Hitze der Leidenschaft auflöst, was die Grundlage für wahre Hingabe in der Liebe ist. Das wird erreicht durch Muskelkrämpfe im Kreuz- und Unterleibsbereich, die verhindern, daß die Erregung nach unten in Bauch und Genitalien fließt. Wenn das erst einmal geschieht, hat Sexualität keine Verbindung zum Herzen, ebenso wie das Herz keine Verbindung zum Verstand hat

Auf der tiefen biologischen Ebene bleibt die Einheit des Körpers erhalten; die oben beschriebene Spaltung beeinträchtigt unser bewußtes Selbst und zerstört das Gefühl, aus einem Stück zu sein, das Gefühl von Integrität und Ganzheit. In dieser Situation beschränkt sich das Ich-Bewußtsein auf den Kopf, den Sitz des Ego. Das »Ich«, das im Gehirn residiert, besitzt weiterhin ein Herz und Genitalien, aber es identifiziert sich nicht mit ihnen, denn wenn man im Kopf lebt, betrachtet man den Körper als ein Instrument des Ich oder Ego. Unter diesen Umständen wird sexuelle Aktivität zur Demonstration eines männlichen oder weiblichen Heldenstücks. Sie wird nicht als Ausdruck von Liebe erlebt.

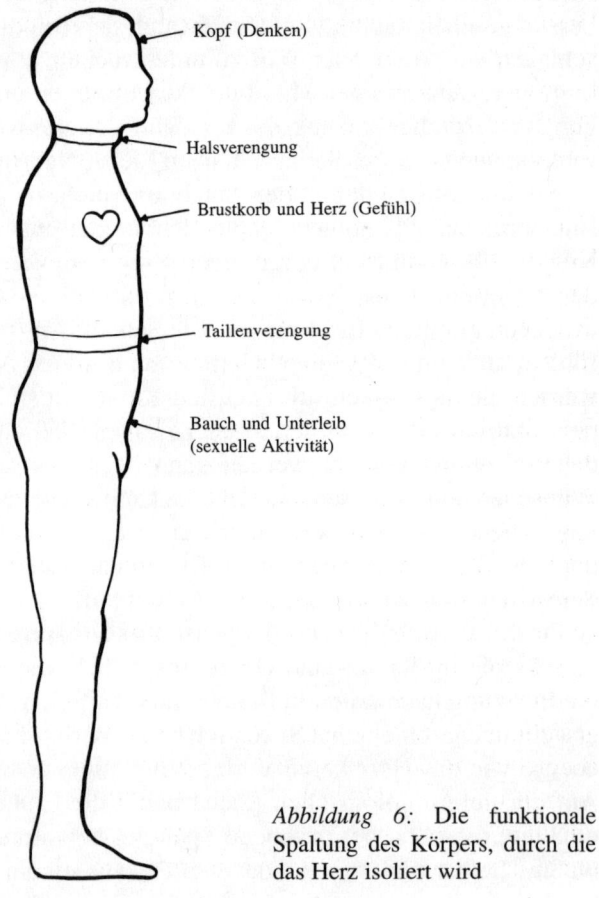

Kopf (Denken)

Halsverengung

Brustkorb und Herz (Gefühl)

Taillenverengung

Bauch und Unterleib
(sexuelle Aktivität)

Abbildung 6: Die funktionale Spaltung des Körpers, durch die das Herz isoliert wird

Durch diese funktionale Spaltung der Einheit des Körpers, wie in Abbildung 6 dargestellt, werden die Bewußtheit des Kopfes und seine Funktionen von den Gefühlen des Herzens und von der sexuellen Aktivität der Genitalien getrennt. Die Spaltung dieser drei Aspekte der Persönlichkeit geschieht durch eine Verengung der Verbindungswege: des Halses, der Kopf und Brustkorb miteinander verbindet; und der Taille, die die Verbindung von Brustkorb und Unterleib ist.

Durch diese Zerstückelung wird das Herz isoliert. Es ist im Käfig des Brustkorbs wie in einer Art Vorbeugehaft eingeschlossen. Da niemand es erreichen kann, kann auch niemand es verletzen. Weil ein Herz, das auf diese Weise von der Welt abgeschnitten ist, dahinsiecht, kann dieser Umstand ernsthafte Konsequenzen für die Gesundheit des Herzens haben.

Die Pulsation des Herzens und der Arterien stellt eine der Kräfte dar, die dazu dienen, den Körper auf einer unbewußten Ebene zu vereinen. Auf der bewußten Ebene wird diese Funktion vom Atem übernommen, der ebenfalls eine pulsierende Aktivität ist. Die Bewegungen des Atems vollziehen sich in Wellen, die den Körper von Kopf bis Fuß durchlaufen. Die Einatmung beginnt tief im Unterleib und setzt sich fort bis zum Kopf, während das Ausatmen in die entgegengesetzte Richtung verläuft. Werden diese Wellen nicht durch Verspannungsringe im Körper behindert, können wir uns selbst von Kopf bis Fuß *spüren*. Wenn auch das Zwerchfell der Hauptatmungsmuskel ist, so atmen wir doch tatsächlich mit unserem ganzen Körper. Unter normalen Umständen ist diese Atmung tief, voll und mühelos. Aber durch muskuläre Verspannungen, wie sie oben beschrieben wurden, wird das Atmen auf eine oder zwei Körpersegmente beschränkt. Viele Menschen atmen beispielsweise ohne größere Beteiligung von Brustkorb oder Unterleib. Eine solche Atmung ist relativ flach. Einige sind Brustkorbatmer; ihr Unterleib ist fest und flach und bewegt sich beim Ein- oder Ausatmen nur ganz wenig. Andere wiederum atmen mit Zwerchfell und Bauch, während der Brustkorb steif und unbeweglich ist. Diese Muster werden durch Streß verstärkt und führen oft zu Gefühlen von Kummer und Bedrängnis. Wie wir später noch sehen werden, kann eine solche Atmung sich auf das Herz ungünstig auswirken.

2 Sex und das Herz

Sexuelle Aktivität hat unbestritten eine tiefgreifende Wirkung auf das Herz. Die meisten Erwachsenen erleben im Augenblick des sexuellen Höhepunktes eine starke Beschleunigung ihres Herzschlags. Masters und Johnson[9] berichten von Geschwindigkeiten bis zu 130 Schlägen pro Minute. Man könnte auf die Idee kommen, diese hohe Geschwindigkeit des Herzschlags der anstrengenden Aktivität physischer Liebe zuzuschreiben, aber sich körperlich zu lieben ist überhaupt nicht anstrengend. Auch ist es ja normalerweise keine Konfliktsituation und sollte daher frei von jeglichem Streß sein. Die Beschleunigung des Herzschlags muß deshalb auf der starken Erregung beruhen, die sich unmittelbar vor dem und direkt im Augenblick des Orgasmus einstellt. Weil jede starke emotionale Erregung den Herzschlag beschleunigt, ist diese Reaktion vollkommen normal. Wenn der Herzschlag sich beim Höhepunkt nicht beschleunigt, zeigt das, daß die Erregung bei der Entladung gering und auf die Genitalien beschränkt war. Gelangt man beim Beischlaf nicht zum Höhepunkt, reagiert das Herz natürlich nicht wie oben beschrieben.

Untersuchungen belegen, daß sich die Unfähigkeit, zum Höhepunkt zu gelangen oder im Sex emotionale Befriedigung zu erleben, schädlich auf das Herz auswirken kann. Eine Studie verglich das Sexualleben von 100 Frauen im Alter von vierzig bis sechzig Jahren, die aufgrund eines akuten Myokardinfarktes ins Krankenhaus kamen, mit dem einer Kontrollgruppe von 100 Frauen im gleichen Alter, die aufgrund anderer Krankheiten eingeliefert worden waren. Unter den Herzgefäßpatientinnen fanden sich bei 65 Prozent sexuelle Frigidität und Unzufriedenheit, bei der Kontrollgruppe waren es im Vergleich dazu 24 Prozent der Frauen. Diese Zahlen sind statistisch bedeutsam und zeigen an, daß ein Mangel an sexueller Befriedigung als Risikofaktor für Herzkrankheiten bei Frauen angenommen werden sollte.

Für Abramov[10] gilt als eine Definition der Frigidität die »teilweise oder vollständige Unfähigkeit, zum Orgasmus zu kommen«. Er bezeichnete Frauen als frigide, wenn sie 1. niemals Spaß am Beischlaf hatten; 2. den Koitus genossen, aber nicht zum Orgasmus gelangten, wodurch sie enttäuscht und emotional unbefriedigt blieben; oder 3. in der Vergangenheit zum Orgasmus gekommen waren, aber in letzter Zeit weder einen Koitus genossen noch einen Orgasmus erlebt hatten, weil ihr Mann krank oder impotent war.

Wenn bei Frauen ein direkter Zusammenhang zwischen Sexualität und Herz besteht, warum sollte dann für Männer nicht das gleiche gelten? Das Problem sieht hier zugegebenermaßen anders aus: Der akute Myokardinfarkt kommt bei Männern sehr viel häufiger vor, während die Unfähigkeit, zum Höhepunkt zu gelangen, hier relativ selten ist. Trotzdem existieren bei Männern sexuelle Störungen. Sie treten oft in Form von Impotenz auf, der Unfähigkeit zu erigieren oder beim Beischlaf die Erektion zu halten. Ebenso wie Frigidität den sexuellen Genuß einer Frau untergräbt, schränkt Impotenz den Spaß des Mannes am Sex ein. Also ist die Frage durchaus gerechtfertigt, ob zwischen Impotenz und Herzkrankheit irgendein Zusammenhang besteht.

Im Rahmen einer Studie über männliche sexuelle Störungen untersuchten Wahrer und Burchell 131 Männer im Alter von einunddreißig bis achtundsechzig, welche alle aufgrund von Herzanfällen in die Klinik kamen. Bei zwei Dritteln stellte sich heraus, daß sie in den Wochen oder Monaten vor ihrem Anfall ernsthafte sexuelle Probleme gehabt hatten. Die Autoren berichten, daß 64 Prozent der Untersuchten impotent waren, bei 28 Prozent war die Häufigkeit sexueller Aktivitäten auffällig zurückgegangen (um 50 Prozent) und 8 Prozent litten unter vorzeitiger Ejakulation.[11] Impotenz wurde nicht auf der Basis von ein oder zwei mißglückten Erlebnissen diagnostiziert, sondern erst nach Wochen oder Monaten fehlgeschlagener Versuche. Für Vorzeitigkeit galt als Maßstab die Aussage des Patienten, daß er den Höhepunkt im Hinblick auf seine eigene Befriedigung oder die seiner Partnerin zu schnell erreichte. Obgleich es keine aktuellen Zahlen über das Vorkommen männlicher Sexualstörungen in der Allgemeinbevölkerung gibt, glauben die Autoren, daß die Ergebnisse ihrer Studie deutlich über dem Durchschnitt liegen.

Sollte es einen Zusammenhang zwischen sexuellen Störungen und Erkrankungen der Herzkranzgefäße geben, wie diese Untersuchung es nahelegt, dann stellt sich die Frage, ob dieser Zusammenhang ein direkter und kausaler ist. Zweifellos beeinträchtigen sexuelle Störungen das Selbstwertgefühl eines Mannes und setzen ihn unter Streß. Eine Frau erzählte, daß ihr Mann »sich als Reaktion auf sein Versagen sehr aufregte, fluchte, im Zimmer umherstampfte, im Gesicht rot anlief, mit den Fäusten auf die Möbel einschlug und ein- oder zweimal Vasen zertrümmerte«.[12] Ein solcher Wutausbruch kann bei einem Menschen leicht zu erhöhtem Blutdruck führen. Viele Männer ziehen sich aber einfach zurück und machen sich Selbstvorwürfe. Setzen diese Männer ihr Herz einem ähnlichen Risiko aus? Die Antwort lautet Ja, denn die Gesundheit des Herzens wird – wie wir noch sehen werden – durch die Vollständigkeit der Entladung sichergestellt.

Vielleicht können wir bei diesen Überlegungen mehr Klarheit gewinnen, wenn wir die emotionale Befriedigung und nicht die Fähigkeit zur Ejakulation als Kriterium für eine gesunde sexuelle Reaktion bei Männern nehmen. Nicht alle Männer, die ejakulieren oder zum Höhepunkt gelangen, sind emotional befriedigt. Trotz Ejakulation kann ein Mann sich sexuell ebenso frustriert fühlen wie die Frau. Männer, die unmittelbar vor oder gleich nach der Penetration ejakulieren, fühlen sich oft unbefriedigt. Andere Männer stellen fest, daß ihre Ejakulation ohne große Gefühlsbeteiligung verläuft, selbst wenn sie in der Lage sind, eine Erektion über einen gewissen Zeitraum zu halten. Es ist unwahrscheinlich, daß sie bei einer solchen Reaktion emotionale Befriedigung empfinden.

Aber selbst die emotionale Befriedigung ist nicht das ideale Kriterium für eine gesunde Sexualität. Viele Frauen berichten von einem Gefühl der Wärme und Erfüllung, wenn ein Mann sie einfach nur in seinen Armen hält. Sex ist ihr Zugang zu Kontakt und Nähe und erfüllt ein Bedürfnis, das noch aus der frühen Kindheit offengeblieben ist. Für diese Frauen ist der sexuelle Akt weniger wichtig als das Gefühl von Sicherheit, das sexuelle Intimität ihnen gibt. Auch Männer benutzen Sexualität für andere Zwecke als den Ausdruck von Liebe. Viele ziehen daraus eine narzißtische Befriedigung, durch die ihre Männlichkeit bestätigt wird, ganz unabhängig von der Qualität ihres sexuellen Höhepunktes. Heutzutage gilt das gleiche für viele Frauen, die im sexuellen Kontakt eine Bestätigung ihrer sexuellen Anziehungskraft sehen. Wird Sexualität jedoch für egoistische Zwecke eingesetzt, bleibt das Herz kalt und unbeteiligt. Unter diesen Umständen geht es beim Koitus nicht um Liebe, sondern um das Ausagieren der verschiedensten gemischten Gefühle, die dem anderen Geschlecht entgegengebracht werden, einschließlich eines gewissen Maßes an Sadismus und Verachtung.

Trotzdem spielt bei nahezu jedem sexuellen Akt ein gewisses Maß an Liebe mit. Die Genitalien würden nicht aufgeladen und anschwellen, wenn kein Blut vom Herzen – dem Liebesorgan – in die Geschlechtsorgane flösse, auch wenn diese Beteiligung des Herzens in den meisten Fällen unbewußt verläuft. Es funktioniert wie eine Pumpe – mechanisch. Unter diesen Umständen wird der sexuelle Akt selten aufrichtig empfunden. Die sexuelle Erregung ist gedämpft, und der Höhepunkt, wenn es überhaupt dazu kommt, ist lauwarm.

Im vorigen Kapitel haben wir gesehen, daß bei den meisten Menschen Kopf, Herz und Genitalien nicht zusammenwirken. Obwohl diese Spaltung jeden Aspekt menschlichen Verhaltens beeinträchtigt, ist sie doch nirgends schwerwiegender als beim sexuellen Akt. Wenn ein erfolgreicher und fähiger Geschäftsmann sich auf einer Party, auf der er zuviel getrunken hat, wie ein kleiner Junge benimmt, werden die Umstehenden wahrscheinlich darüber lächeln und sein Verhalten als das Bedürfnis auslegen, sich einmal gehen zu lassen. Wenn aber derselbe Mann bei seiner Frau, die ihn ebenso dominiert, wie seine Mutter es tat, impotent ist, durch jüngere Frauen hingegen sexuell erregt wird, ist die Lage ernst. Das Liebesversprechen seiner Heirat ist Frustration und Bitterkeit gewichen, was zu einer ernsthaften Erkrankung führen kann. Viele Frauen sind in einer ähnlichen Situation. Obwohl sie auf der Ebene des Ich im Beruf sehr tüchtig sind oder als Geschäftsfrauen in Führungspositionen imstande sind, Untergebene zu leiten, brauchen sie im Bett Bestätigung und sind nicht in der Lage, einen natürlichen Höhepunkt zu erreichen. Unglücklicherweise leiden die Kinder aus dermaßen gestörten ehelichen Verbindungen noch mehr als die Erwachsenen und erfahren die gleiche Spaltung, bei der Kopf, Herz und Genitalien voneinander getrennt werden.

Damit ein Erwachsener sich wirklich erfüllt fühlen kann, muß sein ganzes Wesen – Kopf, Herz und Genitalien – in seine wichtigen Beziehungen mit eingehen. Die Erfüllung, die eine solche Ganzheit mit sich bringt, wird am lebhaftesten durch die Art von Orgasmen erfahren, die er genießt. Diese Vorstellung von orgastischer Erfüllung wurde 1924 von Wilhelm Reich dargelegt.[13] Reich beobachtete, daß diejenigen seiner Analysepatienten, die eine totale orgastische Reaktion erlebten, von ihren neurotischen Symptomen geheilt wurden. Die Patienten, die die Fähigkeit zur vollkommenen Hingabe in der Sexualität nicht erlangten, blieben hingegen neurotisch. Reich fand auch heraus, daß diese Fähigkeit die gesunden Menschen in der Normalbevölkerung auszeichnete. Als er diese Ideen formulierte, war Reich prominentes Mitglied der analytischen Gruppe um Freud in Wien. Daß er den totalen Orgasmus als Kriterium für emotionale und geistige Gesundheit nahm, wurde jedoch von seinen Analytiker-Kollegen ablehnt. Wie kann man ein solches Kriterium anwenden, fragten sie, wo sie doch so viele neurotische Patienten kannten, die über ihr Sexualleben keinerlei Klagen hatten und regelmäßig zum Orgasmus gelangten? Für Reich wurde offensichtlich, daß er und seine Kollegen das Erlebnis des Orgasmus nach ganz unterschiedlichen Gesichtspunkten definierten.

Die Analytiker stuften jede Spannungsabfuhr einer Frau, wie gering sie auch sein mochte, und jede Ejakulation, ganz gleich wie minimal die Gefühlsbeteiligung war, als Orgasmus ein. Viele Menschen sprechen noch heute in dieser Form über den Orgasmus, und viele Sexualforscher unterstützen sie dabei, aber die Erfahrung des Orgasmus mit dem Begriff *Spannungsabfuhr* gleichzusetzen, heißt das tiefe, innere Empfinden zu verletzen, daß ein Orgasmus etwas Besonderes ist. Reich dachte dabei an die Art von Reaktion, bei der der ganze Körper von Wellen lustvoller Zuckungen erfaßt wird.

Auf dem Gipfelpunkt des Orgasmus wird das Ich überwältigt und von einer Flut von Empfindungen weggeschwemmt. Ein tiefes Gefühl von Zufriedenheit, Befriedigung und Wohlsein folgt auf eine solche Reaktion. Nachts fällt ein Mensch sofort nach dem Höhepunkt in den Schlaf; morgens kann er sich verjüngt und sehr lebendig fühlen.

Bei einer totalen orgastischen Reaktion löst das Ich-Bewußtsein sich in der Verschmelzung mit dem Liebesobjekt auf. Auf diese Weise erreicht die Liebe ihr endgültiges Ziel, die Vereinigung von Gegensätzen. In vielen Fällen wird auch das Gefühl der Einheit mit dem pulsierenden Universum erlebt. Das zuletzt genannte Gefühl stützt Reichs Vorstellung, daß der Mensch sich im Orgasmus mit dem kosmischen Geschehen eins fühlt. Eine Frau sagte, sie habe sich wie ein Tropfen im Ozean gefühlt. Ein Mann beschrieb seine Empfindung mit dem Bild, sich mitten unter den Sternen zu befinden.

Einer meiner Patienten berichtete von einer ähnlichen Erfahrung, die er an dem Tag machte, als seine Freundin verkündete, daß sie die Beziehung mit ihm beenden wolle. Bei dieser Eröffnung brach er schluchzend zusammen und erklärte ihr seine Liebe. Sie reagierte warmherzig, und die beiden schliefen zusammen. Beim Höhepunkt wurde sein Atem schneller und tiefer, sein Becken bewegte sich in Harmonie mit der Atmung und dem Fluten der Ejakulation. Wogen lustvoller Entladung durchströmten seinen Körper. Er fühlte sich eins mit seiner Geliebten und mit der Welt. Anschließend war er zutiefst friedlich und zufrieden. Am nächsten Tag nahm er eine ungewöhnliche Empfindung wahr. Sein Herz fühlte sich so offen an, daß er glaubte, den Herzschlag anderer Menschen spüren zu können. Diese Erfahrung war so erfüllend, daß er sich danach sehnte, sie zu wiederholen. Zur Zeit seines Berichtes war er dazu bislang nicht imstande gewesen, obwohl er und seine Freundin zusammenblieben.

Das Ungewöhnliche an diesem Bericht ist die Schilderung der Wirkung, die der volle Orgasmus auf das Herz hatte. Dieser Patient sagte, daß er seine Freundin auch vor diesem Erlebnis geliebt habe, aber seine Liebe sei bis dahin von Verlustangst beherrscht gewesen.

Sein Schutz vor Verletzungen bestand in der Weigerung, sich mit Körper und Seele hinzugeben. Merkwürdigerweise war es die Drohung des Verlustes, die seinen Schutzwall einriß und eine Flut von Sehnsucht und Schmerz freisetzte. Als das Schlimmste dann geschah, hatte er nichts mehr zu verlieren und konnte sich seiner Liebe ganz überlassen. Das ist nicht ungewöhnlich. Wie oft spüren Menschen die ganze Tiefe ihrer Liebe, nachdem sie den geliebten Menschen verloren haben! Wenn die neurotische Struktur zusammenbricht, öffnet sich das Herz der Liebe. In der sexuellen Hingabe ist das Herz von Liebe erfüllt und öffnet sich allem Leben.

Für diesen Patienten, wie für viele andere Menschen auch, die ähnliche Erfahrungen machten, geht diese Art von sexueller Erfüllung über den Orgasmus hinaus. Das ist es, wovon wir als junge Menschen träumen – Ekstase und Erfüllung in der Liebe. Es ist eine Tragik des Lebens, daß diejenigen, denen diese Erfahrung begegnet, sie nur so selten machen. Noch tragischer ist, daß viele Menschen diese Erfahrung überhaupt nicht kennen. Unsere Herzen sehnen sich nach Liebe, aber wir haben zuviel Angst, uns ihr körperlich hinzugeben. Wir wagen nicht, uns dem göttlichen Irrsinn der Liebe hinzugeben, weil unser Ich sich zu unsicher fühlt, um die Kontrolle aufgeben zu können. Diese Kontrolle, unser Schutz vor Verletzungen, wird durch die Anspannung unserer Muskeln, vor allem der Brustkorbmuskeln in der Herzgegend, erreicht. Eine derartige »Panzerung«, wie Reich es nannte, schneidet uns von der Welt ab und reduziert die Intensität unserer Begegnungen mit anderen.

Wir haben das Herz mit Liebe gleichgesetzt und gesagt, daß es der Sitz des Eros ist. Der Wunsch nach erotischem Kontakt fließt mit dem Blut, dem Boten des Eros. Wie bereits erwähnt, sind die erogenen Zonen des Körpers durch die Fülle ihrer Blutversorgung gekennzeichnet. Wenn zwei solche Zonen bei einem Kuß oder einer sexuellen Umarmung aufeinander treffen, ist die erotische Erregung stark. Aber das Küssen allein führt nicht zum Orgasmus. Seine Funktion liegt darin, die Erregung zu steigern, nicht sie zu entladen. Die Entladung ist eine Folge von Bewegung. Beim sexuellen Akt verläuft diese Bewegung in zwei Phasen.

Die erste Phase ist die Zeitspanne von der Penetration zum Beginn des Höhepunktes. In dieser ersten Phase sind die Genitalien erregt, das heißt angeschwollen mit Blut, aber sie sind nicht übererregt oder zur Entladung bereit. Die Partner bauen ihre Erregung durch die Reibung des Penis mit den inneren Schamlippen auf, indem das Becken des Mannes vorstößt, und das der Frau ihm entgegenkommt, um ihn zu empfangen. Ziehen sie sich dann voneinander zurück, ohne sich ganz zu trennen, saugen die inneren Schamlippen, die tatsächlich wie Lippen sind, am Penis. In dieser Phase sind die Bewegungen willkürlich und kontrolliert. Die Atmung ist tief und regelmäßig. Die Erregung baut sich im Becken und in den Genitalien auf, bis sie nicht länger zurückgehalten werden kann. An diesem Punkt beginnt die zweite Phase, die zum Orgasmus führt: Bei der Entladung kommt es zu einem tiefen Loslassen, das oft von einem Seufzer oder einem Schrei begleitet wird, da das Ausatmen wie eine mächtige Woge durch den Körper läuft. Mit dieser Woge bewegt das Becken sich spontan nach vorn, und der Orgasmus ist im Anzug. Das Becken kann dabei mehrere unwillkürliche Bewegungen vollführen, die manchmal sehr rasch, manchmal langsamer im gleichen Rhythmus wie die Atmung verlaufen. Beim Mann kommt es in dieser Zeit auch zur Ejakulation, die Teil der Entladung ist. Beim älteren Mann, dessen Samenerguß aufgehört hat, ist die Ejakulation meistens auf den Austritt von Samenflüssigkeit beschränkt, aber die konvulsivische orgastische Reaktion des Körpers bleibt die gleiche.

Sexuelle Befriedigung resultiert nicht aus den willkürlichen, sondern aus den unwillkürlichen Bewegungen. Damit diese Bewegungen zugelassen werden können, muß die Kontrolle aufgegeben werden. Die Ejakulation bedeutet für den Mann eine gewisse Spannungsabfuhr, weil sie unwillkürlich verläuft. Die Frau kann einen ähnlichen Höhepunkt durch unwillkürliche Kontraktionen der inneren Schamlippen erfahren. Wie wichtig diese Bewegungen aber auch sein mögen, so stellen sie doch nur eine begrenzte Reaktion dar, weil sie auf die Genitalien beschränkt sind. Wenn die unwillkürlichen Bewegungen das Becken erfassen, bereiten sie ein tieferes Gefühl von Lust und Befriedigung; ist der ganze Körper beteiligt, ist der Orgasmus ein totaler. Wenn diese unwillkürlichen Bewegungen jedoch unterbunden werden, kommt es nicht zur vollständigen Entladung. Solch eine Unterbindung verläuft auf einer unbewußten Ebene.

Eine Analyse der Körperstruktur zeigt, daß die Hauptmuskeln des Körpers, die für Bewegung und aufrechte Haltung sorgen, an der Hinterseite des Körpers verlaufen und sich bis in die Extremitäten erstrecken. Bewegung entsteht, wenn eine Aufladung an der Hinterseite des Körpers nach oben in Kopf und Arme steigt oder nach unten in Becken und Beine verläuft. Wenn diese Muskelaufladung an der Hinterseite des Körpers hochsteigt, können die Arme sich nach Nahrung ausstrecken oder sich für eine Umarmung ausbreiten. Das Becken kann sich beim sexuellen Akt nach vorn bewegen, wenn die Aufladung den Rücken hinunterläuft. Ich habe diese Aufladung – oder Erregungsfluß – als *Aggression* bezeichnet. Der Erregungsfluß vom Herzen, den ich als *Sehnsucht* bezeichnet habe, wird dagegen als Welle erlebt, die an der Vorderseite des Körpers verläuft (siehe Abbildung 7).

Gefühlsfluß an der Hinterseite des Körpers = Aggression (motorischer Antrieb, auszugreifen, um sich zu schlagen, sich auf etwas zu- oder davon wegzubewegen).

Gefühlsfluß an der Vorderseite des Körpers = Sehnsucht (der Wunsch nach Kontakt)

Abbildung 7: Der Erregungs- und Gefühlsfluß im Körper

42

Der Erregungsfluß, der an der Vorderseite des Körpers nach oben verläuft, kann als Sehnen erlebt werden, wie es aufkommen kann, wenn man die Lippen spitzt wie ein Kleinkind, das an der Brust der Mutter saugen will. Dieses Gefühl wird intensiviert, wenn gleichzeitig die Arme ausgestreckt werden. Der Abwärtsfluß ähnelt dem wegsackenden Gefühl im Magen, das wir verspüren, wenn ein Fahrstuhl seine Fahrt nach unten zu abrupt antritt oder das Kinder beim Schaukeln erleben. Beim Sex erfahren wir es, wenn die Erregung abwärts in die Genitalien fließt, als ein warmes und schmelzendes Gefühl in der Magengrube.

Der Aufwärtsfluß im Rücken wird häufig als eine Woge von Ärger erlebt. Wenn sie stark genug ist, wird sie sich bis unter die Schädeldecke und in Augen und Zähne fortsetzen. In diesem Fall zeigt man die Zähne, und die Augen blitzen vor Ärger. Der Abwärtsfluß hingegen stellt die Kraft dar, die das Becken nach vorn bewegt. Der Erregungsfluß läuft um das Gesäß, durch den Beckenboden und in die Genitalien.[14]

Bei der sexuellen Aktivität spielen beide Komponenten eine Rolle. Wir verspüren den Wunsch nach Nähe und erotischem Kontakt sowie den Antrieb, den anderen zu besitzen und mit ihm zu verschmelzen. Der Wunsch nach erotischem Kontakt ist zärtlich. Der Antrieb zu verschmelzen ist stark. Die Zärtlichkeit steigert die Erregung, und der aggressive Antrieb sucht diese zu entladen. Dieser Antrieb zur Entladung hat nichts Sadistisches an sich. Ohne ihn gäbe es keine Erfüllung. Ohne Eros hingegen, die zärtliche Komponente, gäbe es wenig Erregung zu entladen, und es würde der sexuellen Aktivität an wirklicher Lust fehlen.

In der gespaltenen Persönlichkeit ist Zärtlichkeit an das innere Kind, der aggressive Antrieb hingegen an das erwachsene Ich gebunden. Ein solcher Mensch kann entweder Zärtlichkeit oder Aggression, aber nicht beides gleichzeitig empfinden. Wenn kindliche Aspekte die Persönlichkeit beherrschen, kann der Mensch zärtlich, einfühlsam und sogar sinnlich sein, aber wenig oder überhaupt keinen Antrieb verspüren, zu Entladung und Erfüllung zu gelangen. Der sexuelle Höhepunkt ist – wenn es dazu kommt – lustvoll, aber nicht dringlich. Er kann sogar von Traurigkeit begleitet sein, weil er der erwünschten Nähe und dem erwünschten Kontakt ein Ende setzt. Für solche Menschen ist Kontakt wichtiger als Spannungsabfuhr. In manchen Fällen wird Sex über lange Zeiträume weiter praktiziert, einfach um den Kontakt aufrechtzuerhalten, und der Höhepunkt, der nicht als wirklicher Orgasmus betrachtet werden kann, ist relativ flach. Eine Beziehung zwischen zwei solchen Partnern kann liebevoll sein, aber sie ist kindlich und nicht erwachsen. Werden aber andrerseits Persönlichkeit und Verhalten vom erwachsenen Aspekt beherrscht, ist der Antrieb, den Partner zu besitzen und zur Entladung zu gelangen, so stark, daß wenig Zeit für Zärtlichkeiten bleibt. Sex wird zu einer Aufführung mit wenig Gefühl und ohne wirkliche Befriedigung.

Zärtlichkeit ist die Folge von Weichheit. Die rigide, narzißtische Persönlichkeit, die durch Willenstraining funktioniert, ist körperlich nicht in der Lage, wirkliche Zärtlichkeit zu empfinden. Weil ein solcher Mensch so rigide ist, läuft jede sexuelle Erregung, die er empfindet, durch den Körper zu den Genitalien und baut eine dermaßen starke Spannung auf, daß er so schnell wie möglich Spannungsabfuhr sucht. Bei Männern dient die Ejakulation diesem Zweck und ist so angenehm, wie jede andere Entspannung von einem angespannten oder schmerzlichen Zustand auch. Weil sie aber nicht zur wirklichen Lust und Befriedigung führt, wie die Sexualität sie uns bieten kann, bleiben die Gefühle eines Mannes für seine Partnerin kalt. Das grundlegende Problem ist die Angst des Mannes, sich einer Frau ganz hinzugeben. Diese Angst ist unbewußt, wird aber von der körperlichen Rigidität, die die natürlichen konvulsivischen Bewegungen des Orgasmus blockiert, bereitwillig aufgenommen.

Die Angst, sich einer Frau hinzugeben, ist am typischsten für den »Macho« Mann, der seine Männlichkeit mit erektionsfähiger Potenz gleichsetzt. Reich bemerkt, daß eine schwere Störung der Genitalität besonders auf die Männer zu(traf), die am lautesten großsprecherisch aufzutreten pflegen, möglichst viele Frauen besitzen oder erobern, die in einer Nacht wieder und wieder »können«. Es wurde eindeutig klar: Sie sind erektiv sehr potent, doch sie erleben beim Samenerguß keine Lust, geringe Lust oder sogar das Gegenteil davon, Ekel und Unlust.[15]

Andere Männer haben eine masochistische Haltung, die auch ihre sexuelle oder orgastische Reaktion beeinträchtigt. Diese Männer sehen sich in ihrer sexuellen Rolle als Helfer für ihre Partnerin, damit diese zum Höhepunkt gelangt. Wie ein Mann sagte: »Ich bekomme meinen Kick, wenn eine Frau (zum Orgasmus) kommt.« Sein eigener Höhepunkt war relativ flach und schwach. Wie stark seine Erregung zu Anfang auch gewesen sein mochte, sie wurde von dem zwingenden Bedürfnis aufgezehrt, seine Entladung zu verhindern, damit er für die Frau »dasein« konnte.

Die Wurzeln für die Angst des Mannes, sich einer Frau hinzugeben, liegen in der frühen Beziehung zu seiner Mutter. Läßt er seinen Wunsch nach der Frau zu, ist er ebenso verletzlich gegenüber Ablehnung und Verlassenwerden, wie er es als kleines Kind war. Sein Schutz besteht darin, diese Gefühle zurückzuhalten und ein gewisses Maß an Sicherheit durch Verleugnung und Rigidität aufrechtzuerhalten. Starke genitale Empfindungen kann er nur zulassen, wenn sie ohne Verbindung zum Herzen aufkommen. Sex ohne Liebe gibt ihm ein Gefühl von Macht, mit dessen Hilfe er seine Angst vor Frauen verleugnen kann; aber Sex ohne Liebe ist weder sehr lustvoll noch sehr befriedigend.

In vieler Hinsicht sind die sexuellen Probleme einer Frau denen des Mannes entgegengesetzt, aber sie haben die gleichen Auswirkungen auf ihre orgastische Potenz. Ihre orgastische Reaktion, wenn sie total und vollständig ist, gleicht mit ihren konvulsivischen Bewegungen, der totalen Entladung der Erregung und dem Gefühl von Lust, Befriedigung und Erfüllung exakt der des Mannes. Diese Reaktion beruht auf ihrer Fähigkeit, sich der Liebe zu einem Mann ganz hinzugeben, wird aber schwierig, wenn nicht unmöglich, sollte sie unterdrückte Ärgergefühle für Männer hegen, die zum größten Teil aus ihrer Beziehung zu ihrem Vater stammen. Marie Robinson[16] hat aufgezeigt, daß das Akzeptieren und Ausdrücken dieses unterdrückten Ärgers viele »frigide« Frauen befähigt, beim sexuellen Akt zum Orgasmus zu kommen.

Eine meiner eigenen Patientinnen hatte sich den Wünschen ihres Mannes im sexuellen Bereich immer gefügt, ohne ihre eigenen Gefühle zu berücksichtigen. Als dieses Thema in der Therapie aufkam, ermutigte ich sie, ihre eigenen Gefühle auszudrücken. Als sie das nächste Mal zu mir kam, sagte sie: »Ich habe meinem Mann zum ersten Mal Nein gesagt. Am nächsten Tag stellte ich überrascht fest, daß ich den starken Wunsch nach sexueller Vereinigung verspürte, und als wir uns liebten, hatte ich einen Orgasmus.« Männer erleben den Liebesakt selten als Unterwerfung. Stattdessen verweigern Männer sich der Hingabe, indem sie Machtpositionen einnehmen oder die Kontrolle behalten, und beides dient als Schutz gegen Verletzlichkeit und Hilflosigkeit. Indem sie diese Gefühle verleugnen, verleugnen sie ihre Angst vor dem Verlassenwerden. Natürlich können sie sich durch Machtspiele nicht lange schützen, weil solche Spiele ihre Beziehungen untergraben und zu eben dem Verlust führen, vor dem sie sich gefürchtet haben. Wenn das geschieht, kommen Hilflosigkeit, Verletzlichkeit und Schmerz zum Vorschein, und die Macht, die sie zu haben glaubten, erweist sich als Illusion.

Im Endeffekt heißt Hingabe in der Liebe nicht Hingabe an einen anderen Menschen, sondern an das eigene Selbst, das eigene Herz und den eigenen Wunsch nach Liebe. Aber das schließt unsere sämtlichen Gefühle ein. Wenn das Ich auf seine Vorherrschaft verzichtet, gibt es auch die Kontrolle über den Körper und dessen Gefühle auf. Es muß die Angst vor dem Verlassenwerden, den Schmerz des Verlustes und den Ärger über den Verrat akzeptieren. Es muß auch akzeptieren, daß das Selbst bei allen wichtigen Ereignissen im Leben hilflos ist: Geburt, Liebe, Krankheit, Tod. Aber unsere Hilflosigkeit in diesen Bereichen versperrt uns nicht sämtliche Auswege. Die Natur hat menschliche Wesen mit Mitteln ausgestattet, auf Beleidigungen und Traumata zu reagieren und zu antworten. Unser Körper hat ebenso wie unser Geist die Fähigkeit, sich selbst zu heilen. Wir können weinen, wenn wir verletzt sind, können ärgerlich werden, wenn wir betrogen wurden, und kämpfen oder fliehen, wenn wir bedroht sind. Durch diese Reaktionen wird unsere Integrität bewahrt, so daß wir dem Auf und Ab des Lebens effektiv gewachsen sind. Nur wenn sie blockiert sind, werden wir behindert. Diese Blockierung geschieht in der Kindheit und wird durch dieselben Menschen hervorgerufen, an die wir uns in den kritischen Jahren unserer Abhängigkeit um Schutz und Unterstützung wenden. Am Ende müssen wir uns im Interesse unseres Überlebens dieser Verkrüppelung unterwerfen. Wie wir in Kapitel 1 gesehen haben, nimmt sie die Form chronischer Muskelverspannungen in Brustkorb und Becken an, die die körperliche Beweglichkeit und Reaktionsfähigkeit einschränken.

Solche Verspannungen im Becken führen beim Mann dazu, daß er zu schnell »kommt«, und bei der Frau dazu, daß sie zu langsam »kommt«. Sie blockieren die wunderbare Vereinigung, die eintritt, wenn beide Partner den Orgasmus gleichzeitig erleben. Es sind vor allem Verspannungen und Verkrampfungen in den Muskeln der Kreuzpartie, durch die das Becken so unbeweglich wird, daß es den spontanen Bewegungen des Orgasmus nicht nachgeben kann. Diese Verspannungen sind uns von verbreiteten Klagen über Schmerzen und Beschwerden im Kreuz bekannt. Da das Becken um die beiden Hüftgelenke rotiert, führen auch Verspannungen in den Oberschenkeln, vor allem im Musculus Quadrizeps Femoris (Oberschenkelmuskel) zur Einschränkung seiner Beweglichkeit. All diese Verspannungen sind speziell darauf angelegt, sexuelle Gefühle zu reduzieren, aber sie reduzieren nicht zwangsläufig auch die genitale Erregung, die nur einen kleinen Teil der sexuellen Reaktionsfähigkeit des Menschen darstellt. Das Resultat ist, daß der sexuelle Akt zur bloßen Abfuhr von Spannungen und nicht zum Ausdruck von Liebe wird.

Anders als die Spannung im Brustkorb, hängt die Spannung im Becken nicht direkt mit der Angst vor dem Verlassenwerden zusammen, sondern mit dem Trauma, das sich auf die frühen sexuellen Gefühle des Kindes bezieht. Diese entwickeln sich im Alter von drei bis sechs Jahren. Das Kind verspürt für das gegengeschlechtliche Elternteil eine starke sexuelle Erregung. Diese Erregung ist eine Reaktion des ganzen Körpers (mit anderen Worten, ein rein sexuelles Gefühl) mit sehr wenig genitaler Reizung und keinerlei Betonung der genitalen Aktivität. Typisch für die Jahre zwischen drei und sechs, bekannt als ödipale Phase, ist der Konflikt mit dem gleichgeschlechtlichen Elternteil, der oft eifersüchtig wird, wenn sein Ehepartner dem Kind besonders viel Aufmerksamkeit schenkt. Das kommt ziemlich häufig vor, da Eltern ihre Kinder für ihre Machtkämpfe und für die Befriedigung ihrer narzißtischen Bedürfnisse benutzen. Deswegen wird so mancher Vater durch das sexuelle Interesse seiner kleinen Tochter ziemlich stark erregt. Er fühlt sich dadurch männlich und für die Verunglimpfungen seiner Frau entschädigt. Oft hat die Erregung des Vaters sexuelle Untertöne, was das kleine Mädchen spürt und dazu führt, die Aufladung zwischen beiden zu erhöhen. Mütter verhalten sich ihren kleinen Söhnen gegenüber oft ähnlich. Obwohl die Redewendung »für dich einen Jungen, für mich ein Mädchen« niedlich klingt, erweist sie sich in der Praxis als weniger unschuldig. Wie viele meiner Patienten erkannt haben, verhalten sich Eltern, oft ohne es zu wissen, ihren Kindern gegenüber tatsächlich aufreizend und laden sie zu emotionalen und körperlichen Intimitäten ein, bei denen sexuelle Gefühle kaum verhüllt werden. Wir müssen auch realisieren, daß eindeutige sexuelle Aktivitäten der einen oder anderen Spielart zwischen Eltern und Kindern nicht selten vorkommen.

Lassen Sie uns im Detail untersuchen, was geschieht, wenn eine Mutter ihrem Sohn die schwierige Position ihres Lieblings oder besten Freundes einräumt. Es überrascht nicht, daß der Junge auf die Aufmerksamkeiten seiner Mutter mit gesteigertem Begehren und intensiveren Gefühlen reagiert, was ihn seinem Vater entfremdet, dessen Zuneigung und Unterstützung er braucht. Sein unreifes Ich glaubt, er sei seinem Vater überlegen: Warum sollte seine Mutter ihn sonst vorziehen? Diese Haltung des Jungen verärgert seinen Vater, der sich gegen ihn wendet und ihn für die Situation verantwortlich macht. Die Mutter kann das Kind vor der Feindseligkeit des Vaters nicht schützen, weil sie dadurch den Konflikt noch verstärken würde. Außerdem hat sie aufgrund ihres Verhaltens gegenüber dem Jungen selbst Schuldgefühle (meistens unbewußt). Angesichts dieser Situation wünscht der Junge, sein Vater möge sterben, hat aber gleichzeitig große Angst, daß sein Vater ihn umbringen könnte. Freud beschreibt diese Situation als ödipale, weil sie der Legende von Ödipus gleicht, der, ohne zu wissen, was er tat, seinen Vater tötete und seine Mutter heiratete.[17] Für das Kind ist die Situation einfach zu beängstigend, als daß es sich ihr stellen

48

könnte. Um sich selbst zu schützen und jede Konfrontation mit seinem Vater zu verhindern, muß es seine sexuellen Gefühle für seine Mutter abschneiden.

Weil dieser Schritt die orgastische Potenz des Jungen einschränkt, läuft er auf eine psychologische Kastration hinaus. Sich von den eigenen Gefühlen abtrennen, ist nicht das gleiche, wie einen Gedanken fallenlassen, denn Gefühle sind die Empfänger körperlicher Vorgänge. Um Gefühle abzuschneiden, müssen Teile des Körpers ruhiggestellt werden. Totale Ruhigstellung bedeutet Tod. Wie bereits erwähnt, dienen Verspannungen im Kreuz, in den Oberschenkeln und im Becken der Reduzierung von sexuellen Gefühlen.

Für kleine Mädchen, die sich sexuell auf ihren Vater beziehen, ist die Situation die gleiche, ob diese Verbindung ausagiert wird oder nicht. Das Dreiecksverhältnis, das sich zwischen Tochter, Vater und Mutter entwickelt, ist genauso intensiv. Mutter und Tochter sind Rivalinnen, und unbewußt wünscht jede die andere aus dem Weg. Das Mädchen kann aber trotz seiner bevorzugten Position nicht mit der Unterstützung seines Vaters rechnen, denn damit würde die Eifersucht der Mutter geschürt. Sein Vater hingegen wird durch Schuldgefühle aufgrund seiner sexuellen Verbindung zu seiner Tochter gelähmt. Um sich selbst zu schützen, muß das kleine Mädchen seine sexuellen Gefühle für den Vater abschneiden, was durch ein gewisses Maß an Ruhigstellung, vor allem aber durch einen Ring von Verspannungen, der um die Taille läuft, erreicht wird. Dieser Ring, durch den die Verbindung zwischen beiden Körperhälften unterbrochen wird, stellt – eher als die Verhärtung, die die männliche Reaktion charakterisiert – die typisch weibliche Reaktion auf diese Schwierigkeiten dar.

Beim Kind führt diese Lösung des ödipalen Konflikts durch Abschneiden seiner sexuellen Gefühle für das gegengeschlechtliche Elternteil unweigerlich zu einer Spaltung der Persönlichkeit, da es im Geiste ein Tabu dagegen errichtet, dem Menschen sexuell nachzugeben, den es am meisten liebt. Für den Erwachsenen ist es dann schwierig, den Sexualpartner von ganzem Herzen zu lieben, weil diese Liebe zu der mit dem tabuisierten Elternteil gleichgesetzt wird. In vielen viktorianischen Ehen kam es zu Krisen, wenn die Männer feststellten, daß sie zwar bei ihren Ehefrauen impotent, aber vollkommen imstande waren, mit einer Geliebten oder einer Prostituierten Beischlaf zu haben. Einige Viktorianer lösten dieses Problem, indem sie Verhältnisse zu Geliebten oder Mätressen akzeptierten, solange die Öffentlichkeit nichts davon erfuhr. Heute, wo die Doppelmoral in Mißkredit geraten ist, begegnen wir diesen Schwierigkeiten weniger, aber auf einer tieferen Ebene wirkt dieses Tabu immer noch. Männer mögen Sex mit ihren Frauen haben, aber der Akt verläuft ohne Leidenschaft, also auch ohne viel Liebe. Die Liebe, die man der eigenen Frau entgegenbringt, gleicht eher einer Pflicht. Mit der Zeit verliert selbst diese routinemäßige sexuelle Paarung jegliche Erregung, und wir stoßen auf Männer, die bei ihren Frauen impotent sind.

In Kapitel 1 haben wir den Fall von John besprochen, einem verheirateten Mann mit erwachsenen Kindern, der sich in eine jüngere Frau verliebte und entdeckte, daß die Impotenz, von der er glaubte, sie entspräche seinen Jahren, sich über Nacht in Leidenschaft verwandelte, wie er sie für seine neue Partnerin empfand. Wir erwähnten auch, daß John weiterhin versicherte, seine Frau zu lieben, die aber in seinen Augen wie seine Mutter geworden war. Es muß nicht besonders betont werden, daß man mit seiner Mutter keinen Sex hat. Die Situation war für John, der wünschte, die gleiche Erregung für seine Frau zu verspüren, tragisch und schmerzlich. Indem er den ödipalen Konflikt durch das Abschneiden sämtlicher sexueller Gefühle für seine Mutter löste, wurde er Opfer des Inzesttabus.

Für eine Frau nehmen diese Schwierigkeiten eine andere Form an, obwohl das Resultat das gleiche ist. Sie bleibt als »Vatis kleines Mädchen« an den Vater gebunden und kann sich keinem anderen Mann ganz überlassen. Selbst wenn sie ihren Mann sexuell akzeptiert, empfindet sie keine Leidenschaft für ihn. Ihr Verhalten gegenüber dem Ehemann ist auf zwei Rollen beschänkt: entweder sie ist das reizende, verführerische kleine Mädchen, oder sie ist die Mutter. Das sind die gleichen Rollen, die sie – möglicherweise mit einigem Erfolg – auch für den Vater gespielt hat. Sie sieht nicht, daß sie es ihrem Mann unmöglich macht, in ihr die sexuelle Frau zu sehen, wenn sie sich wie sein Kind oder seine Mutter aufführt. Ist es da noch ein Wunder, daß es so wenig Erfüllung in der Ehe gibt und so viele Ehen auseinander gehen?

Man kann sagen, daß Frauen sich im allgemeinen eher mit Liebesgefühlen identifizieren, Männer hingegen mit sexuellen Gefühlen. Aus diesem Grund bedeutet für eine Frau Liebe nicht zwangsläufig auch Sex, während für den Mann Sex nicht unbedingt auch Liebe heißen muß. Wenn eine Frau sich einem Mann sexuell hingibt, sieht sie darin meistens einen Akt der Liebe, aber ihr Partner kann sich weigern, das auch so zu sehen, um der Verbindlichkeit auszuweichen, die mit Liebe einhergeht. Er fürchtet nicht die Verbindlichkeit an sich, sondern die Aussicht, in die Falle einer sexuellen Beziehung zu geraten, die so unbefriedigend ist, wie die mit seiner Mutter es war. Sich für Liebe zu entscheiden bedeutet, daß aus ihm Muttis kleiner Junge gemacht wird, wohingegen Sex ihm die Freiheit läßt, andere Frauen zu umwerben. Für die Frau gilt das Gegenteil. Schon früh wurde sie »Vatis kleines Mädchen« und gab die Unabhängigkeit auf, die die Identifikation mit Sexualität ihr bieten könnte.

Dieser Unterschied zwischen männlichen und weiblichen Reaktionen hat sich seit der Frauenbewegung bis zu einem gewissen Grad verringert. Trotzdem existiert er immer noch. Seit Eva sieht man in der Frau die Verführerin, und der Sündenfall des Mannes wird ihr zum Vorwurf gemacht. Wenn sie hingegen verführt wird, ist es ihre Schuld. Viele junge Mädchen, die auf das Interesse ihres Vaters reagiert haben, wurden von ihren Müttern Flittchen, Hure oder Schlampe genannt. Wenn ein kleines Mädchen im Alter von fünf Jahren auf dem Schoß seines Vaters sitzt, und er eine Erektion bekommt, wird das dem Kind zum Vorwurf gemacht. Es wird weggestoßen, als habe es etwas Schreckliches getan. Die Folge solcher Kindheitserfahrungen ist, daß sexuelle Regungen bei vielen Frauen mit einem Gefühl von tiefer Erniedrigung einhergehen. Der kleine Junge hingegen wird für sein sexuelles Interesse an der Mutter nur selten gedemütigt. Sie mag ihm sagen, er sei ein schlechter oder schmutziger Junge, weil er solche Gefühle hat, aber meistens bringt sie seiner potentiellen Manneskraft auch Bewunderung oder Stolz entgegen. Von seiten seines Vaters kann er eine indirekte Kastrationsdrohung spüren, aber selbst die Tatsache, daß er als Rivale betrachtet wird, verstärkt sein Interesse an und seine Identifikation mit seiner Genitalität. Ist er erst einmal erwachsen geworden, ist darum seine größte Angst die vor dem Verlust seiner Erektionspotenz, der ein Gefühl von Schande in ihm hervorruft. Unter dieser Angst leiden Frauen niemals, denn sie können den sexuellen Akt fast immer ausführen. Sie haben Angst, als leichtfertig zu gelten, wenn sie zu schnell nachgeben oder sexuell zu aktiv sind. Früher galt eine uneheliche Schwangerschaft als Schandmal für eine Frau – beim Mann hingegen als Beweis für seine Manneskraft.

Vieles von alledem hat sich mit dem Überleben der Doppelmoral, der Entwicklung der Pille, der relativen Freigabe der Abtreibung und dem Akzeptieren von Frauen in der Männerwelt verändert. Trotzdem hat sich im Verlaufe der Aneignung größerer Unabhängigkeit die Spaltung in der Persönlichkeit der modernen Frau vertieft. Da sie stärker vom Ich als vom Herzen aus agiert, ist sie auch rigider und erfolgsorientierter sowie anfälliger für Herzkrankheiten geworden. Wenn sie jetzt Sex und Liebe trennt, kann das nur heißen, daß das innere Kind stärker verleugnet, die Isolation ihres Herzens größer wird und sexuelle Erfüllung ihr noch weniger zugänglich ist. Der folgende Fall zeigt einige Schwierigkeiten der Frau von heute auf.

Eine leitende weibliche Angestellte Anfang sechzig, die wir Irene nennen wollen, kam zur Behandlung einer depressiven Reaktion, die sie auf ihre Rückversetzung aus einer Spitzenposition in einer großen Firma zeigte. Sie brauchte Hilfe und wußte das auch – nicht nur wegen ihrer Depression, sondern auch weil bei ihr zahlreiche Risikofaktoren für eine Erkrankung der Herkranzgefäße gegeben waren. Sie war übergewichtig, starke Raucherin, und ihr Cholesterinspiegel war gefährlich hoch.

Diese Probleme zeigten sich an Irenes Körper. Da sie einen stark aufgeblähten Brustkorb hatte, war ihre Atmung schlecht. Sie stand, als würde sie sich mit ihren hochgezogenen Schultern und nicht mit Hilfe ihrer Beine aufrechthalten. Ihr Unterleib und ihr Becken waren schwer und schlaff. Sie versuchte, ihren Bauch einzuziehen, aber damit schnürte sie nur ihre Taille ab, so daß es kaum eine Verbindung zwischen Brustkorb und Becken gab. Ihre Beine waren dünn, und sie hatte Schwierigkeiten mit ihren Füßen, so daß Stehen und Laufen ihr Schmerzen bereiteten.

Es war Irene bewußt, daß sie selbstzerstörerische Tendenzen hatte. Sie wußte, daß Rauchen schädlich ist, und hatte versucht, mit Hilfe von Hypnose damit aufzuhören, aber das funktionierte nur für kurze Zeit. Ihr Hausarzt drängte sie, abzunehmen, aber es war ihr fast unmöglich, Diät zu halten. In einer Sitzung bekannte sie:»Gestern abend bin ich losgegangen und habe Kekse und Eis gekauft und alles aufgegessen. Das hätte ich besser nicht getan.« Arme Irene. Sie hungerte wirklich nach Lust. Sie war weder körperlich noch emotional gut in Form.

Die therapeutische Herangehensweise für Verhaltensänderungen besteht darin, dem Patienten zu einem Verständnis der Dynamik des inneren Kampfes sowie zum Ausdruck der Gefühle zu verhelfen, die mit diesem Kampf einhergehen. Irene war traurig (sie betrachtete ihr Leben als Fehlschlag) und hatte Schmerzen. Sie war vor einigen Jahren geschieden worden und hatte allein ein Kind großgezogen. Als erstes mußte sie ihre Traurigkeit spüren und weinen. Beim Bemühen, in der modernen Wirtschaftswelt mit Männern mitzuhalten, hatte sie die meisten ihrer Gefühle unterdrückt. Es war nicht weiter schwer mit ihr; ich half ihr zu atmen und wies sie dann an, gegen das Bett zu treten und »Warum« zu sagen, was ein Weinen hochbrachte. Sie war überrascht, wieviel besser sie sich fühlte, nachdem sie geweint hatte. Ich ermunterte sie, zu Hause mit dem Treten fortzufahren, und gab ihr die Anweisung, flach auf dem Rücken liegend mit ausgestreckten Beinen zu treten. Treten heißt protestieren, und Irene hatte viel zu protestieren.[18]

Irene war ein Einzelkind, und zwar ein sehr hübsches. Natürlich war sie der Augapfel ihres Vaters, aber er starb, als sie fünf Jahre alt war. Ihre Mutter erzählte dem Kind, es müsse ein Soldat sein wie sein Vater, was für das kleine Mädchen hieß, tapfer zu sein und seine Traurigkeit zurückzuhalten. In einer Therapiesitzung bemerkte sie:»Ich wußte immer, daß Schmerz in mir war. Da war diese Beklemmung in meiner Kehle, aber ich habe den Zusammenhang zu meinem Herzen nicht gesehen.« Als sie das erzählte, lag sie auf der Couch. Ich schlug ihr vor, mit den Händen hochzugreifen und »Vati, Vati«, zu sagen. Das tat sie auch und brach in ein heftiges Schluchzen aus.»Ich habe diesen Schmerz all die Jahre zurückgehalten«, sagte sie später.»Ich wußte nicht, wohin damit.«

Diese frühen Jahre haben Irenes Lebensweg die Richtung gewiesen und ihr Los bestimmt. Neben dem Verlust des Vaters in der ödipalen Phase spielten auch andere Umstände eine wichtige Rolle. Der tiefgreifendste Faktor war das Schuldgefühl, das sie aufgrund ihrer sexuellen Gefühle für ihren Vater verspürte. Sie sah in seinem Tod die Strafe dafür, mit ihrem Begehren das Inzesttabu gebrochen zu haben. Sie fürchtete auch ihre Mutter, die eifersüchtige Rivalin, vor der sie keinerlei Schutz mehr hatte, nachdem der geliebte Vater gegangen war. Die Auswirkungen dieser frühen Jahre zeigten sich im Körper und im Verhalten der erwachsenen Frau. Nicht nur, daß Irene immer noch versuchte, ein tapferer Soldat zu sein, wie die Mutter es gefordert hatte, sondern sie hatte sich auch von ihrer Sexualität abgetrennt und kämpfte darum, ihre Selbstachtung durch Leistung und Erfolg zu gewinnen. Sie fühlte sich verpflichtet, sich durch reine Willensanstrengung zusammenzureißen. Zusammenzubrechen, zu weinen, hieße, sich einer so tiefen Verzweiflung über den Verlust ihres Vaters stellen, wie sie sie nicht ertragen konnte.

Irene war zweimal verheiratet gewesen und hatte außerdem noch zwei große Lieben gehabt. Unglücklicherweise war sie keine der beiden Ehen mit einem Mann eingegangen, den sie liebte, und keiner der Männer, die sie geliebt hatte, bot ihr die Ehe an. Dieser Verlauf wurde durch die Ereignisse in ihrer Kindheit bestimmt. Auf der unbewußten Ebene setzte Irene die Männer, die sie liebte, mit ihrem Vater gleich, der für sie tabu gewesen war. Da das Tabu weiterarbeitete, wenn es um tiefe Liebe ging, heiratete sie Männer, die keine starken, leidenschaftlichen Gefühle in ihr hervorriefen. Ihr Drang nach Unabhängigkeit war wichtiger Bestandteil ihres Kampfes, weil er ihrem tiefer liegenden Wunsch, umhegt zu werden, entgegenwirkte und ihn verleugnete. Sie befürchtete, wie von ihrem Vater verlassen zu werden, wenn sie zuließ, daß sie von einem Mann abhängig wurde und sich ihm ganz hingab. Die Folge war, daß sie Männer heiratete, von denen sie nicht abhängig werden konnte und die ihre Fürsorge forderten. Ihr erster Ehemann konnte keine Arbeitsstelle länger halten, und der zweite erwies sich als ein manisch Depressiver, der in die Klinik mußte. Durch die Heirat mit ihnen gelang es ihr, ihre Unabhängigkeit oder Pseudounabhängigkeit zu bewahren. Aber weil sie zuließ, daß die Männer sie ausnutzten, fühlte sie sich festgefahren und bedrückt.

So wie sie sich zusammenriß, konnte Irene in der Liebe oder beim Sex nicht loslassen. Wie viele Frauen gab sie sich zwar sexuell hin, aber auf eine Art, die zu unterwürfig, zu passiv war. Sie kam während des sexuellen Aktes nur selten zum Höhepunkt. Ohne Orgasmus erlebte sie auch keinerlei Spannungsabfuhr, wie sie der Sex bieten kann.

Als Irene im Verlauf der Therapie erkannte, daß sie von den Männern, auf die sie sich zu der Zeit eingelassen hatte, ausgenutzt wurde, nahm ihr Ärger zu. Sie schlug mit einem Tennisschläger auf das Bett ein, um ihrem Ärger über diesen Verrat freien Lauf zu lassen. Gleichzeitig wurde sie auf alle Männer ärgerlich, die sie jemals ausgenutzt oder verlassen hatten. Sie wurde sogar ärgerlich auf ihren Vater, weil er zu einer Zeit gestorben war, als sie ihn brauchte.

Die Verspannungen in Irenes Rücken und in ihren Schultern waren ein deutliches Indiz für das Maß an Ärger, das sie zurückhielt. Sie riß sich im wahrsten Sinne des Wortes zusammen. Daß sie sich dessen jedoch bewußt war und die Bereitschaft zeigte, sich auszudrücken, half Irene sehr. Dadurch, daß sie ihrem Ärger freien Lauf ließ, verringerten sich ihre Schuldgefühle und es wurde ihr möglich, ihrer Sexualität mehr nachzugeben.

Irene war in der glücklichen Lage, ihren Ärger hochkommen lassen zu können, bevor sie ernsthaft krank wurde. Ein weiterer Patient von mir, den wir Paul nennen wollen, hatte dieses Glück nicht. Paul kam wegen seiner Impotenz zu einer Beratung zu mir, sieben Jahre nach seiner Scheidung und neun Jahre nach einem Herzanfall. Zur

Zeit dieses Anfalls war er eine typische Typ A-Persönlichkeit gewesen: wettbewerbsorientiert, gehetzt, überarbeitet und überernährt. Er rauchte, sein Cholesterinspiegel war zu hoch und sein Blutdruck stieg. Nachdem er die ganze Zeit über in zwei Berufen gearbeitet hatte, war er bei einem Zustand absoluter Erschöpfung angelangt. Wie es das Schicksal wollte, kam der Anfall genau zu der Zeit, als er bereit war, sich von seinen Verpflichtungen freizumachen, davon überzeugt, daß ihm das schließlich auch gelungen wäre. Aber sein Arbeitsstreß war noch gering, verglichen mit dem Streß seines Familienlebens.

Paul beschrieb seine Partnerin als eine herrische Frau, die immer ihren eigenen Weg verfolgte. Ihre Liebesbeziehung hatte sich über die Jahre hinweg ständig verschlechtert, und Sexualität war zwischen ihnen zu einer gelegentlichen und relativ formalen Angelegenheit ohne jedes Funkeln geworden. Zur Zeit seines Anfalls schliefen sie nur selten zusammen. Trotzdem blieb Paul seiner Frau treu. Noch überraschender war, daß er niemals masturbierte. Er erklärte das, indem er sagte: »Ich hatte eine höllische Angst vor meinem Vater.« Selbst wenn er mit seiner Frau schlief, ejakulierte Paul niemals, bevor sie nicht zum Orgasmus gekommen war. »Ich mußte mich lange Zeit zurückhalten«, sagte er. »Ich war ein Meister im Zurückhalten geworden.« Erst zu einer späteren Zeit seiner Ehe verlor er die Fähigkeit, seine Erektion zu halten.

Es war für Paul zwingend geworden, sich zurückzuhalten, weil er wußte, daß er sehr reizbar war. Das hatte er kurz nach seiner Heirat erfahren. Eines Abends, kurz nachdem er aus dem Krieg zurückgekehrt war, beschuldigte ihn seine Schwiegermutter, eine Deutsche, daß er ihre Verwandten umgebracht habe. Paul verlor den Kopf, ging auf seine Schwiegermutter los,und erst als er sie bereits würgte, wurde ihm klar, was er da tat. Nach diesem Vorfall schwor er sich, niemals wieder die Kontrolle zu verlieren – und hielt sich daran. Trotz der vielen Streitereien mit seiner Frau explodierte er niemals.

Paul beschrieb die Beziehung zu seinen Eltern folgendermaßen: »Ich war sehr eng mit meiner Mutter zusammen, und sie verwöhnte mich. Meine jüngere Schwester war der Liebling meines Vaters.

Er und ich waren niemals Freunde und redeten auch nie über irgend etwas. Wenn ich frech zu ihm war, bekam ich seine Hand zu spüren, bis ich ihn mit sechzehn in einem Faustkampf besiegte. Danach rührte er mich nie wieder an. Als ich noch Kind war, verprügelte er mich aber regelmäßig und schlug mich mit einem Riemen. Er sagte, er wolle versuchen, einen Mann aus mir zu machen.« In gewisser Weise hatte sein Vater damit Erfolg. Paul machte alle Kampfsportarten mit und widmete sich dem Jagen und Fischen. Aber es gab noch eine andere Seite in ihm, die er gelernt hatte zu unterdrücken – eine weiche, zärtliche Seite, die mit einem Gefühl von Verletzlichkeit einherging.

Als ich ihn fragte, wann er das letzte Mal geweint habe, gab Paul einen Vorfall wieder, der sich vor zwanzig Jahren ereignet hatte. In der Stadt, in der er lebte, war er Hilfspolizist gewesen. Eines Tages wurde er zu einem Autounfall gerufen, bei dem zwei kleine Kinder schwer verletzt worden waren. Angesichts ihrer Schmerzen traten ihm die Tränen in die Augen. Ihm fiel auch ein, daß er bei der Nachricht vom Tode seiner Mutter geschluchzt hatte, und er erinnerte sich, als Junge im Ferienlager allein in den Wald gelaufen zu sein, um dort zu weinen. Er war ein unglückliches Kind gewesen, und noch als Erwachsener machte ihn das Unglück kleiner Kinder traurig.

Pauls Kampf verlief zwischen den zwei Seiten seiner Persönlichkeit: dem starken männlichen Äußeren und dem weichen kindlichen Inneren. Auf den ersten Blick schien er Selbstvertrauen zu haben und entspannt zu sein. Wenn er aber sein unbeschwertes Lächeln fallenließ, nahm sein Gesicht den düsteren Ausdruck von Traurigkeit an, und ich sah in seinen Augen eine mörderische Wut. Sein Körper war gut gebaut und muskulös, aber Paul hatte einen Bauch, den er gerne loswerden wollte. Fettpolster im Beckenbereich legten die Vermutung nahe, daß es in seiner Persönlichkeit einen femininen Aspekt gab. Sein Becken war fest und zurückgezogen. Die obere Hälfte seines Körpers sah stark, die untere schwach aus. Diese Spaltung zwischen oberer und unterer Körperhälfte findet sich oft bei Männern, die meinen, ein Macho sein zu müssen. Aber eben dieses dringende Bedürfnis, ein männliches Bild abzugeben, stammt von einem Gefühl innerer Unzulänglichkeit. Wahre Männlichkeit liegt in der Identifikation eines Menschen mit seinen sexuellen Gefühlen und nicht in seinem sexuellen Auftreten.

Pauls Männlichkeit wurde von seinem Vater untergraben, dessen Verhalten dem Jungen gegenüber auf eine psychologische Kastration hinauslief. Das erklärte die Tendenz zu einer weiblichen Ausformung seines Beckens. Das schwerwiegendere Trauma war jedoch der Verrat seiner Mutter. Man kann nicht alle Gründe für ihr Versäumnis wissen, sich für ihn einzusetzen und ihn vor seinem Vater zu schützen, aber ein Grund war gewiß ihr Schuldgefühl wegen ihres aufreizenden Verhältnisses zu Paul. Paul war sich nicht bewußt, daß seine Nähe zur Mutter bei seinem Vater Eifersucht und Wut provozierte und daß seine Mutter ihn gegen seinen Vater benutzte. Paul verspürte viel Ärger auf seinen Vater wegen der demütigenden Schläge, die er erlitten hatte, aber eine noch größere Wut hatte er auf seine Mutter. Der mörderische Angriff auf seine Schwiegermutter kann nur als Projektion eines über lange Zeit aufgestauten Ärgers auf seine Mutter verstanden werden, weil sie sich ihm gegenüber aufreizend verhalten und ihn verraten hatte. Paul konnte seiner Mutter diesen Ärger aber niemals direkt zeigen, weil er Schuldgefühle wegen seines sexuellen Interesses an ihr hatte. Aufgrund der Schuldgefühle verleugnete er auch seinen Haß. Trotzdem liebte er seine Mutter auf einer tieferen Ebene weiter. Auf diesem Weg geriet Paul, wie auch John, dessen Fall wir im ersten Kapitel besprochen haben, in die Falle einer ambivalenten Haßliebe.

Mit der Zeit übertrug er sämtliche ambivalenten Gefühle, die er seiner Mutter entgegengebracht hatte, auf seine Frau, die ihn ebenso dominierte, wie seine Mutter es getan hatte, und der gegenüber er sich sexuell unterwürfig verhielt. Wie er seine Frau gehaßt haben muß! Aber er verleugnete seinen Haß und hielt ihn ebenso zurück wie die Traurigkeit und den Schmerz, die er beim Verlust der Liebe empfand. Nach und nach ließen die Schuldgefühle ihn impotent werden. Im Endeffekt waren das Leid, das er im Herzen verspürte, sowie sein unterdrückter Ärger verantwortlich für seinen Herzanfall.

In diesem Kapitel haben wir hervorgehoben, wie wichtig eine gesunde Sexualität für die Vorbeugung eines Herzanfalls ist. Sie sorgt dafür, daß der Brustkorb weich bleibt und daß die Spannungen, die sich dort im Laufe einer kämpferisch orientierten Existenz aufbauen, auf natürlichem Wege entladen werden. Der Orgasmus ist wie ein Neugeborenwerden, oder, noch genauer, wie eine Verjüngungskur. Nicht nur die Muskeln werden weich und entspannt, sondern dieser Prozeß reicht bis tief in das Körpergewebe und schließt auch die Arterien mit ein.

Ein vollständiger Orgasmus, nach dem der Körper total erfüllt, ruhig und zufrieden ist, ist eine konvulsivische Bewegung des Körpers, bei der das Becken unwillkürlich mit dem Atem zusammenschwingt. Zur gleichen konvulsivischen Bewegung kommt es, wenn ein Mensch heftig schluchzt. Jeder Schluchzer ist eine Pulsation oder Welle, die durch den Körper fließt und das Becken nach vorne bringt, sobald die Welle den Beckenboden erreicht hat. Ein Schluchzer ist eine stimmliche Spannungsabfuhr, die die Welle des Ausatmens überlagert. Zwischen den Schluchzern sind Lücken für ein kurzes Einatmen, in denen das Becken sich nach hinten bewegt. Bei heftigem Weinen sind die Beckenbewegungen ebenso unwillkürlich wie beim Orgasmus. Diese Ähnlichkeit zwischen beiden Reaktionen erklärt auch teilweise, warum viele Frauen in Tränen ausbrechen, wenn sie einen Orgasmus erleben. Ihr Weinen ist Ausdruck für das gefundene Paradies und spiegelt zugleich die Traurigkeit über das verlorengegangene Paradies wider. Die orgastischen Konvulsionen bereiten den Weg für ein heftiges Weinen, mit dem die gleichen Körperbewegungen einhergehen. Umgekehrt kann man von einem Menschen, der sich einem heftigen Weinen hingibt und zuläßt, daß die Wellen von Traurigkeit durch seinen Körper fließen, auch sagen, daß er in der Lage ist, den konvulsivischen Bewegungen des Orgasmus nachzugeben.

Leider fällt den meisten Menschen eine solche Hingabe nicht leicht. Im nächsten Kapitel werden wir den Prozeß des Aufwachsens in modernen Kulturen untersuchen, um herauszufinden, warum das so ist.

3 Im Herzen sind wir immer noch Kinder

Das Kind ist ganz Herz.

Sprichwort

Ebenso wie ein Waldarbeiter die Lebensgeschichte eines Baumes an einem Querschnitt des Stammes ablesen kann, kann man auch die Lebensgeschichte eines Menschen an dessen Körper ablesen. Das Wachstum des menschlichen Organismus verläuft aber in Stufen, nicht in Jahren. Anders als die Wachstumsringe des Baumes sind diese Stufen nicht streng voneinander abgesetzt, aber wir können sie trotzdem erkennen, weil jede ihre spezielle Qualität hat: die Hilflosigkeit der Säuglingszeit, die Wißbegierde der Kindheit und so weiter. Diese Stufen sind wie Schichten, jede von ihnen funktioniert weiter, bleibt auch im erwachsenen Menschen lebendig und trägt ihre speziellen Eigenschaften zum Ganzen bei.
Die Eigenschaften, die jede Stufe oder Schicht dem Leben hinzufügt, können wie folgt zusammengefaßt werden:

Säugling	von	0	–	2	= Liebe und Glückseligkeit
Kind	von	3	–	6	= Verspieltheit und Freude
Junge oder					
Mädchen	von	7	–	12	= Abenteuer, Herausforderung
Jugend	von	13	–	19	= Liebesabenteuer, Ekstase
Erwachsener	von	20	–		= Verantwortung, Erfüllung

Das Wachstum, das wir näher betrachten wollen, betrifft die Entwicklung und Erweiterung des Bewußtseins. Jede Schicht repräsentiert eine andere Wahrnehmung des Selbst und der Welt. Das Bewußtsein ist aber kein isolierter Teil der Persönlichkeit. Es steht im Dienste des gesamten Organismus und ist ein Aspekt des lebenden Körpers. Seine emotionale, psychologische und physische Entwicklung steht im Zusammenhang mit dem Wachstum des Körpers.

Es beruht auf der Erfahrung, gewinnt durch die Aneignung von Fähigkeiten an Tiefe und wird durch Handlungen gefestigt.

Wenn wir die Qualitäten des Bewußtseins mit den Stufen des Wachstums gleichsetzen, bedeutet das nicht, daß jede neue Dimension voll ausgereift aus der jeweiligen Altersstufe hervorgeht. Die Verspieltheit fängt in Wirklichkeit bereits in der Säuglingszeit an, wird aber erst in der Kindheit zur bewußten Aktivität und hört auch mit der Kindheit nicht auf. In dem Maße, wie wir frei und ungehindert aufwachsen, behalten wir die Fähigkeit zu spielen unser ganzes Leben lang bei, obwohl Verspieltheit nicht – wie es in der Kindheit der Fall war – die vorherrschende Stimmung unserer Erwachsenenjahre ist. Das gilt auch für die anderen aufgeführten Eigenschaften. Abenteuer üben unser ganzes Leben lang einen Reiz auf uns aus, aber wenn wir als Erwachsene die Verantwortung für eine Familie, eine Führungsposition oder eine schöpferische Aufgabe akzeptiert haben, ordnet sich unser Wunsch nach Abenteuer unserer reiferen Rolle unter.

Aber lassen Sie uns von vorne beginnen. Der Säugling ist von dem starken Wunsch geprägt, von seiner Mutter gehalten und genährt zu werden. Dieser Wunsch ist Ausdruck seiner Liebe für sie. Die körperliche Nähe zwischen den beiden ist beim Akt des Stillens enger, der die grundlegenden biologischen Bedürfnisse von Mutter und Kind befriedigt. Die Befriedigung seines Bedürfnisses nach Kontakt und Nahrung schenkt dem Säugling ein Gefühl glückseliger Zufriedenheit. Jedes Liebesgefühl eines Erwachsenen stammt aus dieser kindlichen Schicht der Persönlichkeit. Der Wunsch nach intimem Kontakt (wie beim Stillen, Küssen, in der genitalen Umarmung usw.) bestimmt jedes Liebesgefühl. Wenn ein Mensch mit seinem Herzen in Verbindung steht, hat er mit dem Säugling in sich Kontakt. Das könnte auch erklären, warum Säuglinge bei den meisten Menschen so leicht das Herz ansprechen. In dem Maße, wie ein Mensch von dem Säugling in seiner eigenen Persönlichkeit abgeschnitten ist, ist er auch blockiert, die Liebe in ihrer ganzen Fülle zu erfahren. Das kann, wie wir später noch sehen werden, leicht geschehen, wenn einem Säugling die benötigte Nähe und Wärme genommen wird.

Wenn das Kleinkind zum Kind heranwächst, weicht das Bedürfnis nach ständiger Nähe dem Bedürfnis, die Welt zu erkunden, die sich ihm jetzt eröffnet; Menschen, Dinge, Raum und Zeit zu erforschen, so daß es in seinem Geiste ein Bild der Wirklichkeit konstruieren kann. Im Verlaufe dieses Prozesses erforscht das Kind auch sein eigenes Sein in Beziehung zur Welt und entwickelt ein Bewußtsein für das Selbst. Das Ich entwickelt sich in der Kindheit. Etwa im Alter von sechs bis sieben Jahren nimmt es eindeutige Form an. Bis zu dieser Zeit wird die Wirklichkeit nicht als fest umrissen oder endgültig wahrgenommen, und die Phantasie des Kindes schweift frei umher. Es kann spielen, ein Vater, eine Mutter oder sogar ein Säugling zu sein. Durch sein Spiel und wir-tun-als-ob-Situationen bekommt es ein Gespür für das Leben. Da dem Kind ernsthafte Konsequenzen seines Spiels nicht bewußt sind, kann es sich ihm in all seiner Unschuld von ganzem Herzen hingeben. Ein Kind, dessen Säuglingszeit erfüllt war und das jetzt die Freiheit hat, ungestört von den Erwachsenen zu spielen, verspürt ein Gefühl von Freude. Wenn aber die Unschuld des Kindes durch das Eindringen erwachsener Gefühle und Sorgen erschüttert wird, verwandelt diese Freude sich rasch in Kummer.

Ein Kind greift mit Liebe nach einer größeren Welt aus als der Säugling, dessen Welt auf die Menschen begrenzt ist, die unmittelbar für sein Wohlergehen verantwortlich sind. Außer seiner Familie hat ein Kind auch noch Freunde und Freundinnen, die es sehr lieb hat. Wir wissen, daß Kinder Familie, Onkel Doktor und andere Spiele spielen, in denen sie ihren Körper erforschen. Da Sexualität eine der Realitäten im Leben ist, muß auch sie im Spiel erkundet werden, wenn sie in das Verständnis des Kindes von der Welt integriert werden soll. Kinder verspüren bei sexuellen Spielen eine große Erregung, und obgleich diese Spiele völlig unschuldig sind, gehören sie doch zu denen, die Erwachsene oft mißbilligen. Indem sie ihre eigenen Gefühle auf die Kinder projizieren, flößen sie ihnen Vorstellungen wie Scham und Schuld ein und zerstören die Freude, die diese spielerischen sexuellen Aktivitäten mit sich bringen. Wenn Kinder sich der Sexualität erst einmal bewußt werden, sind sie unweigerlich auch neugierig auf die Sexualität der Erwachsenen in ihrer Umgebung. Beide, das kleine Mädchen mit seinem Vater und der kleine Junge mit seiner Mutter, erfahren die Erregung der sexuellen Aufladung. Aber das alles ist immer noch unschuldig, weil es vorrangig dazu dient, die Welt kennenzulernen. Der Wunsch des kleinen Jungen, seine Mutter zu heiraten, und der Wunsch des kleinen Mädchens, seinen Vater zu heiraten, sind wir-tun-als-ob-Aktivitäten. Eltern, die das ernst nehmen und darauf eingehen oder es mißbilligen, fügen ihren Kindern damit schweren Schaden zu. Eltern sind für Kinder immer Liebesobjekte, was sexuelle Gefühle nicht ausschließt.

Man könnte sagen, daß die Kindheit beendet ist, wenn das Kind ein zusammenhängendes Bild von seiner persönlichen Umgebung und seinem Selbst gewonnen hat. Ist dieser Schritt getan, beginnt es die größere Welt außerhalb seines Zuhauses und seines Kreises von Kindheitsgefährten zu erkunden. Die Schule wird zum zweiten Zentrum seiner Aktivität, der Platz, wo es etwas über die reale, objektive Welt im Gegensatz zur weitgehend subjektiven Welt des kleinen Kindes lernt. Die Spiele, die junge Menschen in diesen Jahren spielen, sind real und die Konsequenzen wichtig; durch Spiele können sie sich miteinander vergleichen und gleichzeitig lernen, sich bei Gruppenaktivitäten kooperativ zu verhalten. In dem Maße, wie ihre Fähigkeiten Form annehmen, entwickeln sich Hierarchien. Ein Junge kann der beste Läufer, ein anderer der beste Ballspieler sein usw. Mädchen durchlaufen einen ähnlichen Prozeß der Entstehung von Rangordnungen. Diese jungen Menschen sind nicht mehr unschuldig, aber weil sie frei von Verantwortung sind, können sie die Herausforderungen und Aufregungen der Zeit vor der Pubertät ungestört genießen. Auch Freundschaften gehen tiefer, und die Liebe, die in sie eingeht, ist objektiver.

Die Jugend beginnt mit der sexuellen Reife auf biologischer Ebene. Das Feuer, das so lange geschwelt hat, lodert jetzt in hellen, heißen Flammen. Es war während der ödipalen Phase kurz aufgeflackert, wurde aber damals mit Anmachholz gezündet; jetzt brennen die Scheite. Die Leidenschaft kann intensiv sein, aber weil die emotionale Reife hinterherhinkt, neigen Jugendliche dazu, ihr Liebesobjekt zu idealisieren. Für sie ist die Erregung der romantischen Liebe überwältigend. Im Romantizismus der Jugend laufen der Wunsch des Säuglings nach Nähe, die Verspieltheit des Kindes und der Geschmack des Jugendlichen am Abenteuer zusammen. Was fehlt, ist ein Gefühl von Verantwortung für die ernsten Konsequenzen der Liebe. Wenn man bereit ist, diese Verantwortung zu übernehmen, ist die Stufe der Erwachsenenzeit erreicht.

Der gesunde Erwachsene ist die integrierte Summe der verschiedenen Stufen: im Herzen ein Säugling, mit seiner Phantasie ein Kind, ein kleiner Junge oder eines kleines Mädchen in seinem Abenteuergeist und ein junger Mann oder eine junge Frau, was die romantischen Sehnsüchte betrifft. Der Erwachsene ist sich außerdem der Konsequenzen seiner Handlungen bewußt und bereit, die Verantwortung dafür zu übernehmen. Hat er aber den Kontakt mit den früheren Schichten seiner Persönlichkeit verloren, wird er zu einem faden, zwanghaften Menschen, für den die Übernahme von Verantwortung eher eine aufgezwungene Verpflichtung als ein natürlicher Wunsch ist.

Nur wer in jeder Stufe Erfüllung fand, erreicht das Erwachsenenstadium als integrierte Persönlichkeit. Wenn eine frühere Stufe nicht befriedigend verlief, resultieren daraus Fixierungen, die Teile der Persönlichkeit binden, während die restliche Persönlichkeit mit verminderten Kräften zur nächsten Stufe fortschreitet. Die Persönlichkeit wird gespalten: Obwohl der Mensch auf der einen Ebene als Erwachsener agiert, verhält er sich auf der anderen wie ein Säugling oder ein Kind. Das extremste Beispiel für eine solche Spaltung begegnete mir in einem etwa vierzigjährigen Mann, der zur Beratung kam, weil er immer noch am Daumen lutschte. Er bekleidete eine verantwortliche Position und war Vater von erwachsenen Kindern, aber in Streßsituationen steckte er den Daumen in den Mund und verbarg diese Geste hinter der anderen Hand. Ein weiteres ziemlich drastisches Beispiel war eine junge Frau Ende zwanzig, die Eheprobleme hatte. Sie war gut gekleidet und sah aus wie eine reife, intelligente Person, aber als sie die Kleidung ablegte, damit ich ihren Körper betrachten konnte, sah sie wie ein elfjähriges Mädchen aus. Ihr Körper war so auffallend unterentwickelt, daß ihre Eheschwierigkeiten nicht weiter überraschend waren.

Die Persönlichkeit hat einen doppelten Aspekt: einen psychologischen und einen körperlichen. Bei einem gesunden Menschen passen beide zusammen. Ist das nicht der Fall, weist es auf eine Störung in der Persönlichkeitsentwicklung hin. Wenn der Intellekt eines Menschen weiter entwickelt ist als seine emotionale Reife, wird er weltgewandt auftreten und handeln, aber ohne die Gefühlstiefe, die diese Haltung unterstützt. Man findet nur schwerlich das Gegenteil, einen Menschen, der emotionale Reife, aber kein Verständnis und keine Vernunft zeigt, weil die emotionale Reife sich nur entwickelt, wenn Verständnis für das Leben vorhanden ist.

Was geschieht, wenn Säuglingen die Liebe, Unterstützung und Pflege, die sie brauchen, vorenthalten wird? Hier eine Fallgeschichte: Jim war ein dreiundfünfzigjähriger Mann, der zur Beratung kam, weil er Schwierigkeiten in der Beziehung zu einer jüngeren Frau hatte. Er sagte, daß er sie sehr liebe und sie seine Zuneigung erwidere. Trotzdem verweigerte sie ihm die Lust und Befriedigung sexueller Intimität. Zu Beginn der Beziehung waren sie intim miteinander gewesen, aber während der letzten zwei Jahre hatte es zwischen ihnen keine sexuellen Aktivitäten gegeben. Jim konnte nicht verstehen, warum, da sie verkündete, ihn zu lieben und das Zusammensein mit ihm zu genießen. Er war auch beunruhigt, weil er sich verpflichtet hatte, sie beim Aufbau ihrer beruflichen Karriere zu unterstützen, eine Verpflichtung, die sich als ziemlich kostspielig erwies, auch wenn Jim sich das leisten konnte.

Man kann den Grund für die mangelnde sexuelle Reaktion auf seiten von Jims Freundin leicht erraten. Sie wurde von einem Mann unterstützt, der wesentlich älter war als sie. Wenn auch viele Frauen sich an den Implikationen einer solchen sexuellen Beziehung nicht gestört hätten, konnte diese junge Frau deren inzestuösen Charakter nicht verleugnen. Jim war für sie eine Vaterfigur, aber er konnte das Problem nicht in diesem Licht betrachten.

Um Jim beraten zu können, mußte man ihn verstehen. Dafür gab es keinen besseren Weg, als seinen Körper zu studieren. Ich begann mit dem Gesicht, das üblicherweise der ausdrucksvollste Teil des Körpers ist. Jims gewöhnlicher Gesichtsausdruck war ein engelhaftes Lächeln. Weit entfernt von der Grimasse geheuchelter Freundlichkeit, war es vielmehr das Lächeln eines Kindes. Wenn Jim jedoch dieses Lächeln fallenließ und sein Gesicht entspannte, nahm es einen Ausdruck tiefer Traurigkeit, ja, fast von Verzweiflung an. Jim ließ nicht zu, daß dieser Ausdruck oft zum Vorschein kam. Tatsächlich erkannte er ihn nicht einmal als seinen Ausdruck. Wenn er sein Gesicht mit diesem traurigen Blick im Spiegel betrachtete, sagte er: »Ich bin ein glücklicher Mann. Alle meine Freunde halten mich für einen unterhaltsamen Menschen.« Es stimmte, daß er jemand war, der die Dinge immer von der freundlichen Seite sah. Die gleiche Eigenart spiegelte sich in seiner Stimme wider, die etwas höher war als die normale männliche Stimme.

Jim riß sich körperlich ebenso zusammen wie in bezug auf seine Stimmung. Seine Schultern waren hochgezogen, und sein Brustkorb war angehoben und übermäßig aufgebläht. Das Aussehen seines Thorax legte nahe, daß er unter einem Emphysem litt, ein Zustand, der das Atmen mühsam und schmerzhaft werden läßt, weil Teile des Lungengewebes zerstört sind, in denen sich vermehrt Luft angesammelt hat. Ein Emphysem hängt im allgemeinen mit starkem Rauchen zusammen, aber Jim war kein Raucher und zeigte keinerlei weitere Symptome für ein Emphysem. Als er nach Atemstörungen gefragt wurde, sagte er, er habe als Kind unter Asthma gelitten, als Erwachsener aber niemals einen Anfall gehabt. Seine Atmung war aber sehr flach, und sein Brustkorb bewegte sich dabei kaum.

Jims untere Körperhälfte sah schwach und etwas unterentwickelt aus. Sein Becken war schmal, und um seine Genitalien herum hatten sich Fettpölsterchen gebildet, wie man sie bei molligen kleinen Jungen findet. Seine Beine und Füße sahen aus, als seien sie zu schwach, um ihn sicher tragen zu können. Das alles wies auf eine tiefe Verunsicherung in seiner Persönlichkeit hin, die er überspielte, indem er sich mit reiner Willensanstrengung zusammenriß. Nicht zufällig waren seine Schultern hochgezogen und auch seine Stimme hoch. Nachzugeben, Stimmlage und Schultern zu senken und Luft aus dem Brustkorb zu entlassen, hätte für ihn bedeutet, daß ein nicht zu duldendes Maß an Traurigkeit freigesetzt würde.

Dieser Fall ist besonders relevant, weil Jim übergewichtig war und unter einem hohen Cholesterinspiegel litt, der trotz ärztlicher Behandlung und Ernährungsumstellungen meistens bei 300 mg lag. Mit diesen Risikofaktoren und seinem aufgeblähten Brustkorb hätte man Jim als potentiellen Kandidaten für einen Herzanfall betrachten können. Aber er war nicht die typische A-Persönlichkeit, trotz der Tatsache, daß er geschäftlich erfolgreich war und oft sehr hart arbeitete. Seine Lebensart war, zumindest nach außen hin, die Dinge leicht anlaufen zu lassen und sich auch mal zurückzulehnen, und er schien weder unter Zeitdruck noch unter Erfolgszwang zu stehen. Er sagte jedoch, er wolle sehr reich werden, weil man mit Geld so viel kaufen könne. Sehr viel später mußte er in der Analyse entdecken, daß er damit zwar ein Gefühl von falscher Sicherheit, aber nicht die Liebe seiner Freundin erkaufen konnte.

Woher stammte Jims Unsicherheit? Was lag der Traurigkeit zugrunde, die zu verleugnen er sich bemühte? Die Antwort auf beide Fragen lag in seinem Körper verborgen, besonders im übermäßig aufgeblähten Brustkorb, der mit seinem Asthma zusammenhing. Jim sagte, daß sich sein erster Anfall im Alter von sechs Monaten ereignete, hatte aber keinerlei Erinnerung daran, und ihm war auch nicht klar, was ihn verursacht haben könnte. Ich legte Jim nahe, zu überlegen, ob er vielleicht in diesem Alter ein Trauma erlitten hatte und riet ihm, seinen Vater zu Rate zu ziehen, der noch am Leben war, um zu sehen, ob dieser die Ereignisse aus jener Zeit etwas erhellen konnte. Meine Vermutung war, daß Jim sechs Monate lang gestillt und dann abgestillt worden war, was für ihn dem unerträglichen Verlust seiner Mutter gleichkam. Ich stellte mir weiter vor, daß er, nachdem er vergeblich herzzerreißend geschrien hatte, Luft eingesaugt und den Atem angehalten hatte, um aus Gründen des reinen Überlebens mit dem Weinen aufzuhören.

Jim war überrascht und beeindruckt, als er seinen Vater über seine Säuglingszeit und die Ereignisse um die Zeit des Auftretens seines Asthmas befragte und erfuhr, daß er sechs Monate lang Brustnahrung erhalten hatte und dann abgestillt wurde, weil seine Mutter depressiv geworden war. Sein Vater hatte keinerlei Erinnerungen an Jims Reaktion auf das Abstillen und war sich keines Zusammenhangs mit dem Auftreten von Jims Asthma bewußt. Nicht alle Säuglinge reagieren so heftig auf das Abstillen. Manche geben die Brust sogar freiwillig auf und ziehen die Flasche vor, meistens weil sie Brustnahrung gar nicht so aufregend oder befriedigend finden. Jim jedoch reagierte auf diesen Verlust wie auf den Weltuntergang. Es ist nicht unüblich, daß die Brust so große Bedeutung für den Säugling annimmt. Der Verlust der Brust ist dann ein katastrophales Ereignis, auf das der Säugling mit Schreien und Weinen reagiert. Das Bemühen, diese lebenswichtige Verbindung wiederherzustellen, wird so lange fortgesetzt, bis das Kind erschöpft ist und aufhören muß, weil es keine Kraft mehr hat. An diesem Punkt werden die Thoraxmuskeln so kontrahiert, daß der Brustkorb in einem aufgeblähten Zustand verbleibt.

Als asthmatisches Kind hat John nicht an sportlichen Aktivitäten teilgenommen, was eine Erklärung für die mangelnde Entwicklung seiner Beine sein könnte. Meiner Meinung nach spielten aber emotionale Umstände eine größere Rolle. Jim beschrieb seine Mutter als kränklich mit einer Neigung zu Depressionen und berichtete, daß er als Kind das Gefühl hatte, sich um sie kümmern zu müssen. Durch ihr Unvermögen, ihm die Unterstützung und Pflege zu geben, die er brauchte, war er gezwungen, sich mit Willensanstrengung zusammenzureißen, und das setzte er sein ganzes Erwachsenenleben lang fort. Damit aufzuhören, hätte das Verlassenheitsgefühl hochgebracht, das er als Kind scheinbar so tapfer überwunden hatte. Würde er es überleben, den unerträglichen Kummer noch einmal zu spüren, den er als Säugling beim Verlust der Brust empfunden hatte? Jim stellte sich diese Frage niemals, aber sein Körper zeigte deutlich, daß er das Gefühl hatte, dieses Risiko nicht eingehen zu können. Indem er sich aber zusammenriß und seinen Kummer zurückhielt, setzte er sich einem anderen Risiko aus, nämlich der Möglichkeit eines schweren Herzanfalls. Zwei Jahre später erlitt Jim einen Herzanfall, nachdem eine Schwester von ihm gestorben war, der er sich innig verbunden gefühlt hatte.

Besteht ein Zusammenhang zwischen Asthma und Herzkrankheiten? Ein solcher Zusammenhang wäre der Untersuchung wert, besonders da eine gestörte Atemfunktion bei sämtlichen Opfern von

Herzanfällen vorkommt. Vor einiger Zeit wurde ich von einem Mann Ende vierzig konsultiert, der unter schweren asthmatischen Zuständen litt. Er erkannte die Wichtigkeit emotionaler Faktoren für seine Krankheit und hoffte, die Therapie würde seinen Zustand verbessern. Durch die Atemübungen, die er bei der Beratung machte, schien er sich sehr viel besser zu fühlen. Aufgrund eines anstehenden Urlaubs mußte der Beginn seiner Therapie aber um einen Monat verschoben werden. Er hielt seinen Termin niemals ein. Seine Frau rief an, um mitzuteilen, daß er einen tödlichen Herzanfall erlitten habe.

Das Schicksal nahm Jims Leben in die Hand, so wie es auch in unser Leben eingreift und es zum Schlechten oder zum Guten wendet. Fünfzehn Jahre bevor er mich aufsuchte, war Jims geliebte Frau im Alter von zwanzig Jahren gestorben, und ihr Tod hatte ihm einen weiteren großen Verlust zugefügt. Er fühlte sich durch dieses Ereignis wie vernichtet und empfand einen so tiefen Schmerz, daß er dachte, er würde es nicht überleben. Er saß tagelang allein in seinem Zimmer und weinte herzzerreißend. Der Gedanke, daß er für seine beiden kleinen Kinder weiterleben mußte, hielt ihn aufrecht, wenn er das Gefühl hatte, den Schmerz nicht mehr ertragen zu können. Dann ließ der Schmerz ganz allmählich nach, und Jim nahm sein normales Leben wieder auf. Ein paar Jahre darauf heiratete er wieder, aber seine zweite Frau litt unter schweren Depressionen, und die Ehe endete zwei Jahre später mit der Scheidung. Wie wir gesehen haben, war er in eine weitere unbefriedigende Beziehung verwickelt, als ich ihm begegnete.

Eine andere Patientin von mir, eine vierzig Jahre alte Frau namens Marta, litt unter Depressionen.[19] Ihr Körper enthüllte ebenso wie der von Jim einige der Gründe für ihre Depressionen. Die obere Hälfte ihres Körpers wurde wie durch bewußte Anstrengung aufrechtgehalten; ihre Schultern waren hochgezogen, und ihr Brustkorb saß hoch und war aufgebläht. Ihr Unterleib und das Becken hingegen waren fest und eingezogen. Ihre Beine waren steif und dünn, die Beinmuskeln so kontrahiert, daß ihre Beine wie Stöcke aussahen. Es hatte den Anschein, als ob sie kaum Gefühl in den Beinen hätte und als würden diese vor allem als mechanische Träger fungieren. Dieser Mangel an Stützung, der auf ein tiefes Unsicherheitsgefühl hinwies, konnte dem Umstand zugerechnet werden, daß sie, ebenso wie Jim, in ihrer frühen Kindheit ein Trauma erlitten hatte. Dieses Trauma war ein Bruch in ihrer liebevollen Verbindung zur Mutter, der – wie wir noch sehen werden – eintrat, als Marta zwei Monate alt war. Dieser Bruch bewirkte, daß Martas Empfinden, ihre Mutter sei für sie da, erschüttert wurde. Diese Unsicherheit wurde auf Mutter Erde übertragen und ließ das Gefühl entstehen, daß selbst der Erdboden nicht für sie da war. Kein Wunder, daß ihre Beine unterentwickelt waren. Marta mußte sich mit Hilfe ihrer Schultern aufrechthalten, weil sie den Boden unter ihren Füßen nicht spüren konnte.

Marta berichtete folgendes:

Bis zum Alter von zwei Monaten pflegten meine Mutter und meine Großmutter bei mir zu sein und mich solange zu wiegen, bis ich einschlief. Dann entschied meine Mutter eines Tages, daß ich jetzt groß genug sei und Schluß sein sollte mit dem Verwöhnen. Als ich weinte, ließ sie mich allein, damit ich mich ausweinte. Ich weinte stundenlang. Meine Großmutter drehte fast durch, aber meine Mutter verwehrte es ihr, in mein Zimmer zu gehen und mich hochzunehmen. Schließlich hörte ich auf zu weinen, und meine Mutter sagte: »Siehst du.« Sie öffneten die Tür und sahen, daß ich blau angelaufen war. Ich hatte mich übergeben und an dem Erbrochenen verschluckt.

Marta gab noch ähnliche Horrorgeschichten aus ihrer Kindheit wieder, Geschichten, die ihre Mutter voller Stolz erzählte.

Geht das Weinen so weit, daß Asthma oder das Ersticken droht, ist es kein Wunder, wenn das Kind es zusammen mit seiner Sehnsucht, nach Liebe auszugreifen, unterdrückt. Durch Verengen der Kehle wird der Impuls zum Weinen blockiert, durch das Zurückhalten der Schultern der Impuls zum Ausgreifen. Durch zusätzliche Anspannung der Brustkorbwände hält man jedes Gefühl von Schmerz oder Traurigkeit wirksam davon ab, ins Bewußtsein zu treten. Marta und Jim zeigten beide eindeutige Anzeichen für diesen Verhaltensablauf. Während Marta jedoch schwer depressiv war, war Jim es nicht. Er konnte sich besser zusammenreißen, während Marta trotz ihrer hochgezogenen Schultern ihre Stimmung nicht ebenfalls hochhalten konnte, vielleicht weil ihre Mutter grausam, Jims Mutter hingegen einfach nicht verfügbar gewesen war.

Die Rigidität der Brustkorbwände, wie sie oben beschrieben wurde, stellt das dar, was Reich die »Panzerung« nannte. Wie der Brustschild, der von den alten Rittern getragen wurde, um das Herz vor einem Speer oder Pfeil zu schützen, soll sie das Individuum vor der Gefahr bewahren, daß sein Herz vom Pfeil der Liebe durchbohrt wird. Das Durchbrechen dieser Verteidigung würde lange unterdrückte, qualvolle Gefühle freisetzen. Der gut gepanzerte Mensch fürchtet unbewußt, daß er sich in der gleichen Situation wie als Säugling oder Kind wiederfindet – aufgrund von Schmerz und Qual unfähig zu atmen. Das Kind – und später der Erwachsene – verspürt Panik, wenn es nicht genug Luft bekommt. Dieser Panik liegt die Angst vor dem Erstickungstod zugrunde.

So sieht die Krise aus, die der Säugling beim Verlust seiner Mutter erleidet. Im allgemeinen überlebt der Säugling den Verlust, aber nichts wird gelöst. Auch wenn die Krise vorübergeht, verbleiben die Angst vor dem Verlassenwerden, das damit verbundene Panikgefühl und der Schmerz unerfüllter Sehnsucht im Unbewußten – in vielen Fällen dicht unter der Oberfläche. Die Unterdrückung dieser Gefühle mag eine gewisse Sicherheit verleihen, aber wenn die Sehnsucht nach Liebe erwacht, werden die darunterliegenden Verlassenheits- und Panikgefühle aktiviert. Kein Wunder, daß ein solcher Mensch Angst hat, sein Herz ganz der Liebe zu öffnen.

Wenn Weinen den primären Mechanismus zur Spannungsabfuhr von Herzeleid und Liebeskummer darstellt, so ist das Nicht-Weinen der primäre Schutz. Das unbewußte Verbot zu weinen wird vor allem durch Anhalten des Atems realisiert. Wenn ein Mensch aufgrund von emotionalen Störungen wie Depressionen oder Ängsten in die Therapie kommt, ist es wichtig, ihn dazu zu bringen, daß er tiefer atmet. Solange er oder sie flach atmet, bleibt jedes Gespräch über die Schwierigkeiten eines Menschen eine intellektuelle Übung und berührt keine tieferliegenden Gefühle. Eine Möglichkeit, einem Menschen zu einer tieferen Atmung zu verhelfen ist, ihn zu veranlassen, daß er sich auf den bioenergetischen Stuhl – wie ich ihn nenne – legt (siehe Abbildung 8). Die Dehnung nach hinten, die durch den Stuhl bewirkt wird, öffnet den Brustkorb und regt den Atmungsprozeß an.

Der folgende Fall illustriert den Gebrauch des Stuhles zur Vertiefung des Atems, wodurch die Gefühle hervorgerufen werden, die mit Liebesverlust einhergehen. Eine junge Frau, Ruth, deren

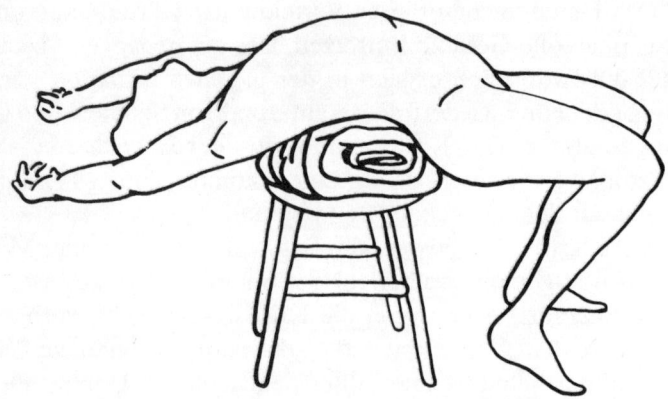

Abbildung 8: Der bioenergetische Stuhl

Depressionen und Ängste sie in die Therapie gebracht hatten, lag über dem Stuhl mit der Anweisung, leicht und frei zu atmen. Nachdem sie das etwa eine Minute lang getan hatte, schrie sie plötzlich mit keuchender Stimme: »Ich kriege keine Luft! Ich kriege keine Luft!« Mit diesen Worten erhob sie sich vom Stuhl, fiel auf den Boden und brach in das heftigste Weinen aus. Folgendes war geschehen: Die tiefere Atmung hatte ihre Sehnsüchte geweckt, ihre Traurigkeit berührt und ihre Tränenschleusen geöffnet. Als sie jedoch versuchte, die Flut von Gefühlen abzublocken, indem sie ihr Schluchzen herunterschluckte, hielt sie auch die Luft an, was sie in Panik versetzte. Glücklicherweise war die Tränenflut zu stark, um zurückgehalten zu werden, und Ruth brach zusammen und weinte heftig, was den Schmerz freisetzte und ihr erlaubte, tiefer durchzuatmen.

Die Geschichte, die Ruth anschließend erzählte, war höchst aufschlußreich. Sie war die Erstgeborene von zweieiigen Zwillingen und die kräftigere von beiden. Die Mutter stillte beide Kinder, was ein schwieriges Unternehmen war, weil beide Säuglinge zur gleichen Zeit trinken wollten. Ruth war aggressiver, was bei der Mutter, die das Kind für ein Monster hielt, ärgerliche Reaktionen hervorrief. Darüber hinaus waren die Kinder in einen intensiven Kampf geschwisterlicher Rivalität verwickelt, nicht nur um die Zuneigung der Mutter, sondern später auch um die des Vaters. Ruth wurde in beiden Beziehungen zurückgewiesen, was sie tief verletzte.

Wie wir gesehen haben, ist die erste Stufe des Lebens, die Säuglingszeit, für viele Menschen keine erfüllte Zeit, sondern eine Phase der Entbehrungen. Manche erleben einen Liebesverlust, der verheerende Auswirkungen auf die Persönlichkeit hat. In den meisten Fällen werden aber die Erfahrungen der Säuglingszeit ein Kind nicht davon abhalten, in aller Unschuld nach der Liebe auszugreifen, die es so dringend braucht. In der ödipalen Phase wird es nach dem gegengeschlechtlichen Elternteil ausgreifen.

In dieser zweiten Wachstumsstufe, der Kindheit, wird das Kind sich seiner Sexualität lebhaft bewußt, teilweise aufgrund eines zeitweiligen Anstiegs der Produktion von Sexualhormonen während dieser Phase. Aber das kleine Kind, das mit sexuellen Gefühlen nach dem gegengeschlechtlichen Elternteil ausgreift, sucht liebevollen Kontakt und keinen genitalen. Dabei, wie bei vielen anderen Aktivitäten auch, spielt das Kind nur mit der genitalen Dimension.

Das Verständnis der subtilen Dynamik in der Beziehung zwischen Eltern und Kindern während der ödipalen Phase ist wesentlich, um die Schwierigkeiten begreifen zu können, die im Erwachsenenleben auftreten. Ich habe das Bedürfnis des Kindes nach Liebe betont, aber sein Bedürfnis nach Anerkennung ist kaum weniger wichtig. Im Alter zwischen drei und sechs Jahren gewinnt das Kind ein bewußtes Selbstgefühl. Etwa mit sechs Jahren hat es eine Identität erworben, die es mit kleineren Veränderungen tendenziell das ganze Leben lang beibehält. Dieser Prozeß hängt mit dem Wachstum und der Entwicklung des Ich zusammen, die in ihren wesentlichen Aspekten während dieser Periode abgeschlossen werden. Die Identität eines Menschen ist eng mit seinem sexuellen Wesen verknüpft. Ein Kind weiß ganz genau, daß er oder sie ein Junge oder ein Mädchen ist, und ist sich lebhaft bewußt, daß seine Rolle und seine Position im Leben durch sein Geschlecht bestimmt werden. Das ist der normale Entwicklungsverlauf, der aber davon abhängt, ob das Kind von beiden Eltern als sexuelles Wesen gesehen, anerkannt und akzeptiert wird. Wenn ja, wird die Identität des Kindes fest in seiner Sexualität wurzeln. Als Erwachsener gründet die Identität des Menschen dann in seinem Sein, statt auf seinen Handlungen zu beruhen.

Leider kommt diese respektvolle Anerkennung des Kindes als sexuelles Wesen in den meisten Familien nicht vor. Allzu oft werden Jungen und Mädchen für jede offenkundige Manifestation oder Äußerung von sexuellen Gefühlen gedemütigt. Gleichzeitig werden sie indirekt dazu verleitet, sexuelle Gefühle zu zeigen, wofür sie dann wiederum gedemütigt werden. Es gäbe keine ödipalen Probleme, wenn Eltern ihre Kinder nicht für ihre persönlichen Bedürfnisse und Spiele benutzen würden. Manche suchen sexuelle Erregung bei ihren Kindern, um sich für den Mangel an eigenen Gefühlen zu entschädigen; andere suchen Nähe und Intimität, weil sie innerlich einsam sind. Viele Eltern wollen, daß die Kinder ihre eigenen Träume verwirklichen und dort erfolgreich sind, wo sie selbst versagt haben, oder daß die Kinder einfach ihr Selbstbild als gute Eltern bestätigen, die alles richtig machen. Mit all diesen Manövern wird die Unabhängigkeit und Individualität des Kindes korrumpiert.

Um ein Kind in dieser Weise benutzen zu können, müssen Eltern ihm Schuldgefühle einflößen. Eltern haben viele Möglichkeiten, einem Kind Schuldgefühle zu machen, letztlich aber handelt es sich dabei immer um sexuelle Schuldgefühle. Der Grund dafür ist, daß Sexualität an Freiheit und Unabhängigkeit gebunden ist. Untergrabe die Unabhängigkeit, und Du untergräbst die Sexualität – und umgekehrt. Nur wenige Menschen in unserer Kultur sind in ihrer Sexualität frei von jeglichen Schuldgefühlen. Diese Schuldgefühle sind in den meisten Fällen unbewußt und zeigen sich nur in einer Unfähigkeit, sich sexuellen Gefühlen uneingeschränkt hinzugeben.

Auch Eltern haben sexuelle Schuldgefühle, die sie verleugnen und als Moral und Achtbarkeit wegrationalisieren. Aber eine Moral, die auf Schuldgefühlen beruht, ist keine wirkliche Moral. Nicht alle »achtbaren« Leute haben sich an den geraden und schmalen Pfad der Tugend gehalten, und sie beruhigen ihre Schuldgefühle, indem sie sie auf ihre Kinder projizieren. Auch andere Gefühle können die Einstellung der Eltern zur Sexualität des Kindes beeinflussen. Neid und Eifersucht können Eltern gegen die unschuldige Lust des Kindes an seiner Sexualität einnehmen. Die Einstellung einiger Eltern kann wie folgt formuliert werden: »Mir wurde nicht erlaubt, meine Sexualität zu genießen, und du sollst auch nicht bekommen, was ich nicht hatte.« Wir wären blind, wenn uns als Forscher auf dem Gebiet der menschlichen Natur die versteckte und oft auch offenkundige Feindseligkeit entginge, die zwischen einigen Eltern und ihren Kindern existiert. In den meisten Fällen kann man diese Feindseligkeit bis zu den Gefühlen der Eltern über ihre eigene Sexualität zurückverfolgen – Gefühle, die ihnen vor langer Zeit wiederum von ihren eigenen Eltern eingeflößt wurden.

Wie beeinflussen diese Kindheitserfahrungen das Individuum, während es aufwächst, sein Elternhaus verläßt und hinaus ins Leben tritt? Die Antwort auf diese Frage findet sich in der analytischen Arbeit mit Patienten. Analysiert man den Ursprung der Angst eines Patienten vor Liebe und Nähe, Offenheit und Direktheit, gelangt man immer wieder zu den Kindheitsereignissen zurück. Die Analyse ist notwendig, weil nur sehr wenige Patienten sich an solche frühen Ereignisse erinnern. Tatsächlich erinnern die meisten Menschen sich kaum an die frühen Jahre ihres Lebens, obwohl die Ereignisse dieser Zeit, da sie doch aufs lebhafteste erfahren wurden, auch die lebhaftesten Erinnerungen liefern sollten. Die Amnesie hinsichtlich frühkindlicher Erfahrungen war Freud und den anderen Analytikern seiner Zeit wohl bekannt. Wenn dieser Gedächtnisschwund auf einer körperlichen Störung beruhen würde, wäre er unwiderruflich. Aber durch die Analyse und die Körperarbeit können viele bedeutsame Ereignisse aus der Kindheit ins Bewußtsein zurückgeholt werden.

Bei der psychogenen Amnesie, wie Arthur P. Moyes dieses Phänomen nennt, »ist das Fehlen von Erinnerungen ein aktiver Selbstschutzprozeß; der Patient weigert sich, sich zu erinnern... Das Bewußtsein wird vor unangenehmen oder unbequemen Erinnerungen geschützt«.[20] Ein solcher Gedächtnisschwund weist auf eine unbewußte Realitätsverleugnung hin. Diese Schlußfolgerung wird von der Beobachtung gestützt, daß viele Patienten solange behaupten, ihre Kindheit sei eine glückliche Zeit gewesen, bis durch die Analyse enthüllt wird, daß ihre Eltern gleichgültig, grob und manchmal sogar grausam waren. Sie haben ihre Erinnerungen an diese frühe Zeit blockiert, weil sie zu schmerzlich und angsterregend sind, um akzeptiert werden zu können. Aber wenn die Kindheit dem reifen Bewußtsein verlorengeht, geschieht das gleiche mit der offenen und ganzherzigen Liebe des Kleinkindes und der Unschuld des Kindes. Tatsächlich aber sind weder die Entwicklungsstufen noch die Erinnerungen daran verlorengegangen; sie wurden zurückgezogen und verkapselt.

Folgender Fall illustriert die Identitätsverwirrung, zu der es kommen kann, wenn die Sexualität eines Menschen weder akzeptiert noch respektiert wird. Jenny, eine strahlende Frau in ihren Dreißigern und selbst Therapeutin, konsultierte mich, weil sie große Schwierigkeiten hatte, sich auf Menschen zu beziehen. Sie glaubte, andere seien nicht offen und direkt zu ihr. Andrerseits konnte sie aber auch nicht offen und direkt mit anderen umgehen, weil sie Angst hatte, daß jede Selbstbehauptung, jede Gefühlsäußerung einen Angriff provozieren würde. Als Selbstschutz nahm sie eine negative Haltung ein – »Ich will und brauche die anderen nicht« –, die nicht stimmte, aber dazu diente, sie vor einer gefürchteten Zurückweisung oder Demütigung zu bewahren. Sie wurde hin- und hergerissen zwischen ihrer Sehnsucht, anerkannt und akzeptiert zu werden, und ihrer Verleugnung dieser Gefühle, was sie mitunter ganz verrückt machte. Ihr Schmerz war so groß, daß sie manchmal stundenlang alleine weinte. Als sie im Rahmen einer Gruppe einmal weinte, tat es weh, sie zu beobachten, weil niemand sie erreichen konnte.

Wer war Jenny? Sie wußte es nicht, weil sie sehr verwirrt war. Ihr Körper jedoch enthüllte den Grund für ihre Verwirrung. Ihr Kopf

76

und ihr Gesicht waren schmal, der übrige Körper aber üppig und gut entwickelt. Ihr Gesicht war zu einem Ausdruck von Schmerz, Traurigkeit und Bitterkeit verzogen. Es war kein anziehendes Gesicht. Aber ihr Körper war überraschend attraktiv; üppig, wohlgeformt und weiblich. Ihre Beine waren stark und sahen aus, als ob sie sie gut tragen könnten. Sie war sowohl in finanzieller als auch in psychischer Hinsicht ein unabhängiger Mensch, nicht aber emotional. Es gab in ihrem Körper sichtbar verspannte Bereiche, vor allem um Schultern, Brustkorb und Becken herum.

Die Disharmonie zwischen Jennys Kopf und ihrem Körper kann wie folgt interpretiert werden: Ihr Kopf und ihr Gesicht repräsentierten ihr Ich, den Teil ihres Körpers, den sie der Welt zeigte. Der schmale Kopf und der gequälte Gesichtsausdruck wiesen darauf hin, daß ihr Ich schwer verletzt und zerstört worden war. Die Fülle, Vitalität und Stärke ihres übrigen Körpers zeigten an, daß sie als ganz kleines Kind gut versorgt worden war. Der Schaden, den ihr Ich erlitten hatte, und die Zerstörung ihres Selbstwertgefühls mußten in einem späteren Alter stattgefunden haben, vielleicht während der ödipalen Phase, als ihr Ich sich entwickelte.

Jenny war das einzige Mädchen in einer Familie mit sieben Kindern. Man könnte denken, daß sie in einer solchen Situation Brennpunkt für sieben Paar männliche Augen war. Das Interesse an ihr als Frau hätte ihr das Gefühl geben können, bewundernswert und begehrt zu sein. Leider sah die Realität anders aus. Sie berichtete einen Vorfall, der mich schockierte. Sie sagte, daß ihre Brüder sich gelegentlich um sie versammelten und auf sie urinierten. Sie glaubte, daß ihre Mutter davon wußte, aber keinerlei Anstrengung machte, die Jungen davon abzuhalten und zu bestrafen. Ihr Vater war nicht oft zu Hause und keine Hilfe für sie. Sie beschrieb ihn als passiv, sagte aber, sie habe gespürt, daß er Wärme und Zuneigung für sie hegte. Durch diese Gefühle für sie und auch, weil er sie als sexuelles Wesen akzeptierte, konnte auch Jenny positive sexuelle Gefühle haben. Aber sein sexuelles Interesse an ihr erregte die Eifersucht ihrer Mutter. Jenny hatte nicht das Glück, daß er sie vor der Eifersucht ihrer Mutter beschützte.

Ihre Mutter dagegen versetzte sie in Angst und Schrecken. Nichts, was Jenny tat, gefiel ihrer Mutter, von der sie ständig kritisiert und oft ins Gesicht geschlagen wurde. Als wir über ihre Mutter sprachen, erkannte Jenny, daß diese geistig nicht ganz gesund war. Sie beschrieb einen Vorfall, der nicht lange zurücklag, als sie, ihre Mutter sowie ihr Bruder und dessen Familie in der Schweiz in einem Auto fuhren. Ihre Mutter wies den Bruder an, das Auto anzuhalten, woraufhin sie das Steuer übernahm und mit solcher Geschwindigkeit über die alpinen Straßen fuhr, daß Jenny sicher war, sie würde die Kontrolle über den Wagen verlieren und alle ins Unglück stürzen. Und doch betrachtete diese Mutter Jenny als die Verrückte und nannte sie auch manchmal so.

Es überrascht nicht, daß Jenny selbst dachte, sie müsse verrückt sein. In gewisser Weise war sie es, weil sie angesichts ihrer Realität und der sie umgebenden Realität verwirrt war. Für ein ganz kleines Kind ist es unmöglich zu sehen und zu erkennen, daß die Mutter geistig krank ist, solange sie nicht in die Klinik kommt oder ihre Krankheit von der übrigen Familie zugegeben wird. Ein kleines Kind nimmt die Schuld am Verhalten der Mutter ganz auf sich, weil die Mutter den Boden und die Realität seines Daseins darstellt, und diese Realität in Frage zu stellen, klingt verrückt. Jenny spürte als Kind auch, daß ihre Weiblichkeit ihre Brüder erregte, und trotzdem wurde sie von ihnen feindselig und verächtlich behandelt. Dieses Verhalten kann nur mit der Annahme erklärt werden, daß sie die Gefühle der Mutter für Jenny spürten und ausagierten. Gleichzeitig ließen sie an Jenny ihren Ärger auf ihre Mutter aus, vor der sie ebenfalls Angst hatten. Jenny war der Sündenbock.

Die Mutter konnte Jennys Sexualität nicht akzeptieren, weil sie ihre eigene Sexualität nicht akzeptieren konnte. Wenn eine Mutter ihre eigene Sexualität für ekelhaft oder schmutzig hält, wird sie auch ihre Tochter in diesem Licht sehen. Die meisten Mütter projizieren auf ihre Töchter unbewußt die Gefühle, die sie sich selbst entgegenbringen.

Im Verlauf der Therapie zeigte Jenny einen Haß auf ihre Mutter, der sie bestürzte. Wieder und wieder schrie sie mit einer Vehemenz, in der sich eine mörderische Wut verriet: »Ich hasse dich!«

Ein Mensch mit dermaßen intensiven Gefühlen kann denken, er sei verrückt, wenn er sie nicht versteht und akzeptiert. Um solche Gefühle annehmen zu können, müssen sie ausgedrückt, aber nicht ausagiert werden, denn sie gehören der Vergangenheit an. Der richtige Ort für diesen Ausdruck ist die therapeutische Situation. Während Jenny dem Haß auf ihre Mutter in der Therapie Ausdruck verlieh, wurde ihr bewußt, daß ihre Mutter sie in sexueller Hinsicht gehaßt hatte, aber sehr wohl imstande gewesen war, sie als asexuelles Kleinkind zu lieben und zu akzeptieren. Als Jennys sexuelles Wesen sich entwickelte und sie anfangs auf das sexuelle Interesse ihrer Brüder einging, begann ihre Mutter, sie für schlecht zu halten. Die Spaltung in der Mutter erzeugte die Spaltung im Kind.

Jenny war ein sexueller Mensch, aber nur von den Schultern abwärts. Sie sagte, daß sie Männer gern habe und Sex mit ihnen genieße, fand es aber sehr schwer, eine Beziehung aufzubauen. Sie fühlte sich wirklich zerrissen zwischen ihren sexuellen Wünschen, ihrer Angst, ihr Herz zu öffnen, und ihrem negativen Denken. Als dieses Bild im Verlauf der Therapie deutlich wurde, spürte Jenny das Licht des Verstehens und die Wärme von Erkenntnis und Akzeptanz. Sie bemerkte: »Ich glaube, ich könnte schön sein. Mein Gesicht fühlt sich jetzt weicher und weniger verspannt an.« Sie fügte hinzu: »Ich hätte gerne einen Mann.« Die Spaltung in der Persönlichkeit des Patienten zu heilen, ist die Hauptaufgabe der Therapie.

Wir haben gesehen, daß die Kindheit infolge ödipaler Erfahrungen, wie sie oben beschrieben wurden, verkapselt, das heißt bis zu einem gewissen Grad aus dem Bewußtsein entfernt wird. Oder, um dieselbe Situation mit anderen Worten zu beschreiben: Der Mensch hat die Verbindung zu dem Kind verloren, das er einst war. Gleichzeitig wird sein Herz von einem Schutzpanzer umgeben, der bewirkt, daß es in einen Käfig eingeschlossen ist (siehe Abbildung 9). Es ist nicht länger frei, auf die Außenwelt zu reagieren. Das Wachstum setzt sich zwar mit den nächsten drei Stufen fort, aber der Mensch wird seinen tiefsten und frühesten Gefühlen entfremdet sein.

Das Ergebnis ist, daß die Einheit der Persönlichkeit gespalten wird. Statt ein integriertes Individuum zu sein, das liebevoll, fröhlich, abenteuerlustig, romantisch und verantwortungsbewußt ist, hat der Mensch zwei gegensätzliche Wesenskerne, jeder mit seinen eigenen Daseins- und Verhaltensweisen. Abbildung 10 illustriert diese Vorstellung. Ein Zentrum umgibt das Herz und die damit verbundenen Gefühle: Liebe, Verspieltheit, Unschuld, Freude. Es ist das tiefe Zentrum in jedem Individuum. Das zweite Zentrum, das vom Ich beherrscht wird, befindet sich an der Oberfläche, wo der Kontakt zur Außenwelt hergestellt wird. Die mit diesem Zentrum verbundenen Gefühle sind der Wunsch nach Anerkennung und Status, der Antrieb, etwas zu leisten und erfolgreich zu sein, und der Drang, sich auszudrücken. Beim gesunden Menschen stehen Herzensgefühle und Ich-Antriebe nicht miteinander in Konflikt. Der Antrieb, etwas zu leisten, ist die reife Fortsetzung der kindlichen Lust am Spiel, und der Drang, sich auszudrücken, ist verbunden mit der Freude des Kindes an körperlicher Bewegung und kreativer Aktivität. Diese integrierte Persönlichkeit wird in Abbildung 11 dargestellt.

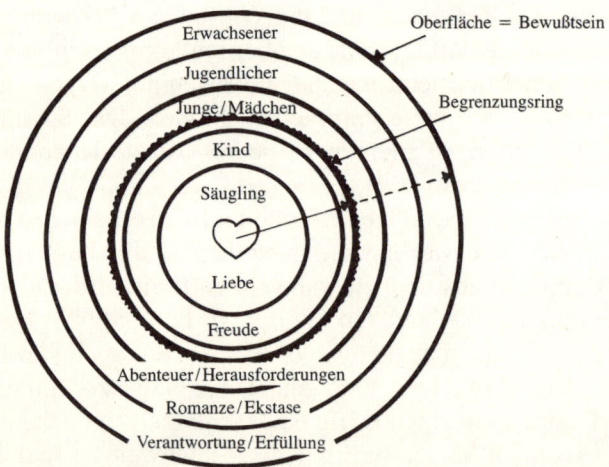

Abbildung 9: Die Verkapselung der Kindheitserfahrungen in der Gesamtpersönlichkeit. Der Impuls, vom Herzen in Liebe auszugreifen, wird durch den Panzer behindert und dringt nur zögernd an die Oberfläche.

80

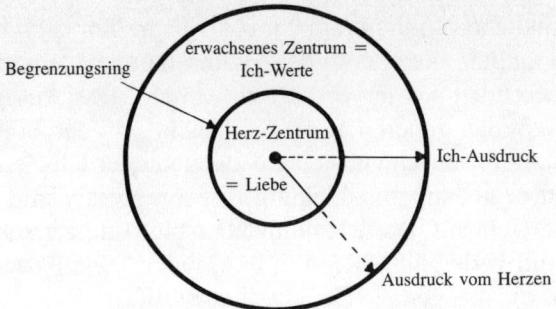

*Abbildung 10: D*ie Aufspaltung der Ganzheit in ein Ich-Zentrum (Erwachsener) und ein Herz-Zentrum (Kleinkind/Kind). Alle Impulse, auszugreifen, kommen vom Herzen. Wo eine Spaltung existiert, ist die erwachsene (Ich-)Komponente schwach, wenn das Liebesgefühl stark ist. Wo das Ich-Gefühl (Erwachsener) stark ist, ist das Liebesgefühl schwach entwickelt.

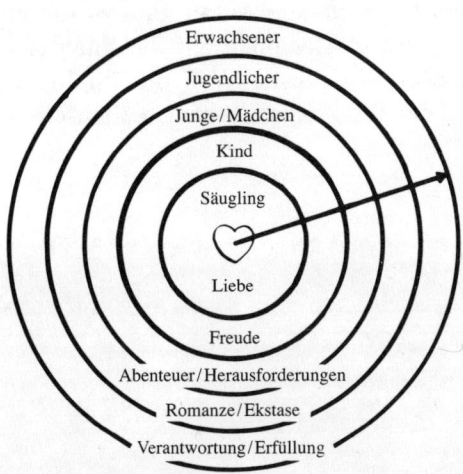

Abbildung 11: Die ganzheitliche Persönlichkeit. Zwischen allen Aspekten der Persönlichkeit existiert eine frei fließende und uneingeschränkte Kommunikation.

81

Beim gespaltenen Individuum hat das Ausgreifen nach Liebe eine infantile Qualität, die sich in dem Wunsch äußert, umhegt, gehalten und beschützt sowie versorgt zu werden. Das Ausgreifen geschieht aus einer inneren Leere und nicht aus der Fülle heraus. Wenn aber der Mensch von seinem zweiten oder Ich-Zentrum ausgreift, tritt er als superunabhängig, superaggressiv und scheinbar selbstbeherrscht auf. Diese Haltung überspielt und versteckt das bedürftige und verletzliche Kind in ihm, indem eine Fassade aufgebaut wird, die das genaue Gegenteil darstellt.

Die Verleugnung der eigenen Verletzlichkeit bringt diese nicht zum Verschwinden; sie wird einfach nur von der Oberfläche ins Zentrum verlagert, vom Ich zum Herzen, das anfällig für eine Herzattacke wird. Clancy Sigal, ein Autor aus Hollywood, hat beschrieben, wieviele erfolgreiche Männer sich durch eine solche Verleugnung der Gefahr von Herzkrankheiten aussetzen. Sigal wurde nach seinem eigenen Herzanfall Mitglied einer Gruppe von Männern, die das gleiche Gebrechen und die gleiche Suche nach etwas Verlorenem teilten. »Der Herzanfall kann zum ersten Schritt auf dem Wege werden, das Gespür für das Spielerische wiederzugewinnen, dessen Verlust in erster Linie zu dem Anfall führte«, schreibt er. »Ich bin sicher, daß der Prozeß, der mich auf die Intensivstation brachte, begann, als diese ganz eigene Welt des kindlichen Herzens im Nebel versank, während ich stark und ›realistisch‹ wurde.«[21]

4 Die Liebe verloren, die Hoffnung verloren: »Ich kann ohne dich nicht leben.«

In Kapitel 1 haben wir die positiven Auswirkungen untersucht, die die Liebe auf das Herz hat. Liebe veranlaßt das Herz, schneller und kräftiger zu schlagen, wobei es mehr Blut zur Körperoberfläche schickt, was die Augen glänzen läßt und die erogenen Zonen auflädt. Ein verliebter Mensch greift nach Nähe und Kontakt aus und erwartet, dadurch Freude zu finden. Wenn die Beziehung zum Liebesobjekt durch nichts gestört wird, erfolgt ein solcher Impuls frei und ungehindert; der Betreffende ist dabei leichten Herzens und vergnügt. Ist der Kontakt hergestellt, empfindet er ein Gefühl von Freude, Zufriedenheit und innerer Ruhe. Die Erregung klingt ab, das Herz beruhigt sich, man fühlt sich rundherum wohl. Was aber geschieht, wenn eine Geste zur Herstellung des Kontakts mit einem anderem Menschen auf Ablehnung stößt, wenn der geliebte Mensch unerreichbar ist oder sogar verloren wurde? Statt Freude verspürt man Schmerz, statt Erfüllung innere Leere, statt Frieden und innerer Ruhe, die auf die Abfuhr von Erregung folgen, fühlt man sich angespannt und aufgewühlt.

Viele von uns haben zu irgendeinem Zeitpunkt einmal den Schmerz verspürt, der mit Liebsverlust einhergeht. Eine junge Frau, deren Mutter im Sterben lag, legte sich die Hand aufs Herz und sagte: »Es tut so weh. Ich habe das Gefühl, daß mir das Herz bricht.« Dieser Schmerz ist eine reale körperliche Empfindung, die in der Herzgegend lokalisiert ist. Was verursacht ihn?

Wenn ein Mensch einen Liebesverlust erlebt, wird das Blut, das in Erwartung von Nähe zur Körperoberfläche geschickt wurde (selbst der Gedanke an den Kontakt oder die Nähe mit dem geliebten Menschen kann das Herz erregen und das Blut veranlassen, zur Körperoberfläche zu strömen), plötzlich ins Körperinnere, direkt in das Herz, zurückgezogen. Das Herz ist jetzt einer Blutfülle ausgesetzt, die es nicht leicht weiterleiten kann. Der Druck steigt, und das Herz fühlt sich an, als ob es platzen wolle. Gleichzeitig kontrahieren die Brustkorbmuskeln. Tatsächlich geht der ganze Körper als Reaktion auf den Liebesverlust in einen Zustand der Kontraktion über. Dieser Zustand ist dem der Ausdehnung, der durch die Liebe hervorgerufen wird, entgegengesetzt.

In den meisten Fällen platzt der Mensch tatsächlich – er platzt in einem Schluchzen, gelegentlich auch in einem Schrei, aus sich heraus. Zu dieser Reaktion kommt es oft, wenn der geliebte Mensch stirbt. Das Schreien und Weinen ist so intensiv, als sei dem Hinterbliebenen das Herz gebrochen. Was zusammenbricht, ist die Rigidität, die sich infolge eines Verlustes entwickelt. Man kann diesen Prozeß des Zusammenbrechens deutlich beobachten, wenn ein Säugling anfängt zu schreien, weil er verletzt oder enttäuscht wurde. Seine erste Reaktion auf eine Verletzung ist, sich zu versteifen. Ein Erwachsener kann einen solchen Zustand beibehalten, ein Kleinkind aber nicht. Ein paar Augenblicke nach dem Schock beginnt das Kinn des Säuglings zu zittern, und daraufhin fängt er sofort an zu weinen. Das Weinen eines Säuglings ist eine konvulsivische Reaktion, die den ganzen Körper erfaßt und Verzweiflungstöne entstehen läßt, wenn Luft aus den Lungen ausgestoßen wird.

Das Weinen ist die grundlegendste Form der Spannungsabfuhr, die dem menschlichen Organismus zur Verfügung steht, um die aufgrund von Schmerzen entstandene Spannung zu entladen. Das Weinen eines Säuglings ist darüber hinaus ein Hilferuf, ein Ruf nach der Mutter und darum auch eine Reaktion auf einen Liebesverlust. Schluchzen oder fortgesetztes Weinen kommen nur beim Menschen vor. Die Schreie anderer Säugetiere treten in Form von einzelnen Lauten auf. Auch das Vergießen von Tränen gibt es nur bei menschlichen Wesen. Diese spezifischen Reaktionen legen nahe, daß Menschen nicht nur mehr Kummer erleben können als andere Säugetiere, sondern auch intensivere Liebesgefühle, teilweise weil das menschliche Gehirn besser in der Lage ist, subtile Gefühlszustände und -empfindungen wahrzunehmen, hauptsächlich aber, weil der menschliche Körper erregbarer ist. Die gesteigerte Erregbarkeit des Menschentieres ist am offenkundigsten in seiner

84

Sexualität. Während die sexuelle Reaktionsfähigkeit bei fast sämtlichen anderen Säugetieren auf bestimmte Brunftzeiten beschränkt ist, ist die sexuelle Reaktionsfähigkeit des erwachsenen Menschen weitgehend unabhängig vom Reproduktionszyklus. Aufgrund des gesteigerten sexuellen Begehrens ist auch das Verlangen nach Nähe und Intimität dringender und ruft tiefere Liebesgefühle und – bei Verlust – auch intensiveren Kummer hervor.

Damit wir mit Verlusten fertigwerden können, hat die Natur glücklicherweise für einen starken Mechanismus zur Spannungsabfuhr gesorgt, nämlich das Schluchzen. Obwohl Tränen, die über das Gesicht laufen, auch ein Ausdruck von Traurigkeit sind, sorgt dieser Ausdruck nicht für die körperliche Entlastung, wie das Schluchzen es tut. Der Tränenfluß dient dazu, die Spannung in den Augen abzuführen, was sich daran zeigt, daß die meisten Menschen, nachdem sie sich ausgeweint haben, weichere und strahlendere Augen haben. Aber die körperliche Rigidität, vor allem die Panzerung des Brustkorbs, die durch den Schmerz des Liebesverlustes entsteht, kann nur durch Schluchzen aufgeweicht werden.

Beim Säugling ist die Spannung, die aus der Erfahrung von Verletzung oder Schmerz resultiert, ganz akut und kann schnell abgeführt werden. Aber bei vielen Erwachsenen ist die Spannung eine chronische, und die Abfuhr dieser Spannung durch Weinen ist nicht leicht. Das gilt besonders für Männer; einigen von ihnen ist es fast unmöglich zu weinen. Beträchtliche therapeutische Arbeit mag erforderlich sein, um ein Individuum soweit aufzuweichen, daß es auf Liebesverlust emotional reagieren kann. Jack war jahrelang in Therapie gewesen, bevor er weinen konnte. Im Anschluß an einen Konflikt, bei dem seine Freundin ihm mitteilte, sie sei nicht bereit, mit ihm zusammenzuleben, beschreibt er seine Reaktion wie folgt:

Ich spürte, wie mir einfach das Herz brach. Ich sagte nichts. Ich ging fort und weinte an diesem Abend sehr heftig. Mein Brustkorb tat die ganze Woche lang weh. Und mein Gefühl war – das war's, es ist zu Ende. Es war das gleiche Gefühl, das ich empfunden hatte, als meine erste Freundin und ich uns trennten. Ich blieb in dieser Woche für mich, aber ich hatte auch das starke Gefühl, daß ich mein Leben und meine Liebe mit jemandem teilen wollte. Am Ende der Woche trafen wir uns wieder, und

erneut verkündete sie ihre Unabhängigkeit. Mein Schmerz kam wieder. Mein Brustkorb hatte die ganze Woche lang geschmerzt. Es tat weh. Ich war so fertig. Ich sagte: »Ich kann das einfach nicht aushalten«, und fing an zu weinen. Ich glaube, ich habe heftiger geweint als je zuvor. Ich schrie sie immer wieder an, und ich glaube, das war wichtig. Wenn ich weinte, fühlte ich, wie mir das Herz brach. Es tat wirklich im Herzen weh, verdammt noch mal! Als ich fertig war, fühlte meine Brust sich freier an. Es tat nicht mehr weh. Ich fühlte mich auch mit Helen freier.
Früher hatte ich immer das Gefühl, daß dieser Schmerz mir zugefügt wurde. Jetzt spürte ich ihn als mein eigenes gebrochenes Herz. Indem ich das zugab, konnte ich mich auch davon reinigen. Wissen Sie, ich habe immer versucht, ganz vorneweg zu sein, aber jetzt, wo ich dieses gebrochene Herz in mir spüre, sehe ich, wie anfällig ich für Verlassenheitsgefühle bin, wie verletzbar, wenn ich sexuell abgelehnt werde.

Hat man sich in den Finger geschnitten, ist der Schmerz eng begrenzt auf die verletzte Stelle. Anders als eine rein körperliche Verletzung erfaßt aber emotionaler Schmerz den ganzen Körper. Leute erzählen von einer Schwere auf der Brust, von Schwierigkeiten beim Atmen und empfinden außer dem spezifischen Schmerz im Herzen ein allgemeines Beklemmungsgefühl. Aber nicht alle erleben einen Liebesverlust mit der gleichen Intensität. Viele Menschen habe so starke Schutzvorrichtungen gegen emotionale Verletzungen und Schmerzen aufgebaut, daß das Ende einer Liebesbeziehung sie kalt, bedrückt oder ohne jedes Gefühl läßt. Diese Menschen spüren auch die Freuden der Liebe nicht.
Der Liebeskummer, der Jack verletzlich für Ablehnung machte, stammte aus frühen Kindheitserfahrungen. Nach einer weiteren Krise mit seiner Freundin stellte Jack den Zusammenhang zum Verlust der mütterlichen Brust selbst her:

Ich spürte den Verlust körperlicher Nähe zu meiner Freundin sehr eindringlich, sie nicht mehr zu berühren und zu halten, die Erregung des erotischen Kontakts nicht mehr zu fühlen. Dieses Verlustgefühl ist eine ganz körperliche Erinnerung – der Verlust von jeglichem nährenden, lebenspendenden, tröstenden und befriedigenden Hautkontakt mit meiner Mutter. Es war ein Gefühl von Kälte und Leere. Als mein Weinen heftiger wurde, begann ich nach Luft zu schnappen und konnte die Panik spüren, die dieses Verlustgefühl wachrief.

Wenn sich der Liebesverlust in der Kindheit ereignet, bleibt das Individuum mit einer ständigen unterschwelligen Panik zurück. Aber mit dem Schmerz des Liebeskummers wird auch das Panikgefühl unterdrückt und tritt nur dann ins Bewußtsein, wenn der Mensch versucht, tief durchzuatmen, und feststellt, daß er nicht genug Luft bekommt. Zu solch einer Reaktion kommt es immer dann, wenn ein Mensch sich in einer lebensbedrohlichen Situation gefangen fühlt. Er wird jede nur mögliche Anstrengung unternehmen, um zu entkommen, aber wenn ihn Panik ergreift, werden seine Anstrengungen chaotisch und deswegen vergeblich sein. Wenn Menschen sich bei einem Brand eingeschlossen fühlen, rennen sie blindlings zum nächsten Ausgang, und das führt dazu, daß sie den Ausgang versperren, so daß jedes Entkommen unmöglich ist. Oft gibt es noch weitere Fluchtwege, aber Panik schließt jedes rationale Beurteilungsvermögen aus. Wir alle wissen, daß in einer Gefahrensituation klares Denken erforderlich ist, aber für ein solches Denken muß das Gehirn ausreichend mit Sauerstoff versorgt sein. Wird der Atem angehalten, wie im Zustand der Angst, fällt die Sauerstoffversorgung des Gehirns abrupt aus, und klares Denken wird unmöglich.

Jede Angst beeinträchtigt das Atmen. Unsere instinktive Reaktion sieht so aus, daß wir die Luft anhalten, unsere Schultern hochziehen und die Augen weit aufreißen. Diese Reaktion, als Schreckreaktion bekannt, kann bei kleinen Kindern beobachtet werden, wenn sie sich über ein lautes Geräusch erschrecken oder hinzufallen drohen, weil ihnen plötzlich der Halt genommen wird. Nicht alle Erwachsenen geraten unter den gleichen Bedingungen in Panik. Je sicherer ein Mensch sich fühlt, desto öfter ist seine Atmung relativ frei und unbehindert, und desto unwahrscheinlicher ist es, daß er in Panik gerät. Das Gefühl innerer Sicherheit entsteht, wenn wir uns früher geliebt und akzeptiert gefühlt haben. Dem Menschen dagegen, der nicht ausreichend akzeptiert wurde, fehlt es auch an diesem Gefühl von Sicherheit.

Eine wichtige Frage, die sich hier stellt, ist, warum ein Liebesverlust in der Kindheit dazu führt, daß ein Mensch sich sein ganzes Leben lang unsicher fühlt, trotz der Tatsache, daß er vielleicht eine liebevolle Beziehung zu einer Frau oder einem Partner hat. Die Antwort lautet, weil die Unsicherheit auf einer unbewußten Ebene in seine Körperstruktur eingeht. Selbst wenn er sich ganz allgemein bewußt ist, unsicher zu sein, verbindet er seine Unsicherheit nicht mit seiner zugeschnürten Kehle oder seinem aufgeblähten Brustkorb. Auch spürt er nicht wirklich, in welchem Maße er sich mit Hilfe seiner Schultern aufrechthält, statt zuzulassen, daß seine Beine und Füße ihn tragen.

Da unsere Beine und Füße praktisch unsere Wurzeln sind, die uns mit dem Boden verbinden, wenn wir stehen oder uns bewegen, ist es leicht einsichtig, warum es einem solchen Menschen an einem Gefühl von Sicherheit mangelt. Seine Beine können kräftig aussehen, aber wenn sie fest und steif sind, ist ihre Empfindungsfähigkeit verringert, und es wird dem Menschen schwerfallen, sich getragen zu fühlen. Eine solche Rigidität muß als Schutz gegen die Angst vor dem Fallen gesehen werden. Diese Angst kommt zum ersten Mal auf, wenn ein kleines Kind das Gefühl hat, nicht richtig gehalten zu werden. Der Erwachsene hat dann nicht nur unbewußt weiterhin das Gefühl, daß keiner da ist, um ihm aufzuhelfen, wenn er fällt, sondern daß der Boden selbst unter ihm wegbricht.

Für ein Kind ist die Mutter der Boden. Wenn sie ihm keine ausreichende Stütze ist, wird es das Gefühl entwickeln, daß es sich auf niemanden als auf sich selbst verlassen kann und sich durch bewußte Anstrengung selbst aufrechthalten muß. Mit der Zeit wird diese Anstrengung unbewußt. Solange wie das Kind – und später der Erwachsene – sich aufrechthält, indem es Schultern und Beine anspannt, wird es sich im Leben unsicher fühlen.

Jeder Liebes- oder Sicherheitsverlust, jede Angst- oder Gefahrensituation kann diese unterschwellige Unsicherheit verstärken und ein starkes Panikgefühl hervorrufen. Viele Frauen leiden unter Agoraphobie, der Angst, unter freiem Himmel allein zu sein. »Agora« ist das griechische Wort für Marktplatz, und einer solchen Reaktion liegt die Angst zugrunde, auf überfüllten Plätzen von der Mutter getrennt zu werden. Daß das Verlassen des Hauses bei der erwachsenen Frau die gleiche Reaktion hervorruft, hängt mit einer unbewußten Angst vor Trennung oder Verlassenwerden zusammen. Das Problem ist schwer zu behandeln, weil Menschen mit Agoraphobie sich nur selten bewußt sind, daß ihre Panik aus frühen Erfahrungen mit ihrer Mutter stammt.

Migräne ist ein weiteres Symptom, das mit Liebesverlust und der Angst vor dem Verlassenwerden in Zusammenhang gebracht werden kann. Eine meiner Patientinnen kam eben deswegen zur Behandlung, weil sie unter so schwerer Migräne litt, daß sie zeitweilig arbeitsunfähig war. Mary war eine attraktive junge Frau Ende zwanzig mit einer strahlenden, lebhaften Art und einem bereitwilligen Lächeln – außer wenn ihr Gesicht sich unter dem quälenden Schmerz eines schweren Anfalls verzog. Wenn man Mary dazu brachte, heftig zu weinen, verringerte das den Kopfschmerz; kam es rechtzeitig dazu, vereitelte es den Anfall manchmal ganz. Wenn sie weinte, fiel einiges an Anspannung von ihrem Körper ab, vor allem im Bereich der Augen und des Kopfes. Schreien war noch wirkungsvoller, um den Schmerz zu vermindern. Trotz all ihrer Schmerzen fiel es Mary aber nicht leicht, in Tränen auszubrechen und zu schluchzen. Es war Teil ihrer Persönlichkeitsstruktur, die Kontrolle zu haben, strahlend und fröhlich und effektiv im Leben zu stehen. Da ihre Kontrolle aber auf Verleugnung beruhte, konnte sie mit ihren Gefühlen nicht umgehen, wenn sie auftauchten, vor allem mit den sexuellen Gefühlen nicht, und darum war sie ständig mit sich selbst im Konflikt. Sie bekam oft unmittelbar vor einer Verabredung Kopfschmerzen und mußte sie absagen, obwohl dadurch der Kopfschmerz nicht aufhörte. Sie nahm auch ständig Medikamente gegen Migräne ein, obwohl diese nicht voll wirkten. Sie kam in die Therapie, um den Konflikt in ihrer Persönlichkeit zu verstehen, der die Spannung erzeugte, die ihren Kopfschmerzen zugrunde lag.

Mary kam aus einer irisch-katholischen Familie, in der Sexualität und sexuelle Themen zugedeckt und für Sünde gehalten wurden. Sie fühlte sich ihrem Vater sehr eng verbunden, und sein Tod, als sie zehn Jahre alt war, war ein großer Schock für sie. Trotzdem brach sie nicht zusammen und weinte nicht. Da ihr Vater in einem Krankenhaus starb, erzählte ihre Mutter ihr nicht sofort davon, um sie zu schonen, und Mary klammerte sich an diese Verzögerung, um zu verleugnen, daß er unwiederbringlich gegangen war. Stattdessen stellte sie sich vor, daß er im Himmel sei und sie ständig beobachte, und sie glaubte, er würde auf irgendeinem Wege zu ihr zurückkehren, wenn sie ein braves Mädchen wäre (was hieß, nicht sexuell zu sein). Als Erwachsene glaubte Mary nicht länger, daß er zurückkommen würde, aber im Verlauf der Therapie wurde deutlich, daß sie die Tatsache seines Todes auf einer unbewußten Ebene nicht vollständig akzeptiert hatte. Das Ergebnis war ihre Unfähigkeit, emotional zu reagieren. Warum?

Mary hatte in ihrem Vater einen Beschützer vor ihrer Mutter gesehen, die sie für feindselig hielt und als Konkurrentin um die Zuneigung ihres Vaters betrachtete. Nach dem Verlust ihres Vaters blieb sie in einem Zustand unerträglicher Verletzlichkeit und Schutzlosigkeit zurück. Um das zu kompensieren, stellte sie sich ihren Vater im Himmel vor, wo sie ihn sich weiterhin als ihren Beschützer denken konnte. In Wirklichkeit war der Schmerz über den Verlust zu groß, als daß sie ihn hätte ertragen und damit auch sich eingestehen können. Etwas später drückte sie selbst es so aus: »Ich konnte es nicht ertragen. Ich wäre gestorben, wenn ich mir eingestanden hätte, daß er tot war.« Dabei ist unwesentlich, ob Mary tatsächlich gestorben wäre oder nicht; gegen ein dermaßen starkes Gefühl konnte sie einfach nicht angehen.

Dadurch, daß sie den Verlust ihres Vaters verleugnete, wurde der Schmerz in ihren Kopf verlagert. Angelpunkt für den Mechanismus dieser Verlagerung waren Marys Versuche, ihre Sexualität zu verleugnen und zu kontrollieren. Unbewußt machte Mary die sexuellen Gefühle, die sie für ihren Vater hegte, verantwortlich für seinen Verlust. Sie war ein böses Mädchen, und sein Verlust war ihre Strafe. Hätte sie keine sexuellen Empfindungen gehabt, könnte die Verbindung zu ihrem Vater immer noch bestehen, und damit wäre ihr der Liebeskummer über seinen Verlust erspart geblieben. Diese Kontrolle der sexuellen Gefühle wurde durch Ableitung des Blutes von den Genitalien in den Kopf bewerkstelligt, was zur Verstopfung und zum Pulsieren der Arterien im Gehirn führte. Diese Sicht der Psychopathologie der Migräne wird durch die Tatsache bestätigt, daß Marys Kopfschmerzen an Häufigkeit und Intensität sehr abnahmen, als ihre sexuellen Schuldgefühle und die Verleugnung ihres Verlustes in der Therapie durchgearbeitet wurden.[22] Aber Mary konnte ihren Verlust nur akzeptieren, wenn sie den Schmerz darüber loslassen konnte, indem sie den Tod ihres Vaters durch Schluchzen und Weinen tief betrauerte.

Die Bedeutung des Weinens für die Spannungsabfuhr und die Erleichterung der Schmerzen eines gebrochenen Herzens kann nicht genug betont werden. Der Verlust eines geliebten Menschen muß betrauert werden, wenn man im Anschluß an diesen Verlust sein normales Leben wieder aufnehmen will. Seit Freud haben Psychologen gewußt, daß das Versäumnis, einen schweren Verlust zu betrauern, das Individuum für Depressionen oder Melancholie anfällig werden läßt.[23] Sämtliche depressiven Reaktionen wurzeln in einem Liebesverlust, der nicht angemessen betrauert wurde.[24] Depressionen entwickeln sich oft infolge der Illusion, daß die verlorengegangene Liebe durch ein »braves« Verhalten wiedergewonnen werden kann.

Daß der Tod eines geliebten Elternteils geleugnet wird, kommt nicht häufig vor, denn dadurch tritt ein Element von Unwirklichkeit in das Leben des Kindes, das die Beziehung zu anderen Menschen behindert. Dazu kommt es, wenn die Bindung an diesen Elternteil so stark ist, daß der Verlust nicht akzeptiert werden kann. Andrerseits ist es durchaus üblich, Liebesverlust zu verleugnen. Nur wenige Menschen sind bereit zuzugeben, daß sie als Kinder nicht geliebt wurden. Selbst in der Therapie haben Patienten erhebliche Schwierigkeiten, diese Möglichkeit in Betracht zu ziehen. Im allgemeinen sind sie nur dann bereit zu erkennen, daß ein oder beide Elternteile ihnen gegenüber ziemlich feindselig waren, nachdem sie den Schmerz ihres Liebeskummers wirklich gespürt haben. Wenn sie grobe oder grausame Handlungen von seiten der Eltern beschreiben, rechtfertigen sie deren Verhalten, indem sie sich selbst dafür Vorwürfe machen, oder sie entschuldigen es, indem sie Verständnis für den Schmerz und das Leiden der Eltern zeigen. Je mehr ein Kind mißbraucht wurde, desto weniger ist es oft bereit oder in der Lage zu sehen, daß dieser Mißbrauch ein Ausdruck von Haß ist.

Die Tatsache elterlichen Hasses zu akzeptieren heißt für ein Kind, die Ordnung der Natur in Frage zu stellen. Und trotzdem zeigt die Realität, wie wir Erwachsenen sie sehen, daß Eltern ihren Kindern gegenüber ambivalente Gefühle haben. Einerseits wünschen sie ihnen das Beste, hegen jedoch andrerseits Groll auf die Forderungen der Kinder. Sie sind auch neidisch auf das Kind, das scheinbar mehr hat als sie selbst als Kinder hatten.

Diese Ambivalenz zeigt sich in dem Maße, wie die elterliche Liebe davon abhängig gemacht wird, daß ein Kind etwas erreichen und leisten muß. In unserer Kultur, in der Erfolg zur wichtigsten »Tugend« geworden ist, betrachten viele Eltern die Leistungen ihrer Kinder als Zeichen für ihre eigene Überlegenheit. Sehr häufig ist ihr Ego am Status und an der Leistungsfähigkeit ihres Kindes in und außerhalb der Schule beteiligt. Aber Liebe, die Leistungsfähigkeit zur Bedingung macht, ist gar keine Liebe. Wirkliche Liebe umgibt einen Menschen mit Wärme und Zuneigung für das, was er ist, und nicht für das, was er tut. »Mutti hat dich lieb, wenn du deinen Brei aufißt«, ist keine liebevolle Aussage, sondern eine ablehnende. Das gleiche gilt für Sätze wie: »Du bist so schmutzig. Wie soll dich überhaupt jemand liebhaben können?« Ein Kind wird als kleines Tier geboren, und wenn die Liebe seiner Mutter an die Bedingung geknüpft ist, daß es für ein zivilisiertes Leben trainiert wird, lehnt sie seine grundsätzliche Natur ab. Alle Kinder müssen sich an das soziale Leben anpassen, aber dieser Prozeß erfordert keine Drohungen und Strafen. So wie Kinder spontan und natürlich sprechen lernen, lernen sie mit der Zeit auch, wohlerzogen und höflich zu sein. Natürlich sind sie nicht immer ruhig und still, was diejenigen Eltern aufbringt, die die Lebendigkeit ihrer Kinder nicht ertragen können.

Psychologen ist bewußt, daß die heutigen Kinder unter enormem Druck stehen, schnell erwachsen werden zu müssen, was sie dem wettbewerbsorientierten Charakter unserer Kultur zuschreiben. Aber ein weiterer Grund dafür, Kinder zu drängen, schnell erwachsen zu werden, ist, daß gequälte Eltern den Streß loswerden wollen, ihre Zeit und Energie deren Bedürfnissen widmen zu müssen. Wieviele Mütter finden Erfüllung im Stillen ihres Kindes? Wieviele

Väter haben die Zeit, Geduld und Energie, einen Säugling in den Schlaf zu wiegen? Zum ersten Liebeskummer kommt es, wenn der Säugling spürt, daß seine Bedürfnisse zweitrangig sind und er die Zuwendung und Pflege, die er will, nicht bekommt, ganz gleich wieviel er schreit.

Kinder lernen schnell, daß sie eine gewisse Anerkennung und Zuneigung gewinnen, wenn sie emotional für ihre Eltern da sind. »Ich mußte für meine Mutter die Mutter sein«, lautet eine Bemerkung, die ich in der Therapie oft höre. Kinder sind sensibel für das Leiden ihrer Eltern und tun alles, um es zu erleichtern. Wie ein Patient sagte: »Ich konnte nicht weinen, weil ich meine Mutter nicht mit meiner Traurigkeit belasten konnte. Sie hatte soviel eigene Traurigkeit, mit der sie fertigwerden mußte.« Das Kind unterdrückt seine eigenen Sehnsüchte und versucht, der Mensch zu sein, der die Eltern glücklich machen kann. In erster Linie heißt das, gut und gehorsam zu sein, eine Haltung, die in der Schule noch verstärkt wird. Es ist nicht schwer zu sehen, daß der Wunsch, den Eltern zu gefallen, sich in der schulischen Leistungsfähigkeit und dem Streben nach Erfolg im Beruf fortsetzt. Diese Verpflichtung, anderen zu gefallen, kann keine andere Grundlage haben als die Hoffnung und den Glauben, damit die Liebe der anderen zu gewinnen und den Liebeskummer zu überwinden, der früher im Leben erfahren wurde.

Dieses Verhalten funktioniert aber für den Erwachsenen ebensowenig wie für das Kind. Natürlich ist sich der Erwachsene nicht bewußt, daß er versucht, durch seine Handlungen Liebe zu gewinnen, da er seine Sehnsucht nach Liebe unterdrückt hat. Aber von Zeit zu Zeit bricht diese Sehnsucht zusammen mit dem Gefühl durch, in einer hoffnungslosen Situation festgefahren zu sein. Sowohl die Sehnsucht als auch die Hoffnungslosigkeit drohen beide den Schutzwall eines Menschen gegen die Gefühle von Liebeskummer zu untergraben und die Tore für eine Flut von Traurigkeit zu öffnen, in der er zu ertrinken fürchtet. Trotzdem wird der Impuls, auszubrechen und Liebe zu finden, unweigerlich aufkommen und mit ihm zusammen ein Panikgefühl bei der Aussicht, erneut verlassen zu werden. (Der Zusammenhang zwischen einem Herzanfall und dem Durchbrechen von Panik wird in einem späteren Kapitel untersucht.) Die Ambivalenz von Eltern gegenüber ihren Kindern manifestiert sich nicht nur in einer gleichgültigen Haltung und einem Mangel an ausreichender Pflege. Einige Eltern haben ihrem Nachwuchs gegenüber durch und durch feindselige Gefühle. Die Wirkung eines solchen Hasses auf das Kind ist eine andere als die des elterlichen Narzißmus, wie er oben beschrieben wurde. Es ist eine Sache, Panik bei der Aussicht zu empfinden, verlassen zu werden, und eine ganz andere, in Schrecken vor der Feindseligkeit eines Elternteils zu leben.

Kindesmißbrauch, heutzutage ein wohlbekanntes Phänomen, kann körperliche Schläge beinhalten, die so weit gehen, daß sie das Leben eines Kindes gefährden oder sogar zerstören, oder er kann eine eher psychologische Form der Kriegsführung annehmen. Ich erinnere mich an ein Essen in einer Familie, bei der die Mutter ihrem Sohn verbot, seine Lieblingsfleischspeise auch nur anzurühren, solange er nicht das Gemüse auf seinem Teller ganz aufgegessen hatte. Der Junge, der aus irgendwelchen Gründen eine Aversion gegen Gemüse hatte, kämpfte mit der strengen Anweisung seiner Mutter, ohne sie einfach so wegstecken zu können. Er tat mir leid, und ich setzte mich bei der Mutter für ihn ein. Ich werde den haßerfüllten Blick nicht vergessen, den sie mir wegen meiner anscheinend ungerechtfertigten Einmischung zuwarf. Es stellte sich heraus, daß ihr Kind schwere emotionale Probleme hatte.

Bei einer anderen Gelegenheit wurde ich von einer Mutter und ihrer Tochter konsultiert, welche ebenfalls schwere Probleme hatte. Während das Mädchen mit mir sprach, warf ich der Mutter zufällig einen Blick zu und sah, wie sie das Kind mit schwarzen, haßerfüllten Augen anschaute. Als wir aber miteinander sprachen, verneinte sie jegliche feindseligen Gefühle dem Mädchen gegenüber. Sie war sich ihrer inneren Gefühle offensichtlich nicht bewußt, ich bin aber sicher, daß ihre Tochter diesen schwarzen Blick oft gesehen und darüber furchtbar erschrocken war.

Schrecken ist eine andere Art von Angst als Panik. Wenn ein Raubtier eine Herde bedroht, gerät sie in wilde Flucht, und die Tiere rennen durcheinander, um zu entkommen. Wenn aber das Raubtier seine Beute erst einmal gefangen hat, ist das Tier meistens so in Furcht und Schrecken, daß es keinerlei bewußte Anstrengung zur Flucht unternehmen kann. Schrecken lähmt das Tier nicht nur, sondern betäubt es auch, wodurch der Schmerz seines Todeskampfes verringert wird.

Kinder, deren Eltern ihnen Schrecken einflößen, verlieren die Fähigkeit, sich zu verteidigen, und können sich der Situation nur hilflos unterwerfen. Sie fühlen nichts mehr, weil alle spontanen Bewegungen auf die Eltern zu oder weg von ihnen aufhören. Ein solches Kind kann zu dem haßerfüllten Elternteil eine sklavische Bindung entwickeln, aber diese Bindung entsteht aus Angst, nicht aus Liebe. Auch die Wirkung, die Furcht und Schrecken auf den Körper haben, ist eine andere als die von Panik. Statt Rigidität ist eine Neigung zu Schlaffheit vorhanden, statt eines aufgeblähten Brustkorbs sieht man einen zusammengedrückten; statt der Aggressivität, die mit dem Typ A-Verhalten einhergeht, begegnet man einer Persönlichkeit mit einem großen Anteil an Passivität. Gleichzeitig und nachdem ich das gesagt habe, möchte ich die Leser aber davor warnen, Menschen Typen zuzuordnen, weil nur wenige Menschen so aufwachsen, daß sie ausschließlich Schrecken oder Panik erleben. Manchmal mag das Kind in Panik geraten, wenn es mit seinem Weinen die Mutter nicht herbeirufen kann; dann wieder kann es Furcht und Schrecken verspüren, wenn sein Weinen beim Vater eine feindselige Reaktion hervorruft. Elterliches Verhalten ist selten beständig, es wechselt mit den Stimmungen der Eltern. Selbst die haßerfülltesten Eltern haben von Zeit zu Zeit positive Gefühle für ihr Kind.

Selten reißt die liebevolle Verbindung zwischen einem Elternteil und dem Kind ganz ab. Es kann sowohl zu kleinen als auch zu größeren Brüchen von unterschiedlicher Dauer kommen. Jeder Bruch mag dem Kind einige Qual verursachen, aber die Intensität dieser Qual variiert von Familie zu Familie und von Kind zu Kind in ein und derselben Familie. Ebenso wird ein Kind nicht ständig auf das gleiche Maß an Feindseligkeit oder Haß bei einem Elternteil treffen. Im allgemeinen flackert Feindseligkeit von Zeit zu Zeit einmal auf.

In anderen Fällen mag das Kind jedoch eine ständige Feindseligkeit wahrnehmen, die sich selten einmal auflöst. Da die meisten Menschen für die Schmerzen, die sie in ihrer Kindheit erfuhren, nur ein kurzes Gedächtnis haben, sind Patienten selten, die ihre Kindheit zutreffend beschreiben können. In den meisten Fällen verleugnen die Patienten die negativen Aspekte oder beschönigen sie, aber nichtsdestoweniger gehen die Kindheitserfahrungen in die Körperstruktur ein. Der aufgeblähte, gepanzerte Brustkorb ist ein Schutzwall gegen die gegenwärtige Panik und den Liebeskummer der Vergangenheit. Das Maß an Rigidität enthüllt die Schwere des frühen Traumas. Der zusammengedrückte oder zusammengebrochene Brustkorb weist auf die Wirkungen hin, die Schrecken auf das Herz hat, ein niederschmetternder Stoß, gegen den keine Verteidigung möglich ist. In diesem Fall zeigt der Körper keinerlei Rigidität.

Im dritten Kapitel haben wir gesehen, daß durch den Liebesverlust die Einheit der Persönlichkeit gespalten wird, wodurch zwei Zentren entstehen, das Ich-Zentrum und das Herz-Zentrum. Letzteres ist von der bewußten Selbstwahrnehmung abgeschnitten. Das Ich wird im Verlaufe dieses Prozesses geschwächt, bleibt aber stark genug, um trotz erheblicher innerer Konflikte ein klares Selbstgefühl aufrechtzuerhalten. Ein solches Individuum hat keine andere Möglichkeit, als jedem Liebeskummer vorzubeugen, indem es versucht, durch Dienen, harte Arbeit und Leistung oder durch den Reiz von Macht und Erfolg Liebe zu gewinnen. Die durchgängige Rigidität seines Körpers dient zur Herstellung einer künstlichen Einheit seiner Persönlichkeit. Diese Einheit fehlt dem schizoiden Individuum, das ganz niedergedrückt wurde. Im Verlaufe dieses Prozesses wurde sein Geist gebrochen, nicht aber sein Herz, so daß dieser Mensch für Herzkrankheiten weniger anfällig ist als das rigide Individuum. Auch ist sein Herz offener für Liebe, aber die Liebe, die er sucht, ist der Tendenz nach infantil oder kindisch. Gleichzeitig ist er weniger auf Leistung aus.

Die Abbildungen 12a und 12b sind hilfreich, um die unterschiedlichen Dynamiken dieser beiden Persönlichkeitsstrukturen zu illustrieren. Abbildung 12a zeigt die rigide Struktur (narzißtische Persönlichkeit), die mit unterschwelliger Panik einhergeht. Wie auf dem Diagramm zu sehen ist, dominiert das Ich-Zentrum (schraffierte Fläche) die Persönlichkeit, während das Herz-Zentrum verschlossen ist. Die doppelte Linie, die das Ganze umgibt, weist darauf hin, daß die Persönlichkeitsgrenzen gut definiert und geschützt sind. An der Körperoberfläche ist die Aufladung relativ stark, was einen guten, stabilen Kontakt mit der Außenwelt gewährleistet. Andrerseits ist der Kontakt zum Herzen und seinen Gefühlen reduziert.

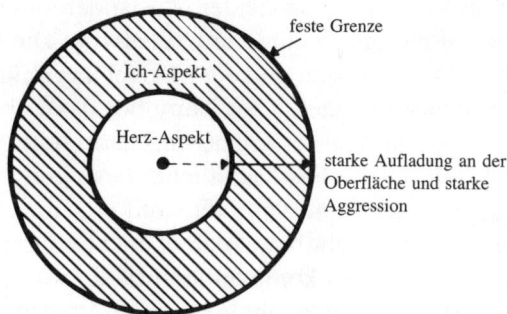

Abbildung 12a: Die rigide oder narzißtische Persönlichkeit

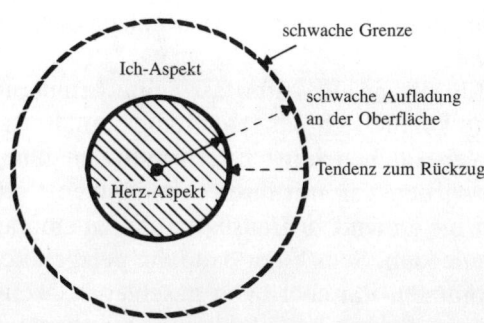

Abbildung 12b: Die orale oder schizoide Persönlichkeit

Abbildung 12b zeigt die orale oder schizoide Persönlichkeitsstruktur, die mit unterschwelligem Erschrecken einhergeht. Dieser Struktur liegt der gegenteilige Zustand zugrunde, nämlich ein schwaches Ich mit starken Herzensgefühlen. Das schraffierte Zentrum weist auf die Dominanz des Herzens hin. Aufgrund der reduzierten Oberflächenaufladung sind die Ich-Grenzen der schizoiden Struktur schwach und ungeschützt, mit dem Ergebnis, daß der Mensch überempfindlich sowie leicht verletzbar ist und sich, statt gegen Beleidigungen oder Traumata anzukämpfen, wahrscheinlich viel eher zurückzieht.

Tony war jemand, der von beiden Zuständen einige Symptome zeigte, obwohl die unbewußte Panik überwog. Die Beschwerden, die er hatte – Depressionen und ein Mangel an Gefühl – sind heutzutage nur allzu verbreitet. Laut Tony bot das Leben ihm nichts Aufregendes; er gestand, er könne den ganzen Tag lang im Bett liegen und fernsehen. Fast sämtliche Bewegungen erforderten einige Willensanstrengung von ihm, weil er seinen Körper so bewegungsunfähig gemacht hatte, daß es nicht zu spontanen Bewegungen oder Emotionen kommen konnte. Er war gut gebaut und muskulös, aber eine ungewöhnlich große Anspannung in seinen willkürlichen Muskeln hatte seinen Körper steif werden lassen. Weil seine Schultern hochgezogen und unbeweglich waren, hatte er große Schwierigkeiten, seine Arme über den Kopf zu dehnen. Sein Brustkorb war übermäßig aufgebläht, folglich war seine Atmung sehr reduziert. Natürlich konnte er nicht weinen, obwohl sein Gesichtsausdruck, wenn er sich entspannte, traurig und unglücklich war.

Tony war Einzelkind. Er hatte fast keine Erinnerungen an seine Kindheit und konnte sich nur sehr wenige Anlässe ins Gedächtnis zurückrufen, bei denen seine Eltern ihm Zuneigung zeigten. Da seine Mutter jeden Tag mit ihren Freundinnen Karten zu spielen pflegte, war nie jemand zu Hause, um ihn zu empfangen, wenn er aus der Schule kam. Sein Vater hatte ihn gelegentlich zu Ballspielen mitgenommen, ihn aber auch geschlagen, wenn er nicht gehorchte oder irgendwelche Schwierigkeiten machte. Tony konnte sich an Einzelheiten nicht erinnern, außer daß er sich vor seinem

Vater unter dem Bett versteckt und sich Bücher in die Hose gestopft hatte, damit die Hiebe nicht so weh taten. Er erwähnte oft, wie groß die Hände seines Vaters waren, wie um zu sagen, daß sie ihm Angst gemacht hatten, aber er zeigte bei seinen Erzählungen keine Angst oder andere Gefühle. Er war ein einsames Kind und fast ohne Freunde oder Spielkameraden gewesen. Als Jugendlicher stahl er seinem Vater Geld, um seine Freunde einzuladen, damit er nicht so allein war.

Man konnte Anzeichen für Tonys Beziehung zu seinen Eltern in seinem Körper entdecken. Als Reaktion auf die Feindseligkeit seines Vaters hatte er sich steif gemacht, wie um zu sagen: »Du wirst mich nicht kleinkriegen. Ganz gleich, wie oft du mich schlägst, ich werde nicht weinen.« Und er hatte tatsächlich nicht geweint, wenn sein Vater ihn schlug. Die Antwort auf die Gleichgültigkeit und den Rückzug seiner Mutter war eine Verhärtung seines Herzens, wie um auszudrücken: »Ich brauche dich nicht. Ich brauche niemanden. Es macht mir nichts aus, wenn mich niemand liebt.« Aber Tony war nicht hartherzig. In Wirklichkeit hatte er ein sehr weiches Herz und war sensibel für den Schmerz und das Leiden seiner Kinder und Freunde, weil er selbst auch viel gelitten hatte. Die Härte war an der Oberfläche, eine Panzerung, um sich vor der Kälte und Feindseligkeit der Welt und seinem inneren Leiden zu schützen. Aber er war auch betäubt und gelähmt durch das Entsetzen, das er seinem Vater gegenüber verspürte, und das vergößerte seine Schwierigkeit, sich zu öffnen und nach Liebe auszugreifen.

Als Tony eine Übung für tiefes Atmen machte, brach er weder zusammen wie andere, noch geriet er in Panik oder spürte viel Schmerz. Er fühlte sich unbehaglich, und seine Schultern taten ihm so weh, daß er die Übung nicht lange durchhalten konnte. Das Ergebnis war, daß seine Atmung sich nicht sonderlich vertiefte und keine Emotion hochkam. Tony hatte eindeutig Angst, loszulassen. Glücklicherweise war ihm bewußt, daß er zu sehr festhielt, vor allem, weil sich das in der Verkrampfung seiner Muskeln zeigte, was er als eine Form von Widerstand erkannte. Ein Teil von ihm war entschlossen, in der Therapie ebensowenig zusammenzubrechen wie als Kind, wenn sein Vater ihn schlug. Weil er das wußte, war es ihm möglich, in der Therapie zu bleiben, obwohl er nur langsam Fortschritte machte. Es war ein langwieriger Prozeß, Tony zum Weinen zu verhelfen, aber die Alternative für ihn wäre gewesen, bei lebendigem Leibe tot und gefühllos zu sein. Dieser Zustand war so entsetzlich, daß Tony bei mehreren Gelegenheiten ausstieß: »Ich wünschte, ich wäre tot!«

Die Rigidität und die Anspannung in Tonys Brustkorb kennzeichneten ihn als Kandidaten für einen Herzanfall. Er war einem enormen Maß an Streß ausgesetzt, der von der Muskelanspannung im Körper herrührte. Wenn Streß der einzige Faktor gewesen wäre, der zu einem Herzanfall führte, hätte Tony kaum Chancen gehabt, ihm zu entkommen, aber er hatte eine Möglichkeit gefunden, die ihn bis jetzt gerettet hatte: den Streß auf ein Minimum herabzusetzen. Er drängte und hetzte sich nicht. Er konnte, wie er sagte, den ganzen Tag lang im Bett liegen. Seine unterschwellige Hoffnungslosigkeit hielt ihn von dem Versuch ab, Liebe durch Leistung gewinnen zu wollen. Trotz seiner Gleichgültigkeit gegenüber Erfolg hatte er dank seiner außerordentlichen Intelligenz und seiner Fähigkeit, andere für sich arbeiten zu lassen, ein sehr gut gehendes Geschäft aufgebaut. Die extreme Starre und Betäubtheit seines Körpers ließ seinen Geist frei, in der Welt angemessen zu funktionieren. Unfähig zu fühlen oder zu handeln, nahm Tony Zuflucht zum Denken. Er lebte in seinem Kopf und löste jeden Tag ein Kreuzworträtsel. Glücklicherweise war er intelligent genug, um zu wissen, daß er sich verändern mußte und daß der einzige Weg dazu der war, daß sein Körper lebendiger wurde. Das gelang ihm mit Hilfe der Körperarbeit, die Teil der bioenergetischen Therapie ist.

Nach einigen Jahren Therapie hatte Tony einen kurzen, ungewöhnlichen Traum. »Ich träumte, ich würde in einer Woche an Krebs sterben«, erzählte er. »Ganz ruhig machte ich Pläne, meinen Nachlaß zu regeln.« Eine Woche nach diesem Traum verliebte Tony sich. Für mich ist der Zusammenhang klar. Tony hatte mehrmals den Wunsch zu sterben geäußert, ihn aber niemals akzeptiert. Er war jemand, der überlebte, und er brauchte weder Liebe noch irgendeinen anderen Menschen. Er glaubte, daß sein Überleben auf der Verleugnung seiner Gefühle beruhte, aber durch seinen Traum erkannte er, daß Verleugnung der Weg in den Tod war. Leben heißt lieben. Den Wunsch nach Liebe zu verleugnen bedeutet, lebendig zu sterben, und führt unweigerlich zu einer tödlichen Krankheit. In diesem Traum erkannte Tony, daß er sterben würde, wenn er sich nicht für die Liebe öffnete.

Stand Tony allein damit da, daß er Überleben mit Nicht-lieben gleichsetzte und damit, daß ihm an nichts gelegen war? Seine Haltung war extrem, aber die Angst vor Liebe ist weit verbreitet, auch wenn kaum ein Mensch die Wichtigkeit von Liebe leugnen würde. Da diese Angst der Anfälligkeit für Herzkrankheiten zugrunde liegt, werden wir sie im nächsten Kapitel genauer untersuchen.

5 Die Angst vor Liebe

Ich habe die Spaltung der Persönlichkeit in das Kind und den Erwachsenen, Herzensgefühle und Ich-Antriebe beschrieben. Eine solche Spaltung ist charakteristisch für das rigide Individuum, das sich hauptsächlich mit dem Ich und dem erwachsenen Menschen identifiziert, zu dem es geworden ist. Wie wir gesehen haben, ist die Rigidität sein Schutzwall gegen den Schmerz des frühen Liebeskummers und die Möglichkeit, daß ihm das Herz erneut gebrochen wird. Damit einher geht eine unbewußte Angst vor dem Verlassenwerden, die auf die Angst vor Liebe hinausläuft. Wenn wir nicht lieben, riskieren wir auch keinen Liebesverlust und können nicht verlassen werden. Aber wir halten uns in unseren Schutzwällen, die durch ihre bloße Existenz garantieren, daß unsere schlimmsten Ängste gerechtfertigt sind, selbst gefangen.

Der Schutzwall des rigiden Individuums ist in seine Ich-Struktur eingebaut. Wird er aufgegeben, regrediert der Erwachsene zum Kind und erleidet einen sichtbaren Verlust an Selbstachtung, für die er doch so hart gearbeitet hat. Eine Patientin beschrieb dieses Dilemma sehr deutlich. Sie war eine dreißig Jahre alte, geschiedene Frau, die zwei Jahre lang in einer unbefriedigenden Beziehung mit einem Mann gelebt und sich die ganze Zeit über seinen Mangel an wirklichem Interesse an ihr beklagt hatte. Eines Tages, berichtete sie, erklärte er, er sei bereit, sich wirklich auf sie einzulassen. »Ich hatte damit aufgehört, mich zu beklagen, und verspürte etwas Liebe für ihn, als er sagte, er wolle mehr, wolle mir näher sein«, sagte sie. »Ich bekam Angst und fing an zu schluchzen. Wenn ich nachgab, würde ich verletzt werden. Wenn er mich verlassen würde, wäre ich wie vernichtet. Würde er mich nicht verlassen, würde ich mit ihm verschmelzen und meine Identität verlieren. Ich wäre niemand mehr.«

Wie konnte sie das Gefühl haben, niemand mehr zu sein, wenn sie sich der Liebe hingab? All unsere Lieder und Gedichte erzählen uns, daß wir durch die Hingabe an die Liebe eher erhöht als herabgesetzt werden. Wir können diesen offensichtlichen Widerspruch nur verstehen, wenn wir erkennen, daß die Aussicht, sich zu verlieben, für manche Menschen beängstigend ist, weil damit eine Aufgabe der Ich-Kontrolle verbunden ist – auch wenn das Gefühl, verliebt zu sein, ein positiver und aufregender Zustand ist. In dem Maße, wie das Selbstgefühl dieser Patientin von ihrem Ich abhing, würde sie sich wie ein Niemand fühlen, wenn sie diese Position aufgäbe. Beruhte hingegen ihr Selbstgefühl auf ihren Körperempfindungen, würde das Aufgeben der Ich-Kontrolle ihr Selbstgefühl bereichern, und sie hätte das Gefühl, wirklich jemand zu sein. Individuen, die sich von ihren Körpergefühlen abgeschnitten haben, um sich vor dem Schmerz des Liebeskummers zu schützen, gründen ihre Identität auf ihre Fähigkeit, Gefühle zu kontrollieren. Diese Kontrolle gibt ihnen ein Gefühl von Macht, das zum Ersatz für ein wirkliches Selbstgefühl wird. Macht erzeugt die Illusion, jemand zu sein. Zu ihr nehmen – wie wir in diesem Kapitel noch sehen werden – Menschen Zuflucht, die Angst haben zu lieben.

Die Vorstellung, daß Liebe ein Verschmelzen von zwei Menschen nach sich zieht, stimmt nur für die symbiotische Beziehung zwischen einem Kleinkind und seiner Mutter. Wenn das Kind wächst und unabhängiger wird, verändert sich die Beziehung. Unabhängigkeit bedeutet, daß das Kind aus sich selbst heraus jemand ist. Obwohl die Unabhängigkeit erst zum Zeitpunkt der Reife voll ausgeprägt ist, hat das Kind schon ziemlich früh das Gefühl, jemand zu sein, und dieses Gefühl ist im Alter von ungefähr sechs Jahren bereits gut entwickelt. Dieser Prozeß hängt jedoch von der Pflege, Unterstützung und Liebe der Eltern des Kindes ab. Das Kind wird durch einen Mangel oder Verlust an Liebe gehemmt oder sogar blockiert. In dieser Situation kommt es nicht zu einer normalen Entwicklung, und das Kind bleibt emotional auf eine frühe Stufe fixiert, trotz der Tatsache, daß es weiterwächst und nach und nach die sexuelle Reife erlangt. Auf einer tieferen Ebene – und zwar in seinem Herzen – bleibt solch ein Mensch ein Kind, das sich noch nicht vollständig von der Mutter getrennt hat, um jemand sein zu können, der wirklich lebensfähig ist. Nach außen hin scheint er reif und unabhängig zu sein, aber diese Züge sind nicht in einer Fülle seines Seins begründet und wurzeln nicht in der Sicherheit der Liebe. Diese Position aufzugeben beinhaltet die Drohung, daß er auf die emotionalen Stufen der Kleinkindzeit und Kindheit zurückfällt – in der Tat eine beängstigende Aussicht für jemanden, der mit einem Gefühl von Hilflosigkeit, Abhängigkeit und mangelnder Selbstsicherheit aufgewachsen ist.

Da ein solcher Mensch lieben muß, aber Angst hat, sich der Liebe ganz zu öffnen, schließt er mit seinen Partnern Verträge, durch die sie sich gegenseitig ausnutzen. Sie können durchaus eine gewisse Zuneigung füreinander verspüren, aber der Vertrag dient hauptsächlich dazu, die Angst vor Hingabe zu verschleiern. Diese Verträge werden nicht bewußt geschlossen, sondern sind Duplikate der Verträge, die ein Mensch früher mit seiner Mutter oder seinem Vater geschlossen hat. Solange diese Verträge funktionieren, verringern sie die Angst vor dem Verlassenwerden, aber sie sind im Grunde nicht befriedigend, weil sie die Liebe nicht ersetzen können.

Bei den meisten Beziehungen brauchen wir nur etwas an der Oberfläche zu kratzen, um den ihnen zugrundeliegenden Vertrag zu finden. In den meisten Fällen sieht das so aus: Wenn du für mich in meiner Bedürftigkeit da bist, bin ich es auch für dich. Ein Patient drückte diese Vorstellung kurz und bündig aus, als er über seine Ehe sagte:»Ich spiele den Vater für ihr kleines Mädchen, und sie spielt die Mutter für meinen kleinen Jungen.« Es könnte so klingen, als ob solche Verträge funktionieren, aber Tatsache war, daß dieser Patient enorm viel Feindseligkeit gegen seine Mutter hegte, weil sie ihn kleinhielt, eine Feindseligkeit, die er auf seine Frau übertrug. Er erkannte solange nicht, daß seine Ehe durch einen Vertrag zusammengehalten wurde, bis sie aus den Fugen geriet. Er war voller Groll, weil er von einer Frau wie ein kleiner Junge behandelt wurde, die selbst emotional unreif war. Trotzdem konnte er seine Frau nicht verlassen, weil das Wissen, daß sie ihn brauchte, ihm eine gewisse Sicherheit gab. Es ist durchaus üblich, daß Menschen aus Angst vor dem Verlassenwerden ihre Beziehung auf diese Art und Weise absichern. Nur durch die Konfrontation mit der unterschwelligen Panik ist es möglich, sich mit dem Problem auseinanderzusetzen.

Auch Paul, ein vierzigjähriger Arzt, fand das in einer Therapiesitzung heraus. »Da ist diese Spannung in meiner Brust«, erzählte er mir. »Irgend etwas möchte da rauskommen.« Plötzlich fiel ihm ein, daß das Gefühl in seinem Brustkorb Traurigkeit war. »Ich habe Angst vor meiner Traurigkeit«, bekannte er. »Ich spüre, wie allein ich gewesen bin. Ich traue mich nicht, mein Herz zu öffnen.« Während das Traurigkeitsgefühl stärker wurde, rief er aus: »Wie konntest du mir das antun? Du brichst mir das Herz!« Paul sprach in der Gegenwartsform, weil er erneut die Erfahrung durchlebte, wie ihm das Herz gebrochen wurde. Als wir über das Gefühl in seiner Brust sprachen, bemerkte er: »Da ist nichts drin, kein Gefühl. Es fühlt sich leer an. Ich fühle mein Herz nicht.« Ich interpretierte seine Äußerung dahingehend, daß er keine Liebe in seinem Herzen fühlte. Um an die Liebe heranzukommen, die er in frühem Alter abgeblockt hatte, um sich zu schützen, mußte Paul auf die Kleinkindstufe regredieren. Während er auf der Couch lag, spitzte er leicht die Lippen, wie ein Kleinkind, das saugen will. Dabei fühlte er die bislang unterdrückte Sehnsucht nach seiner Mutter und begann zu weinen. »Ich will, daß du kommst«, sagte er und fügte hinzu: »Ich bekomme Angst.«

Pauls Kindheit ähnelt der von anderen, die ich vorgestellt habe. Als sein Vater starb, wurde Paul der kleine Mann im Haus. Seine Mutter verhielt sich ihm gegenüber verführerisch, ermunterte ihn zu einer intimen Beziehung, aber wenn er auch nur das geringste sexuelle Interesse an ihr zeigte, demütigte und kontrollierte sie ihn. Diese Beziehung war gestört, weil Paul die Wünsche und Bedürfnisse seiner Mutter immer über seine eigenen stellen mußte. Weil er wegen seiner sexuellen Empfindungen Schuldgefühle hatte und voller Angst war, er könne verlassen werden, versprach er, ein guter Junge zu sein.

In der Therapie war Paul in der Lage, seine Traurigkeit einzugestehen und über die Beziehung zu seiner Mutter zu sprechen. »Ich fühle das erste Mal, was ich als kleiner Junge gefühlt habe«, bemerkte er. »Armer Kleiner. Es macht mich ganz verrückt.« Und dann ließ er etwas von seinem Ärger heraus, indem er auf das Bett einschlug.

Dieser Vorfall aus Pauls Therapie war nur eine von mehreren dramatischen Episoden, durch die er Einsicht in seine Persönlichkeit gewann. Bevor er mit der Therapie begann, war ihm nicht bewußt gewesen, daß er kein liebevoller Mensch war, da er viele Beziehungen mit Frauen gehabt hatte, an die er sich gebunden fühlte. Mit diesen Beziehungen wiederholte er jedoch die Beziehung zu seiner Mutter, an die er immer noch gebunden war. Er umsorgte die Frauen, er war für sie da, und als Gegenleistung waren sie in sexueller Hinsicht für ihn da. Diese Beziehungen beruhten nicht auf Leidenschaft oder tiefen Gefühlen, sondern auf Bedürftigkeit. Paul brauchte seine Geliebten sexuell, und sie brauchten sein Interesse und seine Fürsorge. Manche Menschen benutzen diese gegenseitige Abhängigkeit als Grundlage für eine Ehe, aber Paul war auf der Suche nach etwas Tieferem und Reicherem – nach Liebe. Die Folge war, daß er niemals heiratete. Wie er es auch anstellte, er konnte keine Liebe finden, hauptsächlich deswegen, weil er nicht offen dafür war.

Paul betrachtete sich als einen Mann, der eine Frau versorgen konnte und auch würde. Das gab ihm ein Gefühl von Macht und Überlegenheit, was ihn für das innere Gefühl, »ein armer Kleiner« zu sein, entschädigte. Als armer Kleiner hatte er sich angesichts der Verführungen und Drohungen seiner Mutter hilflos und machtlos gefühlt. Aber Kompensationsmechanismen verändern nur das Erscheinungsbild der Realität; auf der sexuellen Ebene war Paul immer noch der arme Kleine, der von seiner Mutter psychologisch kastriert worden war. Diese Kastration zeigte sich in seiner Unfähigkeit, eine Frau auf der Grundlage seiner sexuellen Anziehungskraft zu umwerben, statt aufgrund seiner Fähigkeit, ihr zu dienen. Die kompensatorische Rolle, die er spielte, hatte ihren Sinn: Sie förderte seine Erektionspotenz, indem sie seine Angst vor Demütigung und Ablehnung verringerte. Leider bewirkte sie auch, daß seine orgastische Potenz reduziert wurde.

Solche Verträge sind auf das gegründet, was die Beteiligten für ihre Bedürfnisse halten. Eine Frau kann zum Beispiel das Bedürfnis haben, für ihre Nettigkeit, Aufgewecktheit und kokette Sexualität bewundert zu werden, kurz für all das, wofür sie auch als kleines

Mädchen bewundert wurde. Diese Eigenschaften sind jedoch an einem Kind bewundernswerter als an einer Frau. Trotzdem bewundern viele Männer diese Eigenschaften an Frauen – sie gefallen nicht nur dem kleinen Jungen in ihnen, sondern entsprechen auch ihrem Bedürfnis, sich männlich und überlegen zu fühlen. Diese Übereinstimmung der Persönlichkeiten mag als ideale Verbindung gelten, aber in der Praxis funktioniert sie niemals, weil sie die wirklichen Bedürfnisse der beiden Partner nicht befriedigt. Ein Mann mag sich durch eine Frau erregt fühlen, die die Rolle des verführerischen kleinen Mädchens spielt, aber ihr Mangel an emotionaler Reife wird ihn mit der Zeit unbefriedigt lassen. Er wird ihr ihre Abhängigkeit von ihm ebenso vorwerfen wie sie ihm seine Überlegenheitsposition, besonders wenn er ihr enthüllt, wie sehr er ihre Rückversicherung und Unterstützung braucht. Wie soll er schließlich für sie sorgen können, wenn es in ihm einen kleinen Jungen gibt? Früher oder später wird sich die anscheinend so perfekte Liebesaffäre in gegenseitige Anklagen und Feindseligkeiten auflösen.

Wenn wir uns in einer Beziehung gebraucht fühlen, können wir uns mächtiger und sicherer fühlen, aber diese Sicherheit ist illusorisch, da Macht und Liebe völlig verschiedene und entgegengesetzte Werte sind. Macht bringt uns niemals wirklich Liebe ein, vor allem dann nicht, wenn diese Macht auf Geld oder sexueller Anziehungskraft beruht. Macht kann nur dazu eingesetzt werden, unser Selbstbild zu verbessern und uns Ich-bewußter zu machen; Liebe hingegen fordert die Aufgabe des Ich, während sie zugleich unser körperliches Selbst stärkt. Wir können andere nicht kontrollieren und gleichzeitig behaupten, sie zu lieben. Nach der gleichen Logik können wir nicht behaupten, verliebt zu sein und uns vollkommen unter Kontrolle zu haben. Selbstkontrolle ist nur in den Beziehungen ein wichtiges Element, in denen Macht ein Faktor ist. Leider ist es sehr verbreitet, daß Eltern in der Beziehung zu ihren Kindern Macht – in Form von Strafen – ausüben.

Was Strafe betrifft, so spielt es keine Rolle, ob sie über Kriminelle oder Kinder verhängt wird; in jedem Fall ist sie eine Form von Machtausübung. Auch wenn sie als Mittel zur Verhaltensänderung gerechtfertigt werden mag, ist ihre tatsächliche Absicht doch, den anderen wissen zu lassen, wer der Boß ist. Sie kann Disziplin fördern, kann aber ebensogut Rebellion schüren. Sie Kindern gegenüber einzusetzen, ist höchst fraglich. Erstens sind Kinder unschuldig und haben keine bösen Absichten; und zweitens halten sie ihre Eltern für Beschützer, nicht für Strafende. Ein kleines Kind erlebt körperliche Strafe als Verrat an seiner Liebe und seinem Vertrauen. Wie sollte es auch anders! Natürlich wird ihm gesagt, die Strafe sei zu seinem eigenen Besten. Mit der Zeit mag es das sogar glauben. Wenn es das tut, verrät es sich selbst, indem es gegen seine eigenen Gefühle angeht. Hundetrainer vermeiden Strafen, wenn sie einen Hund abrichten, weil sie wissen, daß es bessere Wege gibt, auf denen sie ihr Ziel erreichen können. Da Hunde sich eifrig zu gefallen bemühen, ist die Belohnung ihres richtigen Verhaltens viel effektiver. Wie jeder Trainer weiß, erfordert die Abrichtung eines Hundes Geduld – und davon haben viele Eltern in der Beziehung zu ihren eigenen Kindern nur einen begrenzten Vorrat.

Da Kinder ihren Eltern gegenüber keine wirkliche Macht haben, müssen sie sich unterwerfen, wenn Macht auf sie ausgeübt wird. Diese Unterwerfung ist jedoch nur äußerlich. Innerlich entwickeln sie einen harten Widerstandskern. Meistens weinen sie nicht einmal, wenn sie geschlagen oder verletzt werden. Wie wir gesehen haben, finden es Männer, die als Kinder von ihren Vätern geschlagen wurden, sehr schwer zu weinen, ganz gleich wie tief sie verletzt werden. Wird in der Therapie darüber gesprochen, erklären sie ihr Verhalten als eine Form der Verteidigung. »Ich werde ihm nicht die Befriedigung verschaffen, daß er mich kleinkriegt«, sagen sie, als ob ihre Väter im Zimmer wären. Dieser Schutzwall geht in die Körperstruktur als Rigidität ein und wird auch anderen gegenüber zum allgemeinen Verhalten. »Niemand kriegt mich klein«, wird ihr Motto.

Als Reaktion auf den Mißbrauch, den sie als Kinder erlitten haben, halten manche Erwachsene all ihre Gefühle davon ab, an die Oberfläche zu kommen. Eine junge Frau, die ihre Miene stark verstellte, gab als Erklärung dafür an: »Meine Mutter hat mich ständig beobachtet, ständig in meinem Gesicht geforscht. Sie schien ein perverses Vergnügen daran zu finden, alles zu wissen, was ich fühlte. Ich mußte meine Gefühle vor ihr verstecken.« Wenn man die eigenen Gefühle nicht zeigt, kann einem das in Beziehungen ein Machtgefühl verleihen, es untergräbt aber gleichzeitig die Möglichkeit von Vertrauen. So gesehen ist Selbstbeherrschung, die eine so bewundernswerte Eigenschaft zu sein scheint, ein Ausdruck der Angst vor Liebe.

Die meisten Beziehungen zwischen Männern und Frauen fangen mit liebevollen Gefühlen füreinander an, und die meisten gehen an den Machtkämpfen zugrunde, die entstehen, wenn die Beziehung enger wird. Man sagt, daß Vertrautheit eine Brutstätte für Verachtung ist. Wenn ein Paar sich nicht mehr nur gelegentlich trifft und anfängt zusammenzuleben, sind die Partner den gegenseitigen Schwächen und Fehlern ausgesetzt, die sie aufgreifen können, um eine Überlegenheitsposition zu gewinnen. Aber ständiges Kritisieren führt zu Verteidigungshaltungen und erzeugt auch beim anderen eine kritische Einstellung. Wenn das geschieht, nimmt die Erregung ab, die beide anfangs zusammengeführt hat. Sie können zwar aus Bequemlichkeitsgründen weiter zusammenbleiben, aber eine solche Verbindung führt zu Groll. Die Partner sind in einer Situation festgefahren, die in vielem an ihre Kindheit erinnert. Sie können aus der Beziehung aussteigen, dagegen ankämpfen oder angesichts der verlorengegangenen Hoffnung auf Liebe und Freude resignieren. Aber Resignation kann zu Krebs führen, während das Kämpfen oft mit einem Herzanfall endet. Auch auszusteigen ist nicht die Lösung, weil sich oft herausstellt, daß die nächste Beziehung nicht besser ist als die vorherige. Um dieser Falle zu entkommen, muß das Paar sich mit seiner Angst vor Liebe auseinandersetzen.

Auf der tiefsten Ebene ist die Angst vor Liebe identisch mit der Angst vor dem anderen Geschlecht. Alle Männer identifizieren Frauen unbewußt mit ihrer Mutter, ebenso wie Frauen Männer mit ihrem Vater identifizieren. Diese Identifikation ist natürlich. Wenn das gegengeschlechtliche Elternteil freundlich, liebevoll und stark gewesen wäre, hätten wir alle kaum Schwierigkeiten mit unseren Gefährten. Leider ist das nur selten der Fall. Die meisten Menschen erinnern ihre Beziehung zu diesem Elternteil als eine konfliktreiche. Es war ihre Erfahrung, daß sie benutzt wurden, und sie erwarteten, verraten und verletzt zu werden. Das Überleben erfordert einen Modus vivendi, eine Übereinkunft, mit der wir in einer gewissen Sicherheit leben können, indem wir viele der negativen Aspekte dieser Beziehungen verleugnen und die meisten unserer eigenen negativen Gefühle unterdrücken. Aber durch Unterdrükkung werden diese Gefühle nur in die Ebene unterhalb des Bewußtseins abgeschoben; sie operieren auf subtile und heimtückische Weise in der Persönlichkeit weiter.

Peter kam in die Therapie, weil er – wie Tony aus dem vorigen Kapitel – depressiv war. Er hatte weder Spaß an seiner Arbeit noch an seinem Familienleben und lebte in ständigem Streit mit seiner Frau, die ihn beschuldigte, sich ihr gegenüber zu verschließen und sich ihr sexuell zu entziehen. Er gab zu, daß sie ihn nicht erregte und daß er sexuell nicht auf sie eingehen konnte, wenn sie mit ihm intim sein wollte. Er beklagte sich auch darüber, daß sie ihn nicht akzeptierte und ihm wegen seines mangelnden Interesses Schuldgefühle machte. Auch Peter hatte an ihr einiges auszusetzen: Sie war übergewichtig, eine schlampige Hausfrau und übernahm zu wenig Verantwortung für sich selbst. Peter fühlte sich elend, aber als ich ihm vorschlug, die Ehe zu beenden, widersetzte er sich dieser Idee. Er hätte herzliche Gefühle für seine Frau, sagte er, und manchmal kämen sie ganz gut miteinander aus. Außerdem wollte er nicht alleine sein. Er erkannte, daß er verschlossen war und Schwierigkeiten haben würde, überhaupt eine gute Beziehung zu einer Frau herzustellen. Seine Verschlossenheit beeinträchtigte auch seine Beziehungen am Arbeitsplatz. Peter gestand, daß er sich festgefahren fühlte, was zu seiner Depression beitrug, aber es war keine leichte Aufgabe, ihn da herauszuholen. All die verworrenen Kräfte, die in seiner Persönlichkeit wirkten und aus seiner Kindheit stammten, mußten verstanden und losgelassen werden.

Peter war der jüngste von drei Söhnen. Als er fünf Jahre alt war, trennten sich seine Eltern, und die Jungen blieben bei der Mutter. Obwohl Peter seinen Vater von Zeit zu Zeit sah, spürte er keine wirkliche Nähe zu ihm. Seine Mutter machte seinen Vater ständig herunter, wodurch er dem Jungen entfremdet wurde. Seine beiden Brüder waren eine ganze Reihe von Jahren älter als Peter, und er hatte wenig emotionalen Kontakt zu ihnen. Aber sie behielten mehr positive Gefühle für den Vater und sahen ihn nach seinem Weggang von der Familie auch häufiger. Peter blieb mit seiner Mutter zurück, die ganztags arbeitete. Er beschrieb sie als eine traurige, ein wenig depressive Frau, die ständig müde war, ihm wenig zu geben hatte und ihm wegen sämtlicher Forderungen böse war, die er an sie stellte. Trotzdem tat sie ihm leid, und wie jeder andere Junge in seiner Situation versuchte er, dafür zu sorgen, daß es ihr gutging. Das klappte nicht und ließ Peter mit dem Gefühl zurück, daß von ihm etwas erwartet wurde, das er nicht erfüllen konnte.

Die Verschlossenheit in Peters Persönlichkeit zeigte sich an seinem Körper, der außerordentlich verspannt war. Seine Kiefer waren angespannt und seine Augen verengt. Am bezeichnendsten aber war sein übermäßig aufgeblähter Brustkorb, der aussah, als ob er großen Kummer in sich berge. Glücklicherweise brach Peter bei den Atemübungen schnell in Schluchzen aus. Er spürte die Tragik seines Lebens ebenso wie die im Leben seiner Mutter. Durch das Weinen wurde er etwas von der Traurigkeit los und fühlte sich besser damit, aber es löste seine Konflikte nicht. Peter behielt Frauen gegenüber eine enorme Feindseligkeit bei, die im verspannten oberen Teil seines Rückens saß. Er fühlte sich durch ihre Traurigkeit und Hilflosigkeit belastet und wegen seiner Unzulänglichkeit von ihnen kritisiert. Ich ermunterte ihn, auf das Bett im Therapiezimmer einzuschlagen und etwas von seinem Ärger auf seine Frau und seine Mutter auszudrücken. »Laß mich in Ruhe!« sagte er. »Ich bin nicht dein Sklave, ich kann dich nicht versorgen, ich bin wütend auf dich, ich könnte dich umbringen!« Je mehr Ärger er ausdrückte, desto besser fühlte er sich. Er gewann dadurch das Gefühl, daß er frei sein konnte, daß er ein Mann sein konnte und nicht dazu verpflichtet war, der »Zuchtbulle« für seine Frau zu sein. Er würde auf sie eingehen, wenn er selbst den Wunsch danach verspürte.

Es stimmt, daß Peters mangelndes Begehren für seine Frau ein Weg sein konnte, ihr seine Zuneigung vorzuenthalten. Dieses Verhalten ähnelt dem eines Kindes, das nicht ißt, um seine Mutter zu ärgern.

Boshaftes Verhalten ist ein indirekter Ausdruck von Ärger und wird eingesetzt, wenn der direkte Ausdruck verboten ist. Manchmal hatte Peter eine Erektion, wenn er neben seiner Frau lag, aber wenn sie sich ihm daraufhin zuwandte, verlor er sie wieder. Daß er die Boshaftigkeit dieses Verhaltens erkannte, brachte es allerdings nicht zum Verschwinden. Um mit der Boshaftigkeit aufhören zu können, mußte er den darunterliegenden Ärger zum Ausdruck bringen. Ich ermunterte ihn, seiner Frau die Meinung zu sagen, was er von Zeit zu Zeit tat. Merkwürdigerweise steigerte sich seine sexuelle Potenz jedesmal, wenn sie einen Streit hatten, und ihre Beziehung verbesserte sich. Trotzdem hatte er wegen seines bestimmten Auftretens und seines Ärgers Schuldgefühle. Diese Schuldgefühle waren sexuellen Ursprungs.

Peter erzählte, daß seine Mutter die Angewohnheit hatte, sich nach der Arbeit im Wohnzimmer mit gespreizten Beinen auf dem Sofa zu räkeln und dabei ihre Möse zu zeigen. Wenn er an ihr vorbeiging, wurde sein Blick unweigerlich zu diesem Teil ihres Körpers hingezogen. Aber wenn sie ihn dabei ertappte, daß er sie anschaute, warf sie ihm einen dermaßen gemeinen Blick zu, daß er innerlich zurückschreckte. Das geschah ziemlich oft, weil er der Versuchung nicht widerstehen konnte, hinzuschauen. Er schämte sich über sich selbst, vor allem da er infolge seiner aufgestauten Erregung sadistische und pornografische sexuelle Phantasien entwickelte. Wegen dieser Phantasien fühlte er sich gemein, was ihm durch den mißbilligenden Blick seiner Mutter bestätigt wurde. Aber er konnte nicht ärgerlich auf sie werden, weil er von ihr abhängig war. Sie tat ihm leid, und er hatte das Gefühl, daß er der Sünder war. Er saß in der Klemme und verschloß sich, um seine Scham zu verbergen. Da er seiner Mutter nicht heimzahlen konnte, daß sie ihn erregte und dann erniedrigte, zahlte er es seiner Frau heim, indem er seine sexuellen Gefühle zurückhielt.

Diese Analyse half Peter, seinen Ärger freizusetzen, den er in der Therapie stärker und zu Hause offener ausdrückte. Die Reaktion seiner Frau war positiv. Sie beschloß, selbst eine Therapie anzufangen, um einige eigene Probleme durchzuarbeiten; früher hatte sie die ganze Schuld an ihrem Unglück auf Peter geschoben. Ihre

Beziehung verbesserte sich in dem Maße, wie Peter sich öffnete. Auch seine Arbeitssituation verbesserte sich drastisch.

Meiner Meinung nach haben die meisten Männer Angst vor Frauen. Im allgemeinen sind sie sich dieser Angst ebensowenig bewußt wie ihrer Feindseligkeit. Sie sagen vielleicht, daß sie Sex genießen, aber wenn sie Frauen unbewußt negative Gefühle entgegenbringen, können sie sich in der Sexualität nicht ganz hingeben, und ihre Lust wird begrenzt sein.

Viele Männer sind mit ihren Partnerinnen in Machtkämpfe verwickelt. Sie halten Frauen für fordernd und kontrollierend und glauben, daß es einen Verlust an persönlicher Freiheit zur Folge hat, wenn sie sich auf eine Liebesbeziehung einlassen. Solche Männer rechtfertigen außereheliche Beziehungen als Ausdruck ihrer Freiheit. In manchen Fällen mögen diese Gefühle gerechtfertigt sein, aber selbst dann sind es die Gefühle eines Kindes, das seine Mutter als kontrollierend erlebt. Da sie die Erinnerungen an diese Kindheitserfahrungen unterdrückt haben, projizieren Männer den Ärger, den sie auf ihre Mütter verspürten, auf ihre Frauen. Das alles verläuft auf einer unbewußten Ebene, weshalb die Konflikte zwischen Mann und Frau so schwer zu lösen sind.

Es hilft, wenn man darauf hinweist, daß ein richtiger Mann von einer Frau nicht beherrscht oder kontrolliert werden kann. Ist er ihr nicht ebenbürtig? Wenn ja, warum kann er sich dann nicht behaupten? Wenn ein Mann einer Frau nicht standhalten kann, legt das nahe, daß er sie als Mutterfigur betrachtet. Wenn er sich darüber beklagt, daß sie ihn kastriert, kann man mit Sicherheit annehmen, daß seine Mutter ihn bereits kastriert hat. Eine Frau kann ein Kind kastrieren, aber nicht einen richtigen Mann.

In Fällen wie diesen zahlt es sich aus, wenn man sich die Kindheitsgeschichte eines Mannes anschaut, um zu erfahren, warum und wie er einen Verlust seiner Männlichkeit erlitten hat. Seine Angst vor Frauen kann ausnahmslos zurückverfolgt werden zu dem Liebeskummer, den er als Kind in der Beziehung zu seiner Mutter erfahren hat. Der analytische Prozeß zielt darauf ab, ihm zu helfen, sich von den Fixierungen zu lösen, die ihn an die Vergangenheit binden, so daß er mehr in der Gegenwart leben kann.

Einige Männer sind im Umgang mit Frauen offen grausam und sadistisch. Statt ihre negativen und ärgerlichen Gefühle zurückzuhalten, agieren sie sie aus. Meistens geraten sie bei der geringsten Frustration in rasende Wut. Es könnte scheinen, als sei ein solcher Ausbruch ein Ausdruck von Ärger, aber es gibt einen wichtigen Unterschied zwischen Ärger und Wut. Der Ausdruck von Ärger ist eine konstruktive Handlung, die darauf abzielt, die positiven Gefühle in einer Beziehung wieder aufleben zu lassen. Wut dagegen hat eine destruktive Wirkung, ihr Ziel ist, den anderen zu kontrollieren. Sie stammt von Frustration, nicht von verletzten Gefühlen, und meistens geht sie mit einer Verleugnung von Macht einher, was erklärt, warum sie so oft an Unterlegenen ausgelassen wird.[25] Nur wenige Männer können Frauen direkt und mit Selbstbehauptung entgegentreten. Diese Männer sind in ihren Beziehungen zu Gefühlen von großer Zuneigung und Sicherheit fähig, Eigenschaften, die sie beim sexuellen Akt dadurch zeigen, daß sie weder vorzeitig ejakulieren, noch sich zurückhalten.

Der passive Mann hingegen neigt zur vorzeitigen Ejakulation. Die Spannung in seinem Körper, die aus dem Zwang resultiert, seine negativen Gefühle unterdrücken zu müssen, vermindert seine Fähigkeit, seine Erregung zu halten, während sie sich aufbaut. Er kann sich seiner sexuellen Erregung ebensowenig hingeben wie dem Ärger, den er auf seine Mutter und sämtliche anderen Frauen hat. Ist die vorzeitige Ejakulation für einen solchen Mann der Weg, es seiner Partnerin heimzuzahlen, indem er ihr die Befriedigung vorenthält? Vielleicht, aber seine eigene Befriedigung wird ebenso reduziert. Genauer läßt sich vorzeitige Ejakulation als ein Ausdruck von Angst deuten – Angst, einer Frau standzuhalten, während die Errregung ansteigt.

Der feindselig eingestellte Mann hingegen kann seine Erektionspotenz halten, indem er seine Ejakulation verzögert, was ihm ein Gefühl von Macht verleiht. Bei diesem unbewußten Vorgehen wird der erigierte Phallus als Waffe gesehen, mit der man eine Frau beherrschen und bestrafen kann. Die Hinauszögerung des Höhepunktes gilt auch als Weg, nicht nachzugeben. Dieses Vorgehen hat den Effekt, daß die Lust und Befriedigung des Mannes reduziert wird.

Damit wird auch die Lust seiner Partnerin verringert, da ihre Erregung mit der seinen verbunden und zum Teil von ihr abhängig ist. Viele Männer versuchen ihre Ejakulation freiwillig zurückzuhalten, damit ihre Partnerin zum Höhepunkt gelangen kann. Das wird oft dadurch erreicht, daß man sich gedanklich vom Sex ablenkt, um die Erregung zu verringern. Ein solches Vorgehen stellt sich für beide Beteiligten selten als befriedigend heraus. Meistens muß sich die Frau in dieser Situation anstrengen, um zum Höhepunkt zu kommen, weil das allgemeine Niveau der Erregung gering ist. Was den Mann betrifft, so hat er wenig von diesem sexuellen Akt, selbst wenn er vielleicht – oft irrtümlicherweise – denkt, er habe seine Partnerin befriedigt. Der Mann betrachtet die Frau unbewußt als ein Ungeheuer, das ihn vernichten könnte, wenn es nicht befriedigt wird. Seine Ejakulation zurückzuhalten ist das gleiche, wie seine Gefühle zu verbergen. Es vergrößert den Streß in der Beziehung enorm und läßt den Mann für Herzkrankheiten anfällig werden. Es gleicht auch dem Akt des Koitus interruptus, bei dem der Mann seine Erregung im Zaum halten muß, um seine Reaktion kontrollieren zu können.

Eine Frau zu lieben heißt, Freude an ihr zu haben. Diese Aussage gilt auch umgekehrt. An einer Frau Freude zu haben, heißt sie zu lieben. Aber kein Mann kann an einer Frau Freude haben, wenn er den Drang verspürt, sie zu kontrollieren und zu beherrschen, oder wenn er ärgerliche und feindselige Gefühle ihr gegenüber hegt. Wenn ein Mann vor einer Frau Angst hat, wird er seine Partnerin bedienen; ist er feindselig und sadistisch, wird er verlangen, daß sie ihn bedient. Aber Liebe ist kein Akt der Selbstaufopferung, noch ist sie etwas, das man gibt. Liebe entspringt aus dem, was man ist: ein liebevoller Mensch. ·

Frauen haben ebensoviel Angst vor Liebe wie Männer. Als Kinder sind sie dem gleichen Liebeskummer ausgesetzt wie Jungen und ebenso gefangen in den Machtspielen zwischen ihren Eltern, bei denen sie von einer Seite zur anderen gezerrt werden, um den Bedürfnissen ihrer Eltern nachzukommen. Wie wir gesehen haben, kommt es am häufigsten vor, daß ein Mädchen von seinem Vater zu einem Bündnis gegen die Mutter verführt wird. So gerät es in eine Konkurrenzposition zu seiner Mutter, die aber stärker ist als das Kind. Die Folge ist, daß es Schutz bei seinem Vater sucht. Wenn er nachgibt, gerät es in die Falle einer Abhängigkeitsbeziehung und wird schließlich zu »Vatis kleinem Mädchen«. Beschützt er es nicht, weil er seine Frau fürchtet und aufgrund seines verführerischen Verhaltens Schuldgefühle hat, wird es sich verraten fühlen. In diesem Fall wird es sich der Mutter zuwenden und »Muttis kleines Mädchen« werden.

Als Erwachsene verhalten sich Vatis kleine Mädchen Männern gegenüber verführerisch und sind ebenso sensibel für deren Bedürfnisse, wie sie es bei ihrem Vater waren. Sie sehen ihre Rolle darin, für den Mann »dazusein«. Muttis kleine Mädchen nehmen die gegenteilige Rolle ein. Da sie von ihrem Vater verraten wurden, verspüren sie Männern gegenüber Ärger und Feindseligkeit. Diese Rollen können sich jedoch verschieben, was auch tatsächlich geschieht. Die Frau, die die Rolle der einfühlsamen und liebevollen Tochter für den Mann spielt, der stark und väterlich zu sein scheint, kann anfangen, ihn anzuschwärzen und zu kritisieren, wenn er die Seite des kleinen Jungen in seinem Wesen enthüllt. Sie kann auch sehr auf einen bedürftigen Mann eingehen und ihn versorgen, aber nur wenn sie sich überlegen fühlt. »Armer Junge«, könnte sie denken, »er braucht etwas Bemutterung«. Auch kann die starke, aggressive Frau sich wie ein kleines Mädchen verhalten, wenn sie Zuneigung braucht.

Sally war eine attraktive Frau um die vierzig, als sie mich auf den dringenden Rat von Freunden hin aufsuchte. Sie hatte es mit Est und einer Reihe von anderen therapeutischen Verfahren probiert, auf der Suche nach etwas, das sie nicht benennen konnte. Sie hatte ihr eigenes gutgehendes Geschäft, und mehrere Männer waren an ihr interessiert. Sie hätte alle möglichen Männer heiraten können, die sie nicht wirklich wollte. Die Männer hingegen, die sie wollte, hatten kein Interesse, sie zu heiraten.

Wenn man Sally in ihrem Geschäft oder bei sozialen Anlässen begegnete, hätte man nicht gedacht, daß sie Probleme hatte. Sie war lebhaft, schien glücklich zu sein und kam mit allen gut aus. Aber wenn man sie genauer beobachtete, wurde offensichtlich, daß ihr Verhalten eine Fassade war. Wenn sie nicht lächelte oder lustig war, war ihr Gesicht verzerrt und in ihren Augen war kein Gefühl. Sie machte den Eindruck eines verlorenen Menschen, der hinter seiner Fassade eine große Traurigkeit vor anderen und vor sich selbst verbergen will. Ihr Körper enthüllte eine tiefe Spaltung ihrer Persönlichkeit. Sie hatte eine sehr enge Taille, die ihren Körper in zwei ungleiche Hälften teilte. Die untere Hälfte war füllig und gut gebaut aber ohne große Aufladung, so daß sie passiv aussah. Ihre Atmung reichte nicht bis in den Bauch. Die obere Hälfte ihres Körpers war eng und schmal mit gut entwickelten Brüsten. Ihr Hals war ziemlich dünn und lang, so daß der Kopf mit dem Brustkorb nicht gut verbunden zu sein schien. Ihr Kopf war ganz eindeutig nicht mit ihrem Herzen verbunden, und von ihrem Herzen bestand keine Verbindung zu den Genitalien.

Sallys Beziehung zu Männern war etwas ungewöhnlich. Sie gab ihnen sexuell viel und überschüttete sie mit Geschenken und mit ihrer Hilfe. Die Folge war, daß Männer sie ausnutzten. Aber das rief in ihr keinen Ärger auf die Männer wach, weil es genau das war, was sie erwartete. War ihr Verhalten ein Ausdruck von Liebe oder eine Form von Selbstaufopferung? Um das zu beantworten, müssen wir ihre Beziehung zu ihrem Vater untersuchen, an den sie eine sehr enge Bindung hatte. Nach ihrem eigenen Bericht hätte sie alles für ihn getan. Sie bewunderte ihn sehr. Er war im Krieg schwer verletzt worden, hatte aber eine bemerkenswerte Genesung erlebt und war ein erfolgreicher Rechtsanwalt geworden. So wie er das Licht ihrer Augen war, war sie sein Augapfel. Aber als Erwachsene fehlte es ihren Augen an Glanz. Was war wirklich zwischen den beiden vorgefallen?

Sally hatte einen älteren Bruder, der an ihrer Mutter hing, aber nicht so stark wie Sally an ihrem Vater. Sie und ihre Mutter hatten keine enge Beziehung. Sally hielt sie für unreif und abhängig und fühlte sich ihr in fast jeder Hinsicht überlegen. Im Verlauf der Therapie sagte sie sehr oft, daß ihre Mutter nicht für sie dagewesen sei. Ich konnte sehen, daß Sallys Gesicht angespannt, ihre Atmung flach und ihre Stimme beengt war, alles Hinweise darauf, daß sie während der ersten zwei Lebensjahre von ihrer Mutter nicht ausreichend versorgt worden war. Auf der Couch zu liegen und mit

117

den Armen auszugreifen, brachte einige sehr schmerzliche Gefühle hoch. Sie äußerte: »Es hat keinen Zweck. Ich bekomme sie niemals«, wobei sich das »sie« auf Liebe bezog. Dann begann sie leise zu weinen. Auf einer tiefen Ebene war Sally verzweifelt. Als die Therapie voranschritt, wurde das Verzweiflungsgefühl sogar noch stärker. Bei mehreren Gelegenheiten rief sie aus: »Ich will nicht leben!« Ihre Fassade war abgebröckelt. So schmerzlich das sein mochte, war es doch ein notwendiger Schritt für ihr Bemühen, sich selbst wiederzufinden.

Sally behauptete, daß ihr Vater sie geliebt habe, was ihre Bindung an ihn erklärte. Aber wenn sein Interesse an ihr selbstlos gewesen wäre, hätte sie eine positive Einstellung zu sich als Mensch gehabt. Leider wurde seine Liebe für sie durch sein sexuelles Interesse getrübt. Als wir diesen Aspekt ihres Lebens erforschten, gab sie zu, daß sie sich dieses Interesses bewußt gewesen war. So sehr sie ihn auch liebte, hätte sie doch nicht mit ihm allein im Haus sein mögen. Er hatte sie bei mehreren Gelegenheiten auf den Mund küssen wollen, und einmal hatte er versucht, mit ihr ins Bett zu gehen, was ihr große Angst gemacht hatte. Als sie größer wurde und anfing, mit Jungen auszugehen, wurde er ärgerlich auf sie. Mädchen, die im Umgang mit Jungen leichtfertig waren, hatte er ihr erzählt, seien Huren.

Wie konnte Sally mit ihrer Sexualität zurechtkommen, wenn sie durch das Interesse ihres Vaters einerseits sexuell stimuliert, andrerseits aber von seinem Puritanismus verdammt wurde? Sie schnitt sich davon ab. Resultat war, daß sie sich mit ihrer unteren Körperhälfte nicht identifizieren konnte. Sie war zwanghaft sauber und sagte mehrmals, daß ihr Unterkörper schmutzig sei. Und trotzdem trat Sally als eine sehr sexuelle Frau auf; die meisten Männer fühlten sich von ihr sehr angezogen. Die wohlproportionierte untere Hälfte ihres Körpers wies auf ihr sexuelles Potential hin, während sich in der Tatsache, daß dieser Teil ihres Körpers fest gehalten wurde, passiv und ohne Gefühle war, Sallys Angst vor Hingabe manifestierte. Obwohl Sally viele Männer hatte, war sie niemals zum Orgasmus gekommen. In Gesprächen über ihr Sexualleben sagte sie: »Ich bin eine jungfräuliche Hure.«

Liebte Sally Männer? Ja und nein. Ihre Beziehung zu Männern glich ihrer Beziehung zu ihrem Vater. Auf eine gewisse Weise war er für sie dagewesen und hatte sie ebenso umsorgt wie sie ihn, was die Erregung zwischen ihnen betraf. Aber für sich selbst war sie sexuell nicht »da«. Das war tabu, denn dadurch wäre sie zu einer wirklichen Schlampe geworden und nicht zur Hure, die immer noch Jungfrau war. Sie liebte Männer, weil sie eine Quelle von Erregung und Lebendigkeit waren, aber sie haßte sie auch, weil sie sie ausnutzten, in den Dreck zogen und demütigten, wie auch ihr Vater es getan hatte. Und weil sie zugelassen hatte, ausgenutzt zu werden, und als Kind und später als Frau dieses Ausgenutztwerden selbst herausgefordert hatte, haßte sie auch sich selbst.

Sally war nicht der rigide Typ. Ihr Brustkorb war relativ weich und ihr Körper elastisch. Sie hatte nicht nur ein gebrochenes Herz; sie war bis zu einem Punkt vernichtet worden, wo sie fast gar kein Selbstgefühl mehr hatte, kein Gefühl dafür, daß sie das Recht hatte, zu fordern oder auch nur zu erbitten, was sie wollte. In psychiatrischen Begriffen könnte man sie als Borderline-Persönlichkeit beschreiben.[26] Ihr Selbstgefühl war sehr schwach entwickelt und konnte ihr leicht verloren gehen. Man könnte sagen, daß Sallys Herz offen war. Deshalb war sie auch nicht anfällig für Erkrankungen der Herzkranzgefäße wie der rigide, gepanzerte Typ. Sie kämpfte nicht darum, geliebt zu werden, weil sie nicht daran glaubte, daß man sie jemals um ihrer selbst willen lieben würde. Trotzdem brauchte sie Kontakt zu Männern, sonst hätte sie sich zutiefst einsam gefühlt.

Da Sallys Herz offen war, kann man ruhig sagen, daß sie für die Männer, mit denen sie zusammen war, in ihrem Herzen Liebe verspürte. Aber dieses Gefühl war auf ihr Herz beschränkt und weitete sich nicht auf den übrigen Körper aus. Hätte sie diese Männer körperlich ebenso geliebt wie mit dem Herzen, hätte sie den sexuellen Kontakt mit ihnen genossen und bis zu einem gewissen Grad auch orgastische Lust erfahren.

Das Problem des rigiden Charakters besteht darin, sein Herz ganz der Liebe zu öffnen. Sallys Problem war, sich zu einem Menschen mit Selbstgefühl zu entwickeln. Das erforderte eine zweifache Vorgehensweise: ihr den Zugang zu ihrer Sehnsucht zu ermöglichen, damit sie ihre Traurigkeit durch Weinen entladen konnte, und ihr zu helfen, den Ärger über den Verrat ihres Vaters zu spüren und auszudrücken. Dieser Ärger kam auch gegen die Männer auf, die sie als erwachsene Frau ausnutzten. Daß diese Männer sie mit ihrem Einverständnis ausnutzten, änderte nichts an Sallys unterschwelligem Ärger. Indem sie ihn ausdrückte, gewann sie ihre Sexualität für sich zurück und füllte den unteren Teil ihres Körpers mit Leben aus, ein Prozeß, den sie durch tiefes Atmen und entsprechende Übungen unterstützte und verstärkte. Nur wenn Sexualität in ihrem Dasein real eine Rolle spielte, konnte sie mit Recht sagen, daß sie Männer wirklich liebte.

Frauen, die Männer lieben, fühlen sich ihnen nicht unterlegen oder überlegen und hegen weder Groll noch Feindseligkeit gegen sie. Sie haben beim Heranwachsen nur positive Erfahrungen mit dem anderen Geschlecht gemacht. Nicht nur ihre Väter, sondern auch ihre Brüder und die übrigen männlichen Vewandten behandelten sie mit Respekt und Zuneigung, und ihre Eltern waren weit davon entfernt, sie als Schachfiguren zu benutzen. Diese Haltung einem Kind gegenüber ist nur dann möglich, wenn es in der Familie keine Machtkämpfe gibt, wenn Liebe und Respekt die vorherrschende Haltung gegenüber sämtlichen Familienmitgliedern bestimmen und wenn eine Atmosphäre von Freude und positiven Gefühlen vorherrscht. Um es einfach auszudrücken: Gesunde Kinder sind das Produkt liebevoller Eltern. Es reicht aber nicht, daß Eltern ihre Kinder lieben; noch wichtiger ist, daß sie einander lieben. Solche Eltern schenken einander sexuelle Erfüllung. Mädchen, die in Elternhäusern aufwachsen, wo die Eltern eine sexuell erfüllte Beziehung hatten, werden zu Frauen, die auf die Männer, die sie lieben, orgastisch reagieren.

Eine bedauerliche Folge der Frauenbewegung ist ihre Tendenz, Frauen dazu zu ermutigen, Männern die Schuld an ihrer eigenen Unzufriedenheit und Unterlegenheit zu geben. Dieser Vorwurf an das männliche Geschlecht ist nicht berechtigt. Wir haben in diesem Buch immer wieder gesehen, daß Männer in der Liebe und in der Sexualität ebensowenig Erfüllung finden wie Frauen. Was ihre Anfälligkeit für Herzleiden und einen frühen Tod betrifft, sind die Männer das schwächere Geschlecht. Es kann nicht bestritten werden, daß sie in Bereichen wie Politik und Wirtschaft sowie in Berufen, in denen es auf den Erwerb und die Ausübung von Macht ankommt, stärker sind. Diese Macht wurde oft gegen Frauen eingesetzt. Aber es ist wichtig zu erkennen, daß der Besitz und die Ausübung von Macht das Wohlbefinden von Männern nicht gefördert haben. Sie haben aufgrund dieser Macht nicht mehr geliebt, länger gelebt oder mehr Spaß gehabt. In allen Beziehungen fügt der Einsatz von Macht dem Machtausübenden ebensoviel Schaden zu wie der Person, die ihr ausgesetzt ist. Wie wir gesehen haben, ist Macht für Liebe destruktiv.

Das Thema zwischen den Geschlechtern ist gleicher Respekt für beide, nicht die Angleichung von Macht. Das heißt, die Frau sollte mit der gleichen Wertschätzung behandelt werden wie der Mann. Gleicher Lohn für gleiche Arbeit ist ihr natürliches Recht als Mensch. Leider ist der Ausdruck »gleiche Arbeit« mißverständlich. Uns ist die Vorstellung vertraut, daß eine weibliche Angestellte in der gleichen Position wie ein Mann gleichen Lohn bekommen sollte. Aber was ist mit der Frau, die einen Kinderhort leitet? Ist ihre Arbeit weniger wichtig? Sollte sie nicht das gleiche Gehalt bekommen wie jeder andere Mensch auch, der sich wichtige Verantwortung auflädt? Und die Frau, die zu Hause bleibt und eine Familie versorgt – ist ihre Arbeit weniger wert? Wenn wir Werte nur in Geld bemessen, bringen wir Macht in sämtliche zwischenmenschlichen Beziehungen ein.

Wenn Frauen im gleichen Maße Macht anstreben wie Männer, werden sie die gleichen Krankheiten erben, die das Leben der Männer verkürzt haben. Glücklicherweise sind Frauen durch ihre natürliche Fähigkeit zu gebären bis zu einem gewissen Grad vor dieser Gefahr geschützt. Bis jetzt war in unserer Geschichte bei Frauen der Trieb, Kinder zu gebären, stärker als der Antrieb zur Macht. Aber die Erfüllung einer Frau liegt nicht einfach darin, Kinder zu gebären, sondern darin, sie auch zu lieben. Auch hier hat die Natur ihr dem männlichen Geschlecht gegenüber einen Vorteil verliehen, weil sie ihre Liebe zum Kind durch das Stillen direkter ausdrücken kann als der Mann. So wie stillende Frauen weniger zu Brustkrebs neigen, nimmt man an, daß sie auch weniger anfällig für Herzkrankheiten seien.

Allgemein gesagt, haben Frauen weniger Angst vor Liebe als Männer. Sie haben weniger Angst, Gefühle zu zeigen und zärtlich zu sein und machen sich weniger Sorgen um ihr Image. Frauen können leichter weinen als Männer, teilweise weil Männer als Jungen gezwungen wurden, stark zu sein. Das Verbot, in Tränen auszubrechen, mag sinnvoll gewesen sein, als Männer noch Jäger und Krieger mit der primären Aufgabe waren, den Stamm zu verteidigen. Aber Rigidität angesichts eines Verlustes ist nicht das gleiche wie Tapferkeit in einer Gefahrensituation. Hält man seine Tränen und sein Schluchzen zurück, wenn ein Mensch stirbt, den man liebt, ist das kein Akt der Tapferkeit, sondern der Selbstzerstörung.

Von den natürlichen Anlagen und der Konditionierung her waren Männer immer das körperlich stärkere Geschlecht. Aber Stärke muß nicht Härte oder Rigidität heißen. Zärtlichkeit bereichert Männer ebenso wie Frauen, auch wenn es ihnen schwerer fallen mag, diese Eigenschaft zu entwickeln. Der Mann jedoch, der die Verteidigungsstrategien nicht aufgeben kann, die er entwickelt hat, um sich vor Verletzungen zu schützen, wird niemals lieben.

Darüber hinaus ist – wie wir im nächsten Teil im einzelnen untersuchen werden – dieser Mangel an Liebe die Ursache für Herzkrankheiten.

Zweiter Teil

Das gebrochene Herz und Herzkrankheiten

In den vorigen Kapiteln haben wir das Wesen der Liebe untersucht und haben erforscht, wie diese direkt mit dem Herzen verbunden ist. Wir haben gesehen, daß viele Menschen in unserer Kultur in ihrer Kindheit einen Liebesverlust erlitten haben, der ihnen das Herz gebrochen hat. Um zu überleben, unterdrücken sie den Schmerz, indem sie sich panzern – mit anderen Worten, indem sie die Muskeln der Brustkorbwände verhärten. Durch diese Verhärtung werden Atmung, Bewegung und Gefühl behindert und eingeschränkt, und sie bewirkt, daß Körper und Herz ständig unter Streß stehen. Meiner Meinung nach ist es diese Art von Streß, die so viele Menschen für Herzkrankheiten anfällig werden läßt.

In der zweiten Hälfte dieses Buches werden wir den Zusammenhang zwischen gebrochenem Herzen und Herzkrankheiten untersuchen. Wir werden dem Herzanfall besondere Aufmerksamkeit schenken und versuchen zu verstehen, warum und wann es dazu kommt. Für den Psychologen oder Analytiker, der sich mit dem Leben eines Menschen beschäftigt, ist eine schwere Krankheit kein zufälliges Ereignis, sondern hängt mit dem Lebensstil des Betreffenden zusammen. Wir werden einige der Kräfte erforschen, die diesen Lebensstil prägen, sowie Möglichkeiten vorstellen, mit diesen Kräften so umzugehen, daß man sein Leben relativ freihält von übermäßigem Streß. Das Fazit ist, wie wir sehen werden, folgendes: Nur wer keine Angst zu lieben hat, kann einigermaßen sicher sein, daß sein Herz gesund bleibt.

6 Liebe, Streß und das Herz

Heutzutage akzeptieren die meisten Menschen die Vorstellung, daß übermäßiger Streß zu Krankheit führen kann. Eine so allgemeine Vorstellung bietet jedoch keine große Hilfe zur Erklärung eines spezifischen Leidens wie der Erkrankung der Herzkranzgefäße. Warum führt Streß bei einem Menschen zu schweren Herzschäden, während er beim zweiten Gelenkrheumatismus und bei einem dritten Krebs hervorruft? Um es anders auszudrücken: Wie sieht der Streß aus, der sich auf das Herz schädlich auswirkt, und welche Art von Menschen sind besonders anfällig für Herzleiden, wenn sie diesem Streß ausgesetzt sind? Meyer Friedman und Samuel Rosenman wandten sich dem zweiten Teil des Problems zu, als sie mit ihren bahnbrechenden Forschungen zu den Ursachen von Erkrankungen der Herzkranzgefäße anfingen. Diese Forschungen hatten – wie sie selbst schrieben – die Beantwortung von zwei Fragen zum Ziel: »Erstens, können die Gefühle oder Gedanken eines Menschen irgendeinen Einfluß auf die Entwicklung von Erkrankungen der Herzkranzgefäße haben? Zweitens, sollte es einen solchen Zusammenhang geben, wie sieht er dann aus?«[27]
Der erste Schritt dieser beiden Herzspezialisten bestand darin, daß sie ihre Herzpatienten daraufhin untersuchten, ob diese sich durch irgendwelche charakteristischen Züge von anderen Menschen unterschieden. »Als wir unsere Patienten auf diese neue Art betrachteten, nämlich als Individuen, die außer ihren kranken Herzen auch noch andere Organe und eine Persönlichkeit besaßen«, sagte Friedman, »wurde offensichtlich, daß nicht nur mit ihren Herzen etwas schiefgelaufen war. Etwas an der Art, wie sie fühlten, dachten und handelten war ebenfalls auf alarmierende Weise durcheinander geraten.«[28] Fast sämtliche Koronarpatienten, die sie beobachteten, zeigten Ähnlichkeiten in Gesichtsausdruck, Körpergesten und beim Sprechen. Angespannte Kiefer- und Mundmuskeln waren für sie ebenso charakteristisch wie eine verspannte Körperhaltung; des

weiteren zeigten sie Fingerklopfen oder Wippen mit den Knien, ballten bei alltäglichen Gesprächen die Hände zu Fäusten, knirschten mit den Zähnen, machten nervöse Körperbewegungen, sprachen schnell und wurden ungeduldig, wenn andere langsam sprachen, verzogen die Mundwinkel so, daß sie dabei die Zähne fletschten.

Diese Menschen reagierten auch auf die Ereignisse des täglichen Lebens ähnlich: Sie zeigten ein großes Konkurrenzverhalten und mußten unbedingt gewinnen; sie waren schnell irritiert, wenn andere nicht mit ihnen übereinstimmten; sie hatten feste Meinungen, die sie ärgerlich verteidigten; sie waren ungeduldig, wenn sie im Verkehr aufgehalten wurden oder in einer Schlange warten mußten; sie wollten alles zwanghaft schnell erledigen, so daß sie schnell aßen und schnell gingen; sie konnten keinerlei Muße tolerieren.

Friedman und Rosenman bezeichneten Menschen, die einige oder sämtliche dieser Züge aufwiesen, als A-Typ, und diejenigen, die frei davon waren, als B-Typ. Sie beschrieben den A-Typ als extrem verspannt und unter einem Gefühl von Zeitdruck leidend. Menschen dieses Typs hegten eine unbestimmte Feindseligkeit, deren sie sich nicht bewußt waren, und kämpften gegen eine geringe Selbstachtung an, die sie durch Leistung kompensierten.

Friedman und Rosenman wendeten diese Klassifizierung auf 5.500 gesunde Männer an – das heißt Männer, die keine Vorgeschichte in Herzkrankheiten aufwiesen –, die sie über einen Zeitraum von achteinhalb Jahren hinweg überwachten. Am Ende der Studie fiel ihnen auf, daß die Wahrscheinlichkeit einer Erkrankung der Herzkranzgefäße bei Typ A-Männern siebenmal größer war als bei ihrem Gegentyp B. Sie rauchten auch mehr, hatten einen höheren Cholesterinspiegel, und die Wahrscheinlichkeit, einem Herzanfall zu unterliegen, war bei ihnen dreimal größer. Diese Untersuchung war so überzeugend, daß sie sämtliche Zweifel an einem direkten Zusammenhang zwischen Lebenseinstellung, Verhalten und Herzkrankheiten ausräumte. Weitere Studien anderer Forscher kamen zu ähnlichen Resultaten. Dann ging Friedman noch einen Schritt weiter. Er zog die Schlußfolgerung, daß es die Anfälligkeit eines

Menschen für das Auftreten eines Herzanfalls beeinflussen müsse, wenn das Typ A-Verhalten verändert werden könnte. Das wäre der definitive Beweis dafür, daß das Verhalten des A-Typs der unmittelbar verursachende Faktor für Erkrankungen der Herzgefäße war. An dieser zweiten Studie, die sich über einen Zeitraum von drei Jahren erstreckte, nahmen mehrere Patienten mit kranken Herzgefäßen teil, die einen Herzinfarkt erlitten hatten. Die Teilnehmer wurden drei Gruppen zugeordnet: Gruppe I wurde von Herzspezialisten beraten und überwacht; Gruppe II erhielt in kleinen Untergruppen zusätzlich zur Behandlung in Gruppe I eine kontinuierliche Beratung in bezug auf das Typ A-Verhalten; und Gruppe III wurde einfach überwacht.

Als die jährlichen Rückfallraten analysiert wurden, stellte man fest, daß die »Rückfallquote von Teilnehmern der Gruppe I im Vergleich zu Gruppe II im ersten Jahr um 48 Prozent höher lag; im zweiten Jahr waren es 62 Prozent und im dritten Jahr *372 Prozent.*«[29] Am Ende der drei Jahre war der Unterschied über jeden statistischen Zweifel erhaben. Friedman erklärte diese Ergebnisse mit der Tatsache, daß die Teilnehmer von Gruppe II einen Rückgang des Typ A-Verhaltens um 30 Prozent zeigten.

Und so wurde die erste der zwei Fragen, die Friedman und Rosenman gestellt hatten, bejaht: Die Gefühle und Gedanken eines Menschen beeinflussen die Entwicklung von Herzkrankheiten tatsächlich.

Diese Untersuchung bezog sich ausschließlich auf die männliche Bevölkerung, da zu der Zeit, als sie stattfand, Herzkrankheiten bei Männern sehr viel häufiger auftraten. Jüngste Forschungen haben aber ein Anwachsen des Vorkommens an Herzkrankheiten bei Frauen gezeigt, vor allem im letzten Jahrzehnt.[30] Typ A-Verhalten ist auch im Leben der Frauen zu einer Realität geworden.

Friedmans und Rosenmans zweite Frage nach dem Mechanismus des Zusammenhangs zwischen dem körperlichen und psychischen Zustand eines Menschen und dem Auftreten von Herzkrankheiten war schwieriger zu beantworten. Ihre Untersuchungen haben gezeigt, daß Typ A-Individuen Schwierigkeiten mit dem Fettstoffwechsel im Blut haben, ganz gleich ob sie gesund oder bereits herzkrank sind. Es wurde auch deutlich, daß Menschen des A-Typs mehr Norepinephrin, das »Kampfhormon«, im Blut haben. Außerdem schütten sie auch mehr ACTH – das Hormon also, das die Adrenalindrüse stimuliert, kortisonähnliche Streßhormone zu produzieren – und weniger Hypophysen-Wachstumshormon aus als normal, während sie auf Zucker eine Überreaktion zeigen, indem sie übermäßig viel Insulin produzieren. (Das stimmt mit der Beobachtung überein, daß Diabetes beim Erwachsenen einen Risikofaktor für Herzgefäßerkrankungen darstellt.) Experimentelle Untersuchungen mit Ratten legen außerdem nahe, daß Feindseligkeit eine Rolle spielen könnte. Wenn der emotionale Zustand des Tieres durch elektrische Stimulierung eines bestimmten Bereichs im Hypothalamus, einem Teil des Zwischenhirns, von Friedlichkeit zu erbitterter Feindseligkeit verändert wurde, reagierten sie genauso wie der A-Typ: mit einem Anstieg des Cholersterinspiegels im Blut, gesteigerter Produktion von Norepinephrin und erhöhtem Blutdruck.

Einige andere Studien deuten darauf hin, daß Feindseligkeit der bestimmende Faktor für die Entwicklung von Herzkrankheiten sein könnte. Dombroski u.a. haben die Daten strukturierter Interviews mit Gefäßpatienten aus einer angiografischen Stichprobe neu ausgewertet und herausgefunden, daß »zwischen einem hohen Potential an Feindseligkeit und nach innen gekehrtem Ärger« – mit anderen Worten, unterdrücktem Ärger – »und der zunehmenden Schwere koronarer Herzerkrankungen (KHK) ein enger Zusammenhang bestand.«[31] In einer Untersuchung über 255 Ärzte, die während der Ausbildung auf der medizinischen Hochschule an der »Minnesota Mehrphasen-Persönlichkeitsinventur« teilgenommen hatten, wiesen diejenigen, deren Werte für Feindseligkeit über dem Durchschnitt lagen, während eines Nachfolgezeitraums von fünfundzwanzig Jahren eine fünf- bis sechsmal größere Rate an Herzanfällen und Sterblichkeit insgesamt auf.[32] Aber wenn wir annehmen, daß Feindseligkeit und zurückgehaltener Ärger die primären Ursachen für Herzgefäßerkrankungen sind, stehen wir immer noch vor dem Problem zu erklären, warum sie für das Herz schädlich sind, das als Organ an Emotionen wie Feindseligkeit und Ärger nicht direkt beteiligt ist. Selbst wenn diese Emotionen einen Überschuß an Norepinephrin produzieren, bleibt die Frage offen, warum bei manchen Individuen ausgerechnet das Herz zur Zielscheibe dafür wird.

Um diese Frage beantworten zu können, müssen wir wissen, daß die Wirkung von Norepinephrin darin besteht, sämtliche Organe im Körper, einschließlich des Herzens, zu mobilisieren, damit einer Gefahren- oder Krisensituation begegnet werden kann. Wenn ein Mensch angemessen auf die Krise reagiert, hat das Hormon seinen Zweck erfüllt und keinen schädlichen Einfluß auf irgendein Körperteil. Aber durch zurückgehaltenen Ärger bleibt ein Mensch *ständig* in einer Krisensituation, die durch keine Norepinephrinmenge entladen werden kann. Das Herz ist einer Situation ausgesetzt, in der es ständig stimuliert wird, ohne handeln zu können.

Aber die meisten Menschen in unserer Kultur tragen ein gewisses Maß an unterdrücktem Ärger mit sich herum. An welchem Punkt wird das für sie lebensbedrohlich? Um diese Frage beantworten zu können, müssen wir das Problem der Herzkrankheiten von einer anderen Seite beleuchten, weil die bereits vorhandenen Untersuchungen, so wertvoll sie auch sind, für unser Verständnis dieser Störungen zu viele Lücken offenlassen. Schließlich erkranken weder bei sämtlichen Typ A-Individuen die Herzgefäße, noch entkommen sämtliche Typ B-Individuen dieser Krankheit. In den achteinhalb Jahren, die die »Western Collaborative Study« dauerte, der Friedman und Rosenman ihre Daten entnahmen, erlitten nur 10 Prozent der Untersuchten, die als A-Typ eingestuft wurden, einen Herzanfall. Mit der Zeit hätten bestimmt noch mehr von ihnen einen Anfall erlitten, aber wenn die Zeit eine Rolle spielt, müssen wir wissen, auf welche Weise.

Warum kommt es gerade dann zu einem Anfall, wenn er auftritt? Zusätzlich zu begünstigenden Faktoren wie Typ A-Verhalten, Rauchen und hoher Blutdruck müssen wir auch akut auslösende Ursachen mit einbeziehen. Mit anderen Worten, welcher unmittelbare Streß im Leben eines Menschen ruft mit Wahrscheinlichkeit einen Anfall hervor? Und in welchem Zusammenhang steht dieser auslösende Grund mit den begünstigenden Faktoren? Es wurde berichtet, daß der Verlust einer Arbeitsstelle häufig die akut auslösende Ursache eines Herzanfalls ist. Auch der Verlust eines geliebten Menschen kann beim Partner einen tödlichen Herzanfall hervorrufen, selbst wenn dieser in seiner Vorgeschichte keinerlei Herzkrankheiten aufweist. Da das Herz mit Liebe, aber nicht direkt mit Feindseligkeit und Ärger zu tun hat, kann man mit Recht annehmen, daß Herzerkrankungen Liebesstörungen zugrunde liegen. In diesem Fall kann eine akute Krise im Liebesleben eines Individuums der Hauptfaktor für das plötzliche Auftreten eines Herzanfalls sein. Ich glaube, wir müssen unsere Aufmerksamkeit bei der Erforschung des umfassenden Problems der Herzerkrankungen auf die entscheidende Rolle verlagern, die die Liebe – oder das Fehlen von Liebe – für die Gesundheit des Herzens spielt.

Auch Friedman ist zu dem Schluß gekommen, daß ein Mangel an Liebe für das Typ A-Verhalten verantwortlich ist.[33] »Wir glauben jetzt«, hat er geschrieben, »daß einer der wichtigsten Einflüsse, der die Unsicherheit fördert, der ist, daß es der Typ A-Person in ihrer Säuglingszeit und frühen Kindheit an *bedingungsloser Liebe*, Zuneigung und Ermutigung von einem oder beiden Elternteilen gemangelt hat.« In dieser Situation bleibt dem Typ A-Individuum nur eine Wahl: sich auf einen »kontinuierlichen Kampf einzulassen, den unablässigen Versuch, etwas zu erreichen oder zu leisten, mehr und mehr, in immer kürzerer Zeit.«[34]

James Lynch hat ebenfalls darauf hingewiesen, daß ein Mangel an Liebe Herzkrankheiten verursachen kann.[35] In seinem Buch *Das gebrochene Herz* zitiert Lynch Statistiken, die eindeutig belegen, daß Herzanfälle bei verheirateten Personen seltener vorkommen als bei alleinstehenden, geschiedenen oder verwitweten. »Bei allen Altersstufen, beiden Geschlechtern und sämtlichen Rassen in den Vereinigten Staaten«, schreibt er, »liegen die Todesraten bei Unverheirateten immer höher und manchmal sogar bis zu fünfmal höher als bei Verheirateten.« Während diese Aussage für alle Todesarten gilt, hat sie doch besondere Gültigkeit für den Tod infolge kardiovaskulärer Krankheiten. Lynch bezieht sich auf Untersuchungen, die einen deutlichen Anstieg der Todesrate in den ersten sechs Monaten nach dem Verlust eines geliebten Menschen zeigen.[36] In

75 Prozent aller untersuchten Fälle wurde der Tod durch eine Erkrankung der Herzkranzgefäße verursacht, ein Umstand, der belegt, wie zerstörerisch sich ein Liebesverlust auf das Herz auswirken kann. Nicht selten führt der Schock des Verlustes zu einem plötzlichen Tod, oft verursacht durch einen schweren Herzanfall oder durch Kammerflimmern. Wir werden das Phänomen des plötzlichen Todes in einem späteren Kapitel untersuchen.

Was Lynch veranlaßte, die »medizinischen Folgen von Einsamkeit« zu untersuchen, war seine auch von anderen geteilte Beobachtung, daß menschlicher Kontakt auf die Herzen von Labortieren eine ebenso positive Wirkung hatte wie auf die Herzen von Patienten auf Herzstationen. Es zeigte sich, daß der Eintritt eines Mannes in einen Laborraum zum Beispiel einen Hund erregte und seinen Herzschlag beschleunigte, während Streicheln das Tier beruhigte und den Herzschlag erheblich herabsetzte.[37] Menschlicher Kontakt beeinflußte auch den Blutfluß in den Herzkranzarterien. Bei manchen Hunden erwies sich der Kontakt mit Menschen als fast ebenso starker Einfluß wie anstrengende Übungen. Auch beim Pulsfühlen, einem scheinbar routinemäßigen menschlichen Kontakt, zeigte sich, daß es eine starke Wirkung auf Herzgefäßpatienten hatte. Lynch berichtet:»Bei manchen Patienten… hatte die Prüfung des Pulsschlags die Macht, eine Arrhythmie, zu der es gekommen war, vollkommen zu unterbinden.«[38] Ebenso haben Untersuchungen gezeigt, daß das Streicheln eines Hundes den Blutdruck der streichelnden Person senken kann.

Aus diesen Untersuchungen folgt unweigerlich, daß menschliche Wesen ein gewisses Maß an liebevollem Kontakt brauchen. Viele Menschen suchen diesen Kontakt in der Ehe, aber nicht alle finden ihn dort. Aufgrund ihrer Angst vor Liebe behandeln Eheleute sich oft wie Widersacher und verwickeln sich in Machtkämpfe. Darum bleiben auch verheiratete Menschen nicht von Herzanfällen verschont, selbst wenn sie nicht so anfällig für Herzkrankheiten sind wie alleinstehende.

Wie Lynch beobachtete, stehen uns »genügend Beweise zur Verfügung, um einen Zusammenhang zwischen ehelichen Zwistigkeiten und der Entwicklung von Herzgefäßerkrankungen sowie frühzeitigem Tod annehmen zu können.« Er bezieht sich auf eine Untersuchung von Dr. J. A. Medalne, für die zehntausend männliche Israelis, bei denen keine Anhaltspunkte für Herzkrankheiten vorlagen, über einen Zeitraum von fünf Jahren hinweg beobachtet wurden. Diejenigen, die später einen Herzanfall erlitten, berichteten von mehr Schwierigkeiten und Unzufriedenheit in ihrer Ehe als die anderen. Aber eine solche Studie teilt uns lediglich mit, daß eheliche Zwistigkeiten einen Risikofaktor darstellen, nicht aber, daß sie ein auslösender Faktor sind. Nicht sämtliche Männer dieser Untersuchung, deren Ehen schwierig waren, erlitten einen Herzanfall. Man kann deshalb davon ausgehen, daß einige mit dem Streß ehelicher Auseinandersetzungen besser umgehen konnten als andere.

Eine Untersuchung, die von dem Herzspezialisten Dr. Stewart Wolf in den sechziger Jahren mit den Einwohnern der Stadt Roseto, Pennsylvania, durchgeführt wurde, zeigt, daß emotional unsichere Beziehungen Streß hervorrufen, der einen schädlichen Einfluß auf das Herz haben kann.[39] Roseto ist eine Stadt mit etwa 1.630 zumeist italienischen Einwohnern, die knapp hundert Kilometer von New York City entfernt liegt. Wolf kam vor allem deswegen auf diese Stadt, weil ihre Einwohner nur ein Drittel so oft Herzinfarkte erlitten, wie die Menschen in den umliegenden Städten, obwohl ihre Ernährung und ihre Cholesterinspiegel ungefähr gleich waren. Was schützte diese Menschen vor Herzerkrankungen? Der bedeutsamste Unterschied war, wie Wolf bemerkte, die Qualität von Rosetos Gemeinschaftsleben. Die Familie war der Mittelpunkt des täglichen Lebens, und die Einwohner der Stadt lebten immer noch nach den sozialen Sitten und Traditionen, die in ihrem ehemaligen Heimatland vorgeherrscht hatten. Dieses Bemühen um die Erhaltung der Integrität familiärer Beziehungen begünstigte einen Lebensstil, der Konflikte und eheliche Mißstimmigkeiten verhütete.

Leider machte die Stadt in den zwei auf die Studie folgenden Jahrzehnten eine große Veränderung durch. Industrie zog zu, neue Wohnungen wurden gebaut, und Roseto genoß einen früher nicht gekannten Wohlstand. Das wirkte sich auf das Leben der meisten Menschen so aus, daß sie ihr Zuhause vom Mittelpunkt ihres

Lebens in einen Stützpunkt umwandelten, den sie morgens verließen und zu dem sie abends wiederkehrten. Es dauerte nicht lange, und die Bevölkerungsstatistik über den Gesundheitszustand und das Vorkommen an Erkrankungen zeigte, daß Roseto ebenso häufig von Herzkrankheiten und Herzanfällen betroffen war wie seine Nachbarstädte.

Die Stabilität der Familie, die einst für Roseto charakteristisch war, ist heutzutage selten geworden und kann nicht willentlich oder auf Anordnung hergestellt werden. Viele von uns leben mit den Belastungen ehelicher Konflikte und dem tatsächlichen oder drohenden Ende von Beziehungen als einem Bestandteil des modernen Lebens. Es ist wichtig, diese Belastungen genau zu verstehen, wenn wir effektiv mit ihnen fertigwerden wollen.

Nach den Untersuchungen, die oben beschrieben wurden, scheint es zwei verschiedene Arten von Belastungen zu geben, die das Herz angreifen können. Die eine resultiert aus Streßsituationen in der Außenwelt, vor allem am Arbeitsplatz, und hängt mit Typ A-Verhalten zusammen. Die andere entsteht in häuslichen Situationen und bezieht sich auf eheliche Mißstimmigkeiten und einen Mangel oder Verlust an Liebe. Aber gibt es zwischen diesen Situationen keinen Zusammenhang? Wie wir bemerkt haben, wird das Typ A-Verhalten motiviert durch ein gesteigertes Bedürfnis nach Selbstachtung, das zu einem Mangel an bedingungsloser Liebe in der Kindheit zurückverfolgt werden kann. Selbst als Erwachsene brauchen wir jedoch bedingungslose Liebe. Es scheint unwahrscheinlich, daß diejenigen, die dieses Gefühl in seiner ganzen Fülle erleben, Streß ebenso leicht unterliegen, wie die, die es nicht erfahren. Die zentrale Rolle von Liebe in unserem Leben vorausgesetzt, ist es schade, daß Friedman und Rosenman das Liebesleben ihrer Untersuchungsteilnehmer nicht ebenso gründlich erforscht haben wie deren äußeres Verhalten.

Auch wenn eheliche Zwistigkeiten oft zu Feindseligkeit führen, muß das nicht so sein. Die Alternative wäre, daß Eheleute einen fairen Streit miteinander haben. Gewisse Konflikte können in ruhiger Stimmung besprochen und gelöst werden, aber nicht die, die mit tiefer liegenden Verhaltensmustern wie Macht und Selbstachtung zu tun haben, und die in den meisten Ehen zu Schwierigkeiten führen. Eine Frau kann zum Beispiel das Gefühl haben, daß ihr Mann sie ausnutzt, ihre Gefühle ignoriert oder sie demütigt. Ein Mann kann sich durch die Abhängigkeit seiner Frau belastet fühlen, sich von ihren kritischen Kommentaren heruntergemacht oder durch ihr mangelndes sexuelles Begehren abgelehnt fühlen. Verstimmungen wie diese führen zu Feindseligkeit, wenn sie nicht geäußert werden. Aber der Ausdruck von negativen Gefühlen ruft im allgemeinen Ärger hervor, was schön und gut ist, wenn die Eheleute bereit sind zu streiten. Das aber trifft nicht auf alle zu. Viele Paare haben Angst, ihren Ärger zu zeigen, weil das die Beziehung beeinträchtigen könnte. Ein Ehemann sagte: »Ich kann keinen Ärger herauslassen, weil meine Frau sich davon zu sehr bedroht fühlt.« Mehrere Frauen haben berichtet, daß ihre Ehemänner sich zurückziehen, wenn sie ihnen ihren Ärger zeigen. Andere Leute haben Schwierigkeiten, überhaupt Ärger zu empfinden, weil diese Emotion in der Kindheit so tief unterdrückt wurde, daß sie als Erwachsene gar nicht in Kontakt damit sind. Wenn andrerseits ihre Eltern ständig gestritten haben, wie meine es taten, neigen sie dazu, Auseinandersetzungen und Konfrontationen zu vermeiden, weil dadurch eine unangenehme Stimmung entsteht, ohne daß unbedingt etwas gelöst wird. Meine Eltern ließen ihrem Ärger niemals voreinander freien Lauf und waren aus diesem Grund ständig feindselig gestimmt. Resultat war, daß ich in meiner eigenen Therapie hart daran arbeiten mußte, besser an meinen Ärger heranzukommen.

Ist das Ausdrücken von Ärger selbst ein Streß? Viele Menschen glauben, daß sämtliche Emotionen Streß bereiten und daß der beste Weg zu Streßvermeidung darin besteht, ruhig zu bleiben, den Unbeteiligten zu spielen und Störungen an sich abgleiten zu lassen wie Wasser an einem Entenrücken. Aber es ist anstrengend, keine Reaktion zu zeigen, weil es die natürliche Tendenz ist, auf Störungen zu reagieren. Menschliche Wesen sind empfindende Organismen, deren Reaktionen auf die Umwelt durch Gefühle motiviert und von Gedanken geleitet werden. In den meisten Fällen ist das Verhalten durch Denken und Vernunft, die durch das Ich wirksam werden, kontrollierbar, aber wenn Gefühle sehr intensiv sind, können sie die Ich-Kontrolle überrollen und zu Handlungen führen, die andernfalls zurückgehalten werden. Ein Angestellter kann beispielsweise über die Beleidigungen seines Chefs so ärgerlich werden, daß er seinen Ärger selbst dann äußert, wenn er damit seine Stellung gefährdet. In diesem Fall würde das Zurückhalten des Gefühlsausdrucks beträchtliche Willensanstrengung erfordern, wodurch der Körper unter Streß gesetzt würde.

Wir können Gefühle nur dadurch reduzieren, daß wir uns totstellen oder eine dicke Haut zulegen, was nicht nur den Einfluß unserer Umgebung auf uns verringert, sondern auch unsere Fähigkeit zu reagieren und auszugreifen beschneidet. Natürlich werden wir dadurch für positive wie für negative Energien unempfindlich, für Liebe ebenso wie für Feindseligkeit. Man könnte meinen, daß solche Verteidigungsmanöver uns vor dem allgemeinen Streß des Lebens bewahren; aber tatsächlich ist das Gegenteil der Fall. Eine solche Panzerung belastet und erschöpft uns, so daß wir noch anfälliger für Streß werden.

Um dieses Paradoxon verstehen zu können, stellen Sie sich einmal folgendes vor: Ein Mann, der einen Zentner Mehl oder Kohlen auf seinen Schultern trägt, muß die entsprechenden Muskeln anspannen, um die Ladung abzustützen. Diese Anspannung wird an seinen hochgezogenen Schultern und der angespannten Muskulatur sichtbar und kann von einem Elektromyografen, der die Muskelspannung aufzeichnet, gemessen werden. Damit er sein Gleichgewicht halten kann, muß die Spannung dem Druck von fünfzig Kilogramm entsprechen, den die Ladung ausübt. Aber nicht das Gewicht an sich macht den Streß aus, sondern die Anspannung der Körpermuskeln.

Viele Menschen beklagen sich über emotionale Belastungen, und ihre Körper zeigen eine Anspannung, als wären sie physischen Gewichten ausgesetzt. Ihre Schultern sind hochgezogen, ihre Rücken gekrümmt und ihre Muskeln stark kontrahiert, manchmal bis über die Schmerzschwelle hinaus. Emotionale Belastungen sind ebenso starke Streßauslöser wie physische Lasten und haben auch eine sehr ähnliche Wirkung wie diese. Leider kann man sich oft leichter von körperlichen Lasten befreien als von emotionalen. Der Streß, den letztere hervorrufen, ist meistens langwieriger und für den Körper schädlicher.

Der Körper kann bis zu einem gewissen Grade sehr gut mit Streß fertigwerden. Wir können einiges an Gewicht tragen, ein gewisses Maß an emotionalen Belastungen auf uns nehmen und unsere Handlungen und Impulse ohne Schwierigkeiten bewußt zurückhalten. Wird jedoch die Belastung zu einer ständigen und das Zurückhalten chronisch, ist Streß schädlich. Je weniger wir uns der Belastungen bewußt sind, die wir mit uns herumtragen, oder die Beschränkungen wahrnehmen, die wir uns selbst auferlegt haben, weil wir die Spannung in unserem Körper gar nicht mehr spüren, desto größer werden die schädlichen Auswirkungen.

Ich spreche nicht davon, daß das bewußte Zurückhalten von Verhaltensweisen unnatürlich oder schädlich wäre. Ganz im Gegenteil. Wir kontrollieren unser Verhalten oft bewußt oder ändern es ab, damit es der jeweiligen Situation besser entspricht. Die Fähigkeit, auf diese Art effektiv zu reagieren, ist eine Folge von Selbstbeherrschung. Aber bevor wir unsere Handlungen bewußt kontrollieren können, müssen wir uns der Gefühle, die eine bestimmte Reaktion motivieren, bewußt und imstande sein, sie auszudrücken. Dann beruht Selbstbeherrschung auf Selbstwahrnehmung und Selbstäußerung. Relativ gesunde Menschen sind meistens sehr selbstbeherrscht. Bei neurotischen Menschen arbeitet die unbewußte Verhaltenskontrolle daran, ihre Selbstbeherrschung zu verringern. Diese unbewußte Kontrolle wird an ihren Schwierigkeiten deutlich, Nein zu sagen, um Hilfe zu bitten, bei Verletzungen zu weinen oder ärgerlich zu werden, wenn man sie beleidigt. Sie wird auch sichtbar im Grad der chronischen Muskelanspannung oder der Rigidität des Körpers.

Rigidität ist der Hauptmechanismus für die unbewußte Kontrolle der Gefühle und wird durch Anspannung der willkürlichen Muskeln des Körpers bewerkstelligt, die den Impulsen den Weg zum Ausdruck versperrt. Um einen Impuls zum Weinen zu blockieren, wird das Gesicht zusammengezogen; der Impuls zum Umsichschlagen wird durch die Anspannung von Schultern und Rücken zurückgehalten. Wenn diese Verspannungen chronisch werden, erreicht der blockierte Impuls die Körperoberfläche oder das Bewußtsein nicht. Die Selbstwahrnehmung ist eingeschränkt worden. Diese Verhärtungen laufen auf eine Abtötung des Körpes hinaus. Nach und nach werden wir ein »steifer« Mensch. Wie ich zu Patienten immer sage, haben tote Menschen keine Gefühle. Wenn es keine spontanen Bewegungen im Körper gibt, gibt es auch nichts zu fühlen. Emotionen sind umwillkürliche Aktivitäten des Körpers. Sie geschehen einfach. Wir wünschen uns nicht, jemanden zu lieben, wir verlieben uns. Wir sind zu Tränen gerührt oder Ärger kommt hoch. Emotionen und Gefühle entstammen nicht dem Ich, das unsere willkürlichen Handlungen, jene also, die unserem Willen unterworfen sind, kontrolliert. Emotionen sind Impulse, die aus unserem tiefsten Wesen aufsteigen und eng mit unserem Herzen verbunden sind. Wir werden sehen, daß auch die Rigidität sich bis in die Tiefe eines Organismus ausweiten kann, wo sie die weiche, unwillkürliche Muskulatur beeinträchtigt. Man findet solche Verkrampfungen in den weichen Muskeln des Darmes, der Bronchien und der Arterien. Wenn Rigidität in den peripheren Blutgefäßen entsteht, verursacht sie erhöhten Blutdruck, der den Herzmuskel einer enormen Belastung aussetzt und als Risikofaktor für Herzgefäßerkrankungen anerkannt ist. Entwickelt sie sich in den Herzgefäßen selbst, wo sie mit der Bildung von atheromatösen Plaques einhergeht, die diese lebenswichtigen Versorgungskanäle verengen, kommt es zum ernsthaften Risiko für einen tödlichen Herzanfall.

Wenn wir die Rolle verstehen wollen, die Emotionen beim Zustandekommen von Streß spielen, müssen wir einen weiteren Mechanismus zur unbewußten Gefühlskontrolle untersuchen. Dieser Mechanismus ist als Verleugnung bekannt. Bei Verleugnung wird nicht der Körper abgetötet, sondern die Wahrnehmung eines Impulses blockiert. Ein typischer Fall für Verleugnung ist der Mensch, der in einer Gesprächsrunde zu schreien und zu brüllen anfängt, die Frage, ob er ärgerlich sei, jedoch ärgerlich verneint.[40] Bei Verleugnung werden die Wahrnehmungsfunktionen des Kopfes und des Ich von den tieferliegenden Funktionen der Impulsbildung abgeschnitten. Tatsache ist, daß beide Mechanismen, sowohl Verleugnung als auch Rigidität, mal mehr, mal weniger bei den meisten Individuen vorkommen.

Verleugnung ist auch eine Erklärung dafür, daß viele Menschen, die ihre Gefühle unterdrücken, zugleich eine starke Neigung zu übermäßigen Reaktionen zeigen. Wir haben schon einmal erwähnt, daß sich Groll bildet, wenn Ärger unterdrückt wird. Wird auch der Groll verleugnet, schwelt der darunterliegende Ärger wie ein schlafender Vulkan, von dessen Existenz kleine Dampfwölkchen – in Form von Reizbarkeit oder kritischen Bemerkungen – zeugen, die durch Risse in der Erdkruste entweichen. Aber bei vielen dieser Menschen kann die Energie ihres inneren Feuers durch fortgesetzte Frustrationen auf ein explosives Maß anwachsen und zum Ausbruch von irrationalen und übertriebenen Reaktionen führen. Ein Wutausbruch ist jedoch keine Befreiung für sie, weil ihre Reaktion so willkürlich ist, daß sie deswegen Schuldgefühle haben, was das Feuer ihrer Feindseligkeit von neuem entfacht.

Man könnte sich fragen, welcher Zusammenhang zwischen Wut und Herzkrankheiten besteht, oder warum das Zurückhalten von Ärger so schädlich für das Herz ist. Die Antwort lautet, daß Ärger eine konstruktive Reaktion ist, die ein gewisses Maß an Zuneigung und Liebe enthält, während Wut ein Element von Haß einschließt. Wenn wir unserem Ärger Ausdruck verleihen, zeigen wir damit auch, daß uns an einem Menschen etwas liegt und wir die Beziehung wieder herstellen wollen, so daß wir erneut Liebe und Freundschaft verspüren und uns zeigen können. Auf Menschen, die uns nicht viel bedeuten, werden wir meistens nicht ärgerlich, weil wir einfach weggehen können, wenn ihr Verhalten verletzend ist.

Einer meiner Patienten berichtete über diesen positiven Aspekt von Ärger. Er hatte seine Frau aus einem Gefühl von Einsamkeit heraus geheiratet. Sie wiederum wollte von ihm für eine frühere Enttäuschung in der Liebe entschädigt werden. Es war ganz offensichtlich, warum ihre Beziehung niemals aufblühen konnte, und mein Patient litt unter Depressionen. Er flüchtete aus dieser unglücklichen Situation, indem er sich in die Arbeit stürzte. Der Ärger, den er zurückhielt, war enorm, aber er zeigte ihn niemals. Er fühlte sich schuldig, und seine Selbstachtung war so gering, daß er glaubte, nicht das Recht zu haben, Liebe für sich zu fordern. Mehr als ein Jahr therapeutischer Arbeit war notwendig, damit sein Ärger zutage treten konnte. Auch die Muskelverspannung seines Körpers war enorm und entsprach dem Umfang des unterdrückten Ärgers. Er mußte viel von dieser Spannung abführen, bevor er mit seinen Gefühlen in Kontakt kommen konnte. Gleichzeitig mußte eine sorgfältige Analyse gemacht werden, damit er sich von seinem Schuldgefühl befreien konnte, indem er verstand, wie seine Mutter durch die Art, wie sie als Kind mit ihm umgegangen war, seine Probleme verursacht hatte. Sie hatte sich von seinem Vater scheiden lassen, weil es ihm nicht gelang, ihren Erwartungen zu entsprechen. Mein Patient wurde zu ihrem »Jungen für alles«.

Als sein Ärger das erste Mal zum Vorschein kam, hatte er das Gefühl, mein ganzes Büro zertrümmern zu wollen. Ich ließ ihn im Stehen auf mein Bett einschlagen (das eine zehn Zentimeter dicke Schaumstoffmatratze hat), wodurch er etwas von seiner Wut herauslassen konnte, ohne sich oder andere zu verletzen. Er fuhr mehrere Monate mit dieser Methode, auf das Bett einzuschlagen, fort. Eines Tages kam er herein und erzählte mir, daß er auf seine Frau ärgerlich geworden sei. Sie war abends nach Hause gekommen und hatte sofort den Fernseher eingeschaltet. Er sagte ihr ärgerlich, daß er gehen würde, wenn sie lieber fernsehe, als mit ihm zusammenzusein. Ich weiß nicht, wie der Streit weiterging, was ich aber weiß ist, daß sie an diesem Abend zusammen schliefen, was für sie nicht üblich war, und daß es – so mein Patient – schön war.

Ich habe im Laufe der Jahre von meinen Patienten viele Geschichten darüber gehört, daß ein fairer Streit zwischen Liebespartnern, bei dem Ärger offen zum Ausdruck gebracht wird, oft zum Liebesakt führt. Andrerseits ist es Liebenden fast unmöglich, sich sexuell zu vereinigen, wenn unausgesprochener Ärger zwischen ihnen steht. Ärger öffnet das Herz, weil er in Wirklichkeit sagt: »Du bist mir wichtig.« Feindseligkeit dagegen verschließt das Herz, und es wird dem anderen gegenüber kalt.

Das hyperaktive Individuum gleicht in vieler Hinsicht der Typ A-Persönlichkeit. Es reagiert auf jede Konfliktsituation und jede Kritik, als ob sie eine Bedrohung für seine Sicherheit und sein

Selbstwertgefühl darstellten. Es ist immer in Verteidigungsposition, was es mit Pseudoaggressivität überspielt. Friedmans Behandlung dieser Verhaltensschwierigkeit besteht darin, dem Menschen seinen angespannten Zustand, seine Hyperaktivität und seinen Erfolgszwang bewußt zu machen. Friedman weist zu Recht darauf hin, daß dieser zwanghafte Drang die Kreativität untergräbt, somit jede produktive Anstrengung dermaßen behindert, daß es am Ende nicht gelingt, das Selbstwertgefühl des Individuums zu stärken. In dem Maße, wie der hyperaktive Mensch auf diese Behandlung anspricht, wird er sich entspannter und weniger gehetzt fühlen, was ihm etwas von dem Streß nimmt, der auf seinem Herzen lastet. Aber es gibt Schwierigkeiten mit dieser Herangehensweise. Nicht nur, daß sie die chronische Muskelverspannung nicht erkennt, unter der das hyperaktive Individuum leidet, sondern sie dringt auch nicht bis zum Kern des Problems vor.

Der Kern des Problems ist Liebe, und der Ort des Problems ist das Zuhause. Die Belastungen am Arbeitsplatz mögen groß sein, aber ein Mensch, der in einer sicheren, stabilen und liebevollen Beziehung lebt, kann damit fertigwerden. Die Belastungen, die das Herz am schwersten schädigen, entstehen durch die familiären Ereignisse zu Hause.

Ich weiß das aus eigener Erfahrung. Meine Frau hat mir oft vorgeworfen, ich verhielte mich ihr gegenüber feindselig, und ich habe das ebenso oft verneint. Ich habe behauptet, daß ich sie liebe, was auch wirklich stimmt, aber ich hegte einen Groll auf sie, weil sie sich weigerte, mir zu sagen, daß sie mich bedingungslos liebt. Wenn ich sie mit irgendeiner Bemerkung verletzte und dann sagte, ich hätte es nicht so gemeint, zog sie sich von mir zurück und drohte manchmal mit der Beendigung unserer Ehe. Diese Drohung erschreckte mich und machte mir bewußt, daß ich eine tiefe Angst vor dem Verlassenwerden hatte. Ihre Ablehnung verletzte mich, und dadurch wurde ich ihr gegenüber noch feindseliger. Ich konnte jedoch nicht ärgerlich auf sie werden, wenn sie mich verlassen wollte, weil mein Verhalten ihr wehtat und sie unglücklich machte. Aber ebenso wie ich sie durch eine kritische oder negative Bemerkung verletzte, verletzte auch sie mich mit ihrer ständigen Kritik.

Ich fühlte mich niedergeschlagen, wenn sie mich heruntermachte, indem sie mich auf meine Schwächen oder Versäumnisse hinwies. Ich hatte das Gefühl, sie behandelte mich wie meine Mutter, die mich einerseits bewundert, andrerseits aber darauf gestoßen hatte, daß ich ihren Erwartungen nicht entsprach. Als ich meine Frau darauf hinwies, entgegnete sie, daß *ich* sie behandelte, als sei sie meine Mutter.

Heute sehe ich meine Schwierigkeit darin, daß ich meine Feindseligkeit selbst nicht spürte. Wurde sie mir vorgeworfen, ging ich in Abwehrhaltung, was die Feindseligkeit nur verstärkte. Wie konnte ich denn dem Menschen gegenüber feindselig sein, den ich liebte und dessen Liebe ich haben wollte, wenn ich doch durch das Eingeständnis meiner Feindseligkeit – so fürchtete ich – die Möglichkeit zerstören würde, diese Liebe zu bekommen? Ich fühlte mich in der Klemme. Glücklicherweise geriet ich nicht in Panik und versteifte mich auch nicht auf eine Haltung der Selbstverteidigung. Stattdessen versuchte ich, meine Gefühle zu spüren. Ich weinte, als ich eine tiefe Traurigkeit wahrnahm. Niemals hatte ich die bedingungslose Liebe gespürt, die ich mir so verzweifelt wünschte, und ich konnte fühlen, wie ärgerlich ich war. Mir wurde auch klar, daß ich nicht in einem ambivalenten Zustand leben wollte. Wenn ich die Liebe nicht bekam, die ich brauchte, würde ich meinen Schmerz nehmen und gehen. Ich würde nicht in der Klemme sitzen bleiben. Ich mußte frei sein.

Frei sein bedeutete, ich mußte mir gegenüber ehrlich sein. Ich konnte das Spiel, »du hast mich verletzt, also verletze ich dich auch«, nicht weiterspielen. Ich beschloß, unter keinen Umständen zuzulassen, daß meine Frau mich verunglimpfte. Ich hatte meine Schwächen und sie ihre. Wenn sie mich kritisierte, wurde sie zu meiner Mutter, und ich wurde ärgerlich, ganz gleich ob ihre Kritik gerechtfertigt war oder nicht. Meistens hatte sie Recht, aber das entschuldigte nicht die Art, in der sie mit mir sprach, und durch die ich mich klein fühlte. Eines Abends flammte bei einer unserer Auseinandersetzungen mein Ärger auf, und ich sagte ihr, daß ich sie schlagen würde, wenn sie mich noch einmal heruntermachte. Mein Ärger war so groß, daß es mir gleichgültig war, was aus unserer

Beziehung wurde. Man kann schwerlich Angst haben, wenn man so ärgerlich ist. Aber unsere Beziehung wurde dadurch nicht beendet. Überrascht stellte ich fest, daß meine Frau auf diesen Ausbruch von Ärger positiv reagierte. Und ich hatte ein starkes Gefühl von Befreiung. Ohne diese negativen Gefühle hatte ich eine solche Leichtigkeit in mir, daß mir klar wurde, was für eine Belastung und was für ein Streß sie für mich gewesen waren.

Ich glaube, wir alle wollen frei sein, wollen bedingungslos lieben und uns in der Liebe und in der Sexualität von ganzem Herzen hingeben. Mit unseren Kindheitserfahrungen als Ausgangsbedingung ist dieser Zustand nicht leicht zu erreichen. Den Ärger, den ich auf meine Mutter wegen einiger Grausamkeiten empfand, die sie mir antat, hatte ich unterdrückt. Ich erinnere mich an einen Vorfall, als ich drei Jahre alt war. Sie faßte mich beim Anziehen grob an, und ich begann mit meinen Fäusten auf sie einzuschlagen. Sie wandte sich mir zu und sagte mit tadelndem Blick: »Wie kannst du nur deine Mutter schlagen?« Ich fühlte mich so schrecklich deshalb, daß ich weder sie noch irgendeinen anderen Menschen jemals wieder schlug, es sei denn, ich mußte mich verteidigen. Ihre Worte enthielten die Drohung, daß es ein Kapitalverbrechen sei, jemanden zu schlagen, den man liebt. Ich weiß, daß ich nachgab und nur noch aus dem Hinterhalt rebellierte. Aber was bleibt einem kleinen Kind anderes übrig? Da ich meinen Ärger unterdrückte, erlebte ich, wie sich mit der Zeit in meinem oberen Rücken und um die Schultern herum starke Verspannungen bildeten. Nach und nach wurde ich zum typischen Kandidaten für einen Herzanfall – ein rigides, gepanzertes Individuum. Mein Kopf war etwas gebeugt, mein Rücken gekrümmt und meine Atmung gehemmt. Aber all das habe ich verändert, indem ich an mir selbst arbeitete – wie, beschreibe ich im folgenden kurz.

Ich darf wohl sagen, daß ich genügend Therapieerfahrung habe, um mir der Spannungen in meinem Körper und der damit zusammenhängenden Ängste bewußt zu werden. Meine größte Angst war, verlassen zu werden, wenn ich die Erwartungen meiner Eltern nicht erfüllte. Diese Angst enthielt ein Element von Panik, die ich versuchte nicht zu fühlen, indem ich meinen Körper angespannt und steif hielt. Mir war auch eine große Traurigkeit bewußt, die mit dem Verlust der mütterlichen Brust in einem frühen Alter zusammenhing. Diese Traurigkeit ist auf den frühesten Fotos von mir zu sehen. Obwohl mir diese Traurigkeit bewußt war, fiel das Weinen mir schwer. Für mich hieß weinen, zusammenzubrechen und hilflos zu sein – ein Gefühl, gegen das ich starke Widerstände hatte. Diese Widerstände nahmen die Form eines steifen Rückens und eines steifen Nackens an. Ich arbeitete intensiv an meinem Körper, damit er weicher würde und das Weinen leichter hochkäme. Ich machte bestimmte Erdungsübungen, um meine Beine zu kräftigen, so daß ich mich sicher in ihnen fühlen konnte. Ich ließ viel von der Spannung in meinem oberen Rücken los, indem ich regelmäßig mit meinen Fäusten auf das Bett einschlug und dabei meinen Ärger verbal ausdrückte. (Ich werde diese Übungen in Kapitel zehn beschreiben.) Ich möchte betonen, daß es in den meisten Fällen notwendig ist, sowohl mit dem Körper als auch mit dem Geist zu arbeiten, um die Veränderungen zu erreichen, die ein gesundes Herz gewährleisten.

7 Der Herzanfall

In diesem Kapitel werden wir uns die Ereignisse anschauen, die einem Herzanfall unmittelbar vorausgehen, damit wir den emotionalen Zustand des Betroffenen bestimmen können. Wir wissen, daß der Streß, der mit dem Typ A-Verhalten einhergeht, einen Menschen für Herzkrankheiten und eine Herzattacke anfällig werden läßt. Dieser Streß entsteht durch die Unterdrückung von Gefühlen wie Feindseligkeit, Sehnsucht, Traurigkeit und Angst – die alle mit der Erfahrung zusammenhängen, daß einem Menschen in der frühen Kindheit das Herz gebrochen wurde. Er manifestiert sich in einer chronischen Muskelverspannung, die zu einem aufgeblähten Brustkorb, der Neigung, den Atem anzuhalten, flacher Atmung und umfassender Rigidität führt. Streß verursacht außerdem eine erhöhte Adrenalinproduktion, Stoffwechselstörungen der Fettsäuren und eine verringerte Produktion von Prostazyklin. Lassen Sie uns diese biochemischen Abweichungen im einzelnen untersuchen.

Wenn ein Mensch sich einer Streß- oder Gefahrensituation gegenübersieht, mobilisiert der Körper normalerweise seine Energie, um mit dem Streß fertigwerden oder die Gefahr überwinden zu können. Viele Systeme arbeiten zusammen, um diese Mobilisierung zu fördern. Das Gehirn weist zwei Hauptnervensysteme auf, die die Körperreaktionen regulieren und kontrollieren: das willkürliche Nervensystem und das autonome oder vegetative System. Das erste befaßt sich hauptsächlich mit der Tätigkeit der gestreiften oder willkürlichen Muskeln, die weitgehend der bewußten Kontrolle unterworfen ist. Das zweite, das autonome System, befaßt sich mit der Arbeit der Organe, Drüsen und weichen Muskeln, die normalerweise alle der bewußten Kontrolle entzogen sind. Das autonome System hat zwei gegensätzliche Teile: den Parasympathikus und den Sympathikus. Der Parasympathikus koordiniert die Reaktion des Organismus auf angenehme Reize. Er wirkt mit bei der Entspannung und Ausdehnung des Körpers. Wenn die Reize bedrohlich oder schmerzhaft sind, wirkt das sympathische System an der Kontraktion des Körpers und der Mobilisierung seiner Abwehrkräfte mit. Dieses antagonistische Wirken wird zum Beispiel an dem Einfluß deutlich, den diese beiden Systeme auf das Herz haben: Das parasympathische setzt die Geschwindigkeit des Herzschlags herab, das sympathische beschleunigt sie. Letzteres hilft dem Herzen, die Muskeln mit mehr Blut zu versorgen, wenn sie aktiv mit der Bewältigung einer bedrohlichen Situation zu tun haben.

Zusätzlich zu dieser Regulierung durch Nerven schütten verschiedene Drüsen Hormone aus, die eine aktive Rolle bei der Mobilisierung der körperlichen Abwehr spielen. Die bedeutendsten unter ihnen sind die Adrenalindrüsen, die die als Katecholamine bekannten Hormone ausschütten. Zwei dieser Hormone, Adrenalin und Norepinephrin, steigern die Herztätigkeit, erhöhen den Blutdruck und verengen die peripheren Blutgefäße, wodurch mehr Sauerstoff und Nährstoffe zum Gehirn, zum Herzen und zu anderen Muskeln gelangen. Wir alle wissen, wie ein Adrenalinstoß auf jemanden wirkt, der unter großem Streß steht. Die Katecholamine beeinflussen außerdem den Fettstoffwechsel, das Energievorratslager des Körpers, indem sie freie Fettsäuren produzieren, die in der Leber in Triglyzeride umgewandelt werden. Aber die Wirkung dieser Hormone ist auch mit Herzkrankheiten in Zusammenhang gebracht worden. Die Lipoproteine, die entstehen, können sich an den Wänden der Arterien absetzen und atheromatöse Plaques bilden, die die Arterien verengen und den Blutfluß hemmen oder blockieren. Wenn diese Verengung in den Koronararterien auftritt, wird sie zu einem der Faktoren, die für einen Herzanfall verantwortlich sind. Der andere Faktor sind Koronargefäßspasmen, die den Blutfluß zum Herzen vollkommen abschneiden, wenn sie in einer sklerotischen Arterie auftreten.

Diese einfache Analyse wirft eine wichtige Frage auf. Warum sollte sich ein Mechanismus, den die Natur als Hilfe für einen Organismus vorgesehen hat, um einer Bedrohung seiner Integrität entgegenzutreten, als Ursache für eine Krankheit erweisen? Die Antwort lautet, daß Schäden entstehen, wenn der Körper zur Aktivität mobilisiert wird, aber versagt, weil er vor Angst wie erstarrt ist. Wenn ein Organismus auf eine Drohung mit Kämpfen oder Fliehen reagiert, verbraucht die gesteigerte körperliche Aktivität die überschüssige Energie, die durch den Fettstoffwechsel zur Verfügung gestellt wird. Aber in einer Streß- oder Gefahrensituation, in der keinerlei Handlung möglich ist, setzen sich die überschüssigen Lipoproteine an den Arterienwänden ab.

Zwei Situationen illustrieren deutlich, was im Stoffwechsel abläuft, wenn ein Mensch sich in einer festgefahrenen Situation befindet und auf Streß nicht effektiv reagieren kann. Man hat festgestellt, daß der Cholesterinspiegel von Steuerbeamten steil nach oben geht, wenn der Streß, Steuerrückzahlungen vorzubereiten, mit dem Näherrücken des letzten Termins am 15. April zunimmt. Sie können weder kämpfen noch fliehen, sondern müssen an ihrem Schreibtisch sitzenbleiben, bis ihre Arbeit fertig ist. Der gleiche erhöhte Cholesterinspiegel wurde bei Medizinstudenten während der Examenszeit festgestellt. Auch sie sind zeitweise in einer Situation gefangen, in der sie sich dem Streß unterwerfen müssen. Sowohl für die Steuerbeamten als auch für die Medizinstudenten hängt das Ausmaß an erlebtem Streß vom jeweiligen Zustand des Individuums ab. Diejenigen, die entspannter sind, werden weniger Streß empfinden, während die Ängstlichen unter größerem Streß leiden werden.

Ein weiteres System ist für unsere Untersuchung relevant. Hier geht es um die Produktion von chemischen Verbindungen, die die Blutkonsistenz steuern. Diese Verbindungen sind Thromboxane (TxA_2) und Prostazyklin ($P61_2$), die beide aus Arachidonsäure gewonnen werden, die in den Gefäßwänden und im Blutplasma vorkommt. Die Wirkung dieser Verbindungen ist entgegengesetzt; Thromboxane verursachen die Ansammlung von Blutplättchen und sind am aktivsten an der Kontraktion der Blutgefäße beteiligt. Prostazyklin unterbindet die Ansammlung von Blutplättchen und weitet die Blutgefäße. Unter normalen Bedingungen fließt das Blut ungehindert durch die Arterien. Um diesen Fluß zu fördern, bedeckt Prostazyklin die Innnenwände der Arterien, damit daran nichts hängenbleibt. Ist aber eine Arterienwand beschädigt, verursachen Thromboxane, die vom zerstörten Gewebe produziert werden, daß die Plättchen im selben Augenblick, in dem die Arterie sich zusammenzieht, zu einem Klümpchen zusammenkleben. Dieses Verhalten verhindert oder verringert die Hämorrhagie, die Blutung, und stellt einen wichtigen Abwehrmechanismus des Körpers dar. Die Katecholamine oder »Kampfhormone« begünstigen die Produktion von Thromboxanen. Aber wenn der Körper einen Überschuß an Thromboxanen produziert, können sich auch an nicht beschädigten Arterienwänden Klümpchen bilden. Ein Überschuß an Thromboxanen ist gleichbedeutend mit einem Mangel an Prostazyklin.

Der polnische Forscher R. Gryglewski[41] hat unser Verständnis dieser komplexen Mechanismen erweitert, indem er nachgewiesen hat, daß Prostazyklin in den Lungen produziert wird. Wenn die Teilnehmer an seiner Untersuchung pharmakologisch stimuliert wurden, stärker zu atmen, stieg der Prostazyklinspiegel in ihren Blutgefäßen an. Andere Forscher haben diese Entdeckung bestätigt. Den Zusammenhang zwischen Atmung und der Produktion von Prostazyklin vor Augen, beschreibt J. Santorski[42] den folgenden Ablauf von Ereignissen: STRESS → ATEMHEMMUNGEN → VERMINDERTE PROSTAZYKLINPRODUKTION → SKLEROSE. (Es ist kein Zufall, daß dem Opfer eines Herzanfalls als erstes Sauerstoff zugeführt wird. Hätte es im Laufe seines Lebens genügend Sauerstoff eingeatmet, wäre es vielleicht von dem Anfall verschont geblieben.)

Das kontinuierliche Zusammenwirken all dieser Faktoren über Jahre hinweg zerstört die Koronararterien und ruft einen gewissen Grad an Arteriosklerose hervor. Unter diesen Umständen verhärten sich die Koronararterien, und ihr Lumen (oder ihre funktionale Weite) wird verengt, was die Blutzufuhr zum Herzen reduziert. Tritt dieser Zustand in einer der Arterien verstärkt auf, wird das betroffene Individuum bei Anstrengung, wie zum Beispiel beim Treppensteigen, Schmerzen in der Herzgegend empfinden. Dieser Schmerz, Angina genannt, ist ein deutliches Symptom für Herzgefäßerkrankungen, aber ein Mensch kann lange Zeit unter Angina leiden, ohne einen Herzanfall zu haben. Andrerseits kann er, ohne vorher entsprechende Schmerzen verspürt zu haben, einen schweren Herzanfall erleiden.

Zu einem Herzanfall kommt es, wenn eine der Koronararterien sich vollständig verschließt und dadurch einem Teil der Herzmuskeln die notwendige Sauerstoffversorgung genommen wird. Die unversorgten Muskelfasern sterben in einem Prozeß ab, der als Myokardinfarkt bekannt ist und in der Fachliteratur oft mit den Buchstaben MI bezeichnet wird. Bei einem schweren Infarkt kann das Herz einen Schock erleiden, oder es kommt zu Kammerflimmern, und der Mensch kann sterben. Überlebt er den Anfall, tritt eine gewisse Heilung des Herzens ein. Die toten Muskelzellen werden durch fasriges Gewebe ersetzt, das eine Narbe bildet. Ein vernarbtes Herz ist ein angegriffenes Herz, aber wie schwer die Schädigung ist, hängt von der Lokalisierung und dem Ausmaß des Infarktes ab. Nach der Genesung von einem Herzanfall können die meisten Menschen ein relativ normales Leben führen, und viele werden keinen weiteren Herzanfall erleiden. Wenn jedoch die Belastungen und der Streß, die im ersten Anfall gipfelten, nicht reduziert werden, kommt es mit großer Wahrscheinlichkeit zu einem zweiten oder dritten Anfall mit tödlichem Ausgang.

Auch wenn für das Zustandekommen eines MI der Verschluß von nur einer der Koronararterien hinreicht, sind die anderen Arterien meistens nicht frei von diesem Leiden. Herzspezialisten benutzen Angiogramme – Röntgenbilder der Blutgefäße, nachdem diese mit einer milchigen Kontrastflüssigkeit gespritzt wurden –, um herauszufinden, in welchem Ausmaß sich die Koronararterien verengt haben. Ist das Leiden bis zu einem Punkt fortgeschritten, wo die Funktion der Arterien gestört ist, kann eine Bypass-Operation empfohlen werden, bei der die kranken Arterien durch neue, saubere ersetzt werden. Auf diese Weise wird der normale Blutfluß zum Herzmuskel wiederhergestellt. Dauern die Umstände jedoch fort, die zu dem Problem führten, werden mit der Zeit auch diese Ersatz-»Arterien« beschädigt.

Es wird allgemein angenommen, daß es zu einem Herzanfall kommt, wenn das Herz überwältigendem Streß ausgesetzt ist. Uns ist die Tatsache bekannt, daß ältere Männer manchmal beim Schneeschieben einen Herzinfarkt erleiden. Auch bei Tennisspielern, Marathonläufern und anderen Sportbegeisterten kommt es dazu. Ein klassisches Beispiel ist der Fall von James Fixx, dem Autor von mehreren Büchern über das Laufen, der bei einer Lauftour starb. Später erfuhr man, daß er unter einer Erkrankung der Herzgefäße litt. Er setzte sich offensichtlich zu sehr unter Druck, und sein Herz konnte das nicht aushalten. Aber Schneeschieben und Laufen sind an sich nicht gefährlich. Ältere Männer, wie auch ich, schieben oft Schnee, ohne Krankheitserscheinungen zu zeigen, ebenso wie viele Männer, ohne Schaden zu nehmen, regelmäßig laufen oder Tennis spielen. Das Gefährliche ist, sich zu hetzen und zu überanstrengen, weil damit sehr oft ein Anhalten des Atems einhergeht.

Handlungen, denen spontane Impulse zugrunde liegen, verlaufen im allgemeinen mühelos. Entsteht eine Bewegung aus einem Gefühl, durch das sie in Gang gesetzt wird, hat sie eine ganzheitliche Qualität: Sämtliche Teile des Körpers werden für die Handlung ungehindert koordiniert, und es tritt niemals Sauerstoffmangel auf. Es erfordert zum Beispiel keine Anstrengung, jemandem zur Begrüßung entgegenzulaufen, den wir lange Zeit nicht gesehen haben. Meistens sind unsere Handlungen und Bewegungen jedoch zielorientiert und erfordern oft einiges an Willensanstrengung, damit das Ziel erreicht wird. Durch Druckausübung oder Willenseinsatz spannen sich die Muskeln an, wodurch die Atmung behindert wird. Wenn wir sehr stark auf ein Ziel aus sind, fühlen wir uns vielleicht unter einem solchen Druck, es zu erreichen, daß wir uns kaum Zeit zum Atmen nehmen. Andrerseits können wir den Streß jeder Aktivität beträchtlich reduzieren, wenn wir uns auf unsere Atmung konzentrieren. Beim Schneeschieben ist es zum Beispiel wichtig, Pausen zu machen, um regelmäßig zu atmen. Mit dem Versuch, Gefühle wie Erschöpfung oder Müdigkeit nicht zu beachten, fordern wir Unannehmlichkeiten geradezu heraus.

James Fixx hätte sein Leben retten können, wenn er mit dem Laufen aufgehört hätte, als er Anzeichen von Erschöpfung verspürte. Aufzuhören hätte aber bedeutet, eine Schwäche einzugestehen, was für ihn offensichtlich nicht akzeptabel war. Wenn das Versagen mit einem Verlust an Selbstachtung und also mit dem Verlust des Rechts auf Liebe gleichgesetzt wird, kann es so niederschmetternd sein, daß es Gefühle von Hilflosigkeit und Hoffnungslosigkeit nach sich zieht, die mit einem Zusammenbruch enden.

Für viele Männer in unserer Kultur ist das Bedürfnis, ihre Männlichkeit unter Beweis zu stellen, ein mächtiger Antrieb. Schwäche oder Hilflosigkeit bringt einen ungeheuren Verlust an Selbstachtung mit sich. Aber das Image von Macht, Stärke und Kompetenz aufrechtzuerhalten, erfordert eine ungeheure Investition an Energie in eine besonders schädliche Haltung. Ein Mann mag sich mit einer Macho-Haltung ausstatten, indem er den Brustkorb rausstreckt, den Bauch einzieht, die Schultern hochzieht, die Kiefer zusammenpreßt und den Rücken steif hält, aber es behindert seine Atmung stark und macht ihn gleichzeitig unsensibel für den körperlichen und emotionalen Streß, dem er sich aussetzt.

Aber das sind Sonderfälle. Die meisten Herzanfälle treten nicht bei schwerer körperlicher Arbeit auf. Eine Untersuchung von 1.347 Anfällen fand heraus, daß sich nur zwei Prozent davon bei körperlicher Anstrengung ereigneten.[43] Der Zusammenhang zwischen Anstrengung und Herzkrankheiten kommt am häufigsten dann als Thema auf, wenn ein Arzt einen Postinfarktpatienten bei der Frage berät, ob dieser den Koitus vollziehen kann. Postinfarktpatienten befürchten meistens, eine solche Anstrengung könne das Herz zu sehr beanspruchen und zu einem weiteren Anfall führen. Aber diese Angst haben nicht nur männliche Postinfarktpatienten. Obwohl zahlreiche Witze über den »Tod im Sattel« nahelegen, daß ein Herzanfall beim Sex der schönste Weg sei, diese Welt zu verlassen, tritt der Tod nur selten ein, wenn zwei Menschen miteinander schlafen. Bei einer japanischen Untersuchung von 30.000 Todesfällen wurden nur 35 bekannt, die sich während sexueller Aktivitäten ereigneten. Von diesen 35 traten 28 bei Männern auf, die mit einer anderen als ihrer eigenen Frau schliefen. Daraus folgt, daß nicht die sexuelle Aktivität, sondern das Schuldgefühl der Mörder ist. Ein medizinischer Untersucher bemerkte, daß der Tod unter diesen Umständen meistens in einer fremden Umgebung nach einem üppigen Essen mit Alkohol eintritt. Ist der betroffene Mann bereits älter, kann er den Koitus vielleicht kaum noch vollziehen. Wenn er sich dann noch unter Druck setzt, um nicht zu versagen, ist er einem enormen emotionalen und körperlichen Streß ausgesetzt.

Man kann es auf mehreren Ebenen gleichzeitig »übertreiben«. Wenn das geschieht, sind die Belastungen meistens so groß, daß das Herz sie nicht ertragen kann. Die folgende Fallgeschichte illustriert dieses Zusammenwirken von verschiedenen Belastungen. Ein Arzt, den wir Arthur nennen wollen, beschrieb die Ereignisse um seinen Herzanfall wie folgt:

Mein Vater starb im Alter von achtunddreißig Jahren an einem akuten Infarkt. Ich hatte im Alter von siebenunddreißig am Weihnachtstag einen Myokardinfarkt. Die Ironie, die in diesem »Geschenk« lag, ist mir ebensowenig entgangen wie die Tatsache, daß ich in die Fußstapfen meines Vaters trat, wenn auch ein Jahr früher.

Zur Zeit meines Infarkts hatte ich mich gerade von einer Liebsten getrennt, die ich unregelmäßig traf, und war zu einer anderen Frau zurückgekehrt, mit der ich eine Zeitlang eine lockere und explosive Beziehung gehabt hatte. Vielleicht hätte man mein Sexual- und Liebesleben am besten als unreif und unbeständig beschreiben können. Ich war nicht imstande, »mich niederzulassen«, »einzulassen«, und meine sexuellen Aktivitäten mit verschiedenen Partnerinnen waren ziemlich zwanghaft. Trotzdem kehrte ich immer wieder zu der im ganzen gesehen unbefriedigenden und emotional explosiven Beziehung mit dieser einen Frau zurück. Bis zur Zeit meines Infarkts hatte ich niemals irgendwelche Herzgefäßsymptome gezeigt (das heißt keine Angina, keine Dysrhythmie usw.). Gelegentlich ließ ich bei der Arbeit in der Unfallstation meinen Blutdruck messen, und einige Monate vor dem Anfall hatte ich unregelmäßig hohe diastolische Werte, die um 110 lagen.

Als medizinisch geschulter Internist kann ich sagen, daß die einzigen Risikofaktoren (zumindest die, die unsere »Schulmedizin« anerkennt) die Familiengeschichte, Rauchen und ein mäßig »sitzender« Lebensstil waren. Zur Zeit, als der Anfall auftrat, lag mein Cholesterinspiegel bei 250.

Der MI selbst trat ein, nachdem ich eine Reihe von Nächten in der Notfallstation (von sieben Uhr morgens bis sieben Uhr abends) gearbeitet hatte. Ich ging am Weihnachtsmorgen nach Hause und wachte mittags um eins mit einem eigenartigen Schmerz in der Brust auf. Es fühlte sich an, als wäre mein Brustkorb an Hochspannungsdrähte angeschlossen, die in verschiedene Richtungen zogen und zerrten. Es war unangenehm, aber es tat nicht besonders weh. Ich erinnere mich, daß ich mich fragte, ob ich wohl einen MI haben könnte. Ich bemerkte, daß der Schmerz in beide Arme abstrahlte, daß ich stark schwitzte und mir leicht übel war. Wenn ich meine Brustkorbmuskeln anspannte, wurde es etwas schlimmer. Da ich dachte, es käme von einer Muskelverspannung, versuchte ich zu masturbieren, aber dadurch wurde der Schmerz nur noch schlimmer, und ich konnte nicht zum Orgasmus kommen. Ich stand auf, nahm ein Bad und fühlte mich etwas besser aber »erledigt«. Ich dachte, ich hätte mir einen Virus zugezogen, und machte weiter, um wie geplant mit der Frau, die ich immer traf, und ihrer Familie zu essen. Ich kam früh nach Hause. Am folgenden ersten Weihnachtstag ging ich um sieben Uhr morgens zur Arbeit, obwohl ich schrecklich aussah und mich auch so fühlte. Kurz bevor ich nach Hause gehen wollte, beschloß ich aus einer »Laune« heraus, ein Kardiogramm von mir zu machen. Ich machte eins, sah es mir an und sagte: »Oh, Scheiße!« Ich hatte einen akuten Herzinfarkt. Meine anschließende Einlieferung war ziemlich stürmisch. Ich hatte einen fünffach-Bypass; post-operativ fiel mein Sauerstoffdruck ab, und ich war – verständlicherweise – ganz schön daneben.

Ein Beispiel mehr für einen Mann, der es auf die Spitze trieb und mit allen Mitteln versuchte, seine Männlichkeit zu beweisen und seinen Körper zu verleugnen. Der folgende Bericht über den Herzanfall und Tod eines sechsunddreißigjährigen Mannes zeigt einen ähnlichen Ablauf. Der Anfall trat auf, als Joseph mit seiner Frau in Florida Urlaub machte. Dieser Urlaub war seine erste Pause nach über acht Monaten Arbeit in einer Stellung, die ihn sehr forderte und sehr viel Verantwortung von ihm verlangte. Er war auf seinem Gebiet sehr kompetent, aber die Tatsache, daß er drei Schachteln Zigaretten am Tag rauchte, zeigte, unter welchem Streß er stand. Außerdem war er übergewichtig und hatte wenig körperliche Bewegung. Am Tag des Anfalls spielte Joseph Golf und schlug den Ball in achtzehn Löcher. Am Abend sahen seine Frau und er sich eine Vorstellung an, bei der sie ein reichliches Abendessen zu sich nahmen. Laut seiner Frau ließ er den Nachtisch stehen, den er sonst immer aß, und beklagte sich nach dem Essen über Unwohlsein.
Die beiden kehrten gegen Mitternacht zurück und hatten Sex miteinander. Josephs Frau erinnerte sich, daß seine Ejakulation schwach war und sein Körper nach dem Höhepunkt erschlaffte.

Unmittelbar danach beklagte er sich wieder, sich etwas elend zu fühlen. Als seine Frau vorschlug, einen Arzt anzurufen, erhob er aber Einwände und sagte, sein Unwohlsein würde schon vorübergehen. Doch·gleich nachdem er das gesagt hatte, wurde ihm komisch im Kopf, und er wurde blaß. Seine Frau sagte, er habe wie versteinert ausgesehen. Sie war ernsthaft alarmiert, als er sagte, er glaube einen Angstanfall zu haben, und rief einen Krankenwagen. Aber er war bereits tot, als die Ambulanz eintraf.

Joseph war ein sicherer Kandidat für einen Herzanfall. Wenn er wirklich ein so außerordentlicher Mensch gewesen war, wie seine Frau behauptete, hätte er das wissen müssen. Sein Verhalten erweckt den Anschein, als ob er sein Maß überschritt, um seine Belastbarkeit zu testen, oder, wie wir in einem späteren Kapitel sehen werden, sein Schicksal herauszufordern. Für viele Männer ist Rauchen gleichbedeutend mit Männlichkeit. Deswegen kann es auf einer unbewußten Ebene als Eingeständnis von Schwäche erscheinen, wenn jemand das Rauchen aufgibt. Joseph setzte auf Erfolg um jeden Preis. Er mußte beweisen, daß er sowohl beim Golfspielen als auch beim Essen und beim Sex der Größte war. Er trieb sich bis an seine Grenzen und darüber hinaus, um seinem Image zu genügen. Beim sexuellen Akt wurde er vielleicht mit seiner Impotenz konfrontiert und brach in Panik aus.

Die meisten Männer haben Angst vor sexuellem Versagen, das ja mit Liebesverlust gleichgesetzt wird. Bis vor kurzem hatten Frauen mit dieser Angst keine Probleme, aber die Situation verändert sich, da immer mehr Frauen eine konkurrenzorientierte Arbeitswelt betreten, in der sie nach ihren Leistungen beurteilt werden. Viele entwickeln Typ A-Verhalten und damit eine Anfälligkeit für Herzkrankheiten. In den letzten zwei Jahrzehnten ist die Verbreitung von Herzgefäßerkrankungen und Herzinfarkten in der weiblichen Bevölkerung drastisch angestiegen. Der Wandel ihres Lebensstils beeinträchtigt auch ihre Sexualität. In einer Untersuchung über sexuelle Störungen bei Frauen wurden jüngst 218 berufstätige und nicht berufstätige Ehefrauen im Masters und Johnson Institut zu ihrer sexuellen Reaktionsfähigkeit befragt. Die Analyse der Untersuchungsdaten zeigte, daß Frauen, die eine Karriere verfolgten, die den Hauptteil ihrer Zeit und Energie verlangt, doppelt so oft aufgrund von mangelndem sexuellen Begehren um Rat suchen würden wie Frauen in weniger fordernden Berufen oder Frauen, die nicht angestellt waren und zu Hause blieben.[44] Karrierefrauen beklagten sich auch häufiger über Vaginismus als die anderen beiden Gruppierungen. Für Männer wie für Frauen bedeutet also dieser Leistungszwang, daß sie großem Streß ausgesetzt sind, und behindert gleichzeitig ihre Fähigkeit, diesen Druck durch Lust und Erfüllung in der Liebe zu entladen.

Eine sechzigjährige weibliche Angestellte, die wir Lucy nennen wollen, hatte genau diese Schwierigkeiten, aber glücklicherweise ging sie in den Ruhestand, bevor ihr Zustand sich soweit verschlechterte, daß sie ein Herzleiden bekam. Lucy kam ganz niedergeschlagen zu mir, nachdem sie in einer großen Firma zurückgestuft worden war. Sie gab dem Neid ihres Vorgesetzten die Schuld an ihrer Rückversetzung, aber der offiziell angegebene Grund lautete, daß es ihr an Urteilsvermögen fehle. Was immer der Grund sein mochte, es war nicht schwer zu sehen, daß sie angespannt und gehetzt war. Sie war übergewichtig und schämte sich ihrer Figur, und sie gab an, daß ihr Cholesterinspiegel extrem hoch war – über 300. Mir fiel auf, daß ihre Kiefer angespannt waren, was darauf hinwies, daß sie beträchtliche Anstrengungen unternommen hatte, um ihre Position zu erreichen, und ich sah auch, daß ihr Brustkorb aufgebläht und ihre Atmung schwach war. Derselbe starke Wille, mit dessen Hilfe sie im Geschäftsleben aufgestiegen war, stand ihr im Privatleben nicht zur Verfügung: Sie rauchte etwa zwei Packungen Zigaretten am Tag, obwohl sie schon die verschiedensten Möglichkeiten ausprobiert hatte, um das Rauchen aufzugeben. Einfach ausgedrückt, lag ihre Schwierigkeit in ihrem dringenden Bedürfnis, ihre Kompetenz und Überlegenheit unter Beweis stellen zu müssen – eine typisch narzißtische Störung.

Ich glaube, Lucy blieb ein Herzanfall erspart, weil sie nach ihrer Zurückstufung eine frühzeitige Pensionierung akzeptierte. Auf diese Weise blieb ihr der Streß einer Konkurrenzsituation erspart. Ihre anschließende Depression brachte sie in die Therapie, wo sie erkannte, daß das Firmenleben nicht nach ihrem Geschmack war, und sie sich in Wirklichkeit eine liebevolle Beziehung mit einem Mann wünschte. Sie hörte auch mit dem Rauchen auf. Auf diesem Wege konnte Lucy ihr »Versagen« allmählich als Freiheit sehen. Hätte sie das nicht getan, würde sie weiter um die Aufrechterhaltung ihrer Selbstachtung gekämpft und sich kontinuierlichem Streß und Druck ausgesetzt haben.

In *The Healing Heart* erwähnt Norman Cousins lobend einen Gedanken von Arnold Hutshneves, dem Autor von *The Will to Live*, nämlich daß »Menschen, die sich an Verpflichtungen gebunden fühlen, die sie lieber beiseite schöben, Kandidaten für plötzliche und schwere Erkrankungen sind.«[45] Cousins selbst erlitt zu Hause einen Herzanfall nach der Rückkehr von »einem hektischen Trip an die Ostküste unmittelbar vor Weihnachten.«[46] Er stand vor der Aussicht, in wenigen Tagen eine weitere Kurzreise in den Südosten anzutreten, und er hatte das Gefühl, das könne über seine Kräfte gehen. Trotzdem war er nicht imstande, die Verpflichtung abzusagen. Am nächsten Tag hatte er einen Herzanfall.

»Gleich nach dem Mittagessen«, erzählt Cousins, »stieg eine Welle von Übelkeit und Schwäche in mir hoch. Ich schnappte nach Luft. Ich hatte nicht diese massiven, drückenden Schmerzen, die im allgemeinen mit einem Herzanfall einhergehen, aber der Druck in meiner Brust und die Schwierigkeiten beim Atmen ließen wenig Zweifel daran, daß mein Herz versagte.« Cousins Frau schloß ihn an einen tragbaren Sauerstofftank an, bis die Rettungssanitäter eintrafen. Von diesem Punkt an versuchte er alles, um Panik zu vermeiden, in der er die eigentliche Todesgefahr sah. *The Healing Heart*, das seine Genesung von einem Zustand beschreibt, der als schwerer Herzmuskelschaden mit kongestivem Herzversagen diagnostiziert wurde, ist eine interessante Darlegung des starken Einflusses, den psychologische und emotionale Faktoren auf Krankheit haben.

Aber können diese Faktoren Krankheit verursachen? Cousins war keine typische A-Persönlichkeit – er glaubte an das Lachen als Weg, mit Streß fertigzuwerden, er rauchte und trank nicht, sein Blutdruck war niedrig, und er war nicht übergewichtig. Er trieb normalerweise sehr viel Sport, hatte diese Aktivität aber aufgrund der Reisestrapazen kürzlich erst verringert. Zwei Monate früher hatte er bei kaltem Wetter Atemnot verspürt sowie ein Druckgefühl im Kehlkopf und Schwere im rechten Bein, und sein Speichel hatte etwas Blut aufgewiesen. Das EKG zeigte jedoch keinen pathologischen Befund, und die Symptome verschwanden wieder. Trotzdem stimmte etwas nicht. Leider können die meisten Ärzte einen Krankheitsverlauf erst dann erkennen, wenn er sich organisch niederschlägt. Niemand untersuchte oder sah, wie gut oder schlecht Cousins atmete, wie rigide sein Körper war, wie aufgebläht sein Brustkorb, wie eng seine Kehle, wie angespannt seine Kiefer. Wenn wir Krankheiten verstehen wollen, vor allem chronische Krankheiten, müssen wir eine ganzheitliche Herangehensweise entwickeln und den Menschen ebenso betrachten wie seine Organe.

Der Gedanke, daß ungewollte Verpflichtungen zu schwerer Krankheit führen können, ist naheliegend, aber unvollständig. Wenn die Situation Gefühle von Panik und Hilflosigkeit hervorruft, kann sie sicherlich gefährlich sein, besonders wenn diese Gefühle unbeachtet bleiben. Die Anstrengung, den Ausdruck dieser Gefühle zu blockieren, setzt das Herz unter Streß. Aber die eigentliche Falle für das Herz ist eine lieblose Umgebung. Cousins sagte von sich, daß er für seine Frau und seine Kinder Liebe verspüre, aber er bezweifelte, ob er das auch zeigte und die anderen fühlen ließ.

Wir kennen keine intimen Details aus Cousins Privatleben, und Herzspezialisten untersuchen diese Dinge bei der Behandlung ihrer Patienten meistens nicht sehr gründlich. Statistiken helfen selten weiter, weil die Forscher nicht die richtigen Fragen stellen. In psychotherapeutischen Fallberichten sind solche Einzelheiten jedoch zu finden und liefern oft Daten, die die oben dargelegten Vorstellungen bestätigen.

Der Patient, der das folgende wiedergab, war ein Internist, der im Anschluß an seine Genesung von einem Herzanfall zu einer Beratung kam. Ralph war ein Mann Ende fünfzig, der in einer unglücklichen zweiten Ehe lebte. Er hatte eine Tochter aus erster Ehe und zwei Söhne aus der zweiten. Die Schwierigkeiten fingen schon früh an, wie Ralph sagte:

Ich stellte fest, daß meine zweite Frau meine Tochter nicht ertragen konnte. Sie war hinterhältig und rachsüchtig wie eine Hexe. Dann wieder war sie wie ein Kind. Es war eine sehr schmerzliche Zeit. Ich versuchte, ihr zu helfen, aber das ging nicht. Es war die Hölle für mich.

Ungefähr zwei Jahre vor dem Anfall hatte ich mich von meiner Frau getrennt. Aber ich konnte den Schmerz einer zweiten Scheidung, von der dieses Mal meine beiden Söhne betroffen waren, nicht aushalten und kehrte zu ihr zurück.

Ungefähr ein Jahr vor dem Anfall wurde ich tollkühn. Ich war bei meiner Frau impotent und beschloß, es mit anderen Frauen zu versuchen – die Arbeit sausen zu lassen und Sex zu haben, wann und mit wem auch immer mir danach war. Ich entdeckte, daß ich bei anderen Frauen nicht impotent war, aber diese zufälligen sexuellen Affären waren nicht befriedigend. Sie hatten keinen Bezug zu meinem Leben.

Dann verliebte ich mich in eine jüngere Frau mit Namen Mary, die als Krankenschwester bei mir arbeitete. Eines Abends kam ich von einem Treffen mit ihr spät nach Hause und fand meine Frau sehr ärgerlich vor. Trotz ihrer Wut erzählte ich ihr von dieser neuen Beziehung. Aber ich konnte meiner Frau nicht standhalten. Sie schüchterte mich soweit ein, daß ich versprach, Mary aufzugeben, wozu ich gar nicht bereit war. Also fuhr ich fort, sie heimlich zu treffen.

Am Tag des Anfalls ging ich mit Mary etwas trinken, bevor ich nach Hause zurückkehrte. In dieser Nacht näherte sich meine Frau mir sexuell, und wir schliefen zusammen. Es war eine Ackerei. Obwohl ich eine Ejakulation hatte, verspürte ich hinterher kein Gefühl von Entspannung oder Leichtigkeit. Ich konnte nicht einschlafen. Ich spürte eine Beengung direkt unter den Rippen. Ich ging zur Toilette, weil ich dachte, falls ich meinen Darm entleeren könnte, würde das verschwinden. Der Schmerz schien abzunehmen, aber als ich in die Küche ging, kehrte er zurück. Es war ein konstanter Schmerz, und er schien zuzunehmen. Er hielt ungefähr zehn Minuten an, war aber nicht überwältigend. Trotzdem dachte ich, es könne ein Herzanfall sein. Meine Frau stand auf, und ich sagte ihr, sie solle mich ins Krankenhaus bringen. Auf dem Weg ins Krankenhaus mußte ich mich mehrmals unwillkürlich übergeben.

Im Notfallzimmer wurde ich an ein EKG-Gerät angeschlossen, aber überraschenderweise war der Schmerz ganz verschwunden. Ich war enttäuscht darüber, daß ich eine falsche Diagnose gestellt hatte. Aber dann kehrte der Schmerz zurück, und sie gaben mir Morphium. Ich schlief ein und erlitt im Schlaf einen Herzstillstand. Die Ärzte leiteten den Herzschlag wieder ein, aber ich hatte Kammerflimmern, und es bereitete ihnen Schwierigkeiten, den Rhythmus stabil zu halten. Als ich aufwachte, betrachtete ich die Unregelmäßigkeiten auf dem Monitor mit einem Galgenhumor. Es war mir wirklich egal, ob ich lebte oder starb. Es war mir peinlich gewesen, als ich dachte, daß ich eine falsche Diagnose gestellt hätte, und ich war erleichtert darüber, daß man einen Herzanfall feststellte. Es war ein Hinterwandinfarkt.

Ich dachte: »Kann ich diese Ehe wirklich überleben?« Ich hatte das Gefühl, daß der sexuelle Kontakt mit meiner Frau, der erste, seit ich Mary verleugnet hatte, mein endgültig letzter Selbstbetrug war.

Ein weiteres Ereignis, das mir das Herz brach, war dem Anfall vorangegangen. Ich hatte zusammen mit einigen Mitarbeitern Pläne, eine Klinik zu bauen. Unmittelbar vor dem Herzanfall wurde das Unternehmen zu einer finanziellen Katastrophe. Ich mußte meinen Traum aufgeben und meine Leute gehen lassen. Ich fühlte mich geschlagen, und ich hatte das Gefühl, meine Frau hatte mich fest in der Hand.

Von diesem Bericht, der die gewaltigen Kräfte deutlich zeigt, die einen Herzanfall verursachen, können wir viel lernen. Die letzte Bemerkung zeigt einfach, wie sehr sich Ralph in seiner Ehe festgefahren fühlte. Aber in der Klemme zu sein, kann nicht als entscheidender Faktor für den plötzlichen Anfall gelten. Menschen fühlen sich in unglücklichen Ehen oder anderen Situationen jahrelang festgefahren, ohne daß etwas Dramatisches geschieht. Meiner Meinung nach ist der Auslöser die Vereitelung eines plötzlichen Impulses, auszubrechen. Diese Vereitelung läßt den Menschen mit einem Gefühl von Hoffnungslosigkeit zurück. Man kann solange ertragen, in einer schmerzlichen Situation festgefahren zu sein, wie man noch Hoffnung im Herzen verspürt. Ein Sprichwort sagt, daß die Hoffnung solange lebt, wie das Herz schlägt. Das heißt Herzstillstand ist gleichbedeutend mit Hoffnungslosigkeit. Ralphs Herzanfall war wie ein Todesbote, und sein Auftreten muß mit der Hoffnungslosigkeit in Zusammenhang gestanden haben. Er erlitt tatsächlich einen Herzstillstand.

Wie gehören bei unserer Auffassung vom Herzen Liebe und Hoffnung zusammen? Ist Hoffnung im Grunde die Hoffnung auf Liebe, die Hoffnung auf einen sinnvollen und erfreulichen Bezug zum

Leben, zu unserer Umwelt, zu einem oder mehreren bestimmten Menschen in dieser Welt? Lebenslängliche Gefangenschaft ist kein Todesurteil, wenn der Gefangene solche sinnvollen Bezüge zu seinen Mitinsassen und dieser besonderen Welt herstellt. Aber die meisten lebenslänglich Gefangenen haben die Hoffnung, entlassen zu werden. Wir werden diesen Aspekt des Themas im nächsten Kapitel erneut aufgreifen. Hier konzentrieren wir uns auf die Rolle, die Angst und Panik bei der Auslösung eines Herzanfalls spielen. Warum konnte Ralph seiner Ehe nicht entkommen? Was hielt ihn davon ab? (Wovor hatte er Angst?) Ich erfuhr später, daß er sich nach einiger Zeit doch von seiner Frau scheiden ließ. Wir müssen erkennen, daß die wirkliche Falle in uns selbst liegt, daß das Herz in einen festen Käfig eingesperrt ist und sich danach sehnt, frei zu sein, um nach Liebe ausgreifen zu können. Aber der Ausbruch aus diesem Gefängnis wird den Schmerz über das gebrochene Herz und die Angst vor dem Verlassenwerden wachrufen, wodurch ein Mensch in Panik geraten und den Impuls zum Ausbrechen beiseite schieben kann. Den Impuls, nach Liebe und Freiheit auszugreifen, wegzustopfen, heißt real, daß wir das Herz unter einen Druck setzen, der zum Spasmus einer der Koronararterien führen kann.

Der Spasmus ist meiner Meinung nach der Schlüssel zum Verständnis des Herzanfalls. Die Erkrankung der Herzgefäße in Form von atheromatösen Plaques und einer Verdickung der Arterienwand macht die Arterie für eine Attacke anfällig, ist aber selten als solche für einen Totalverschluß der Arterie verantwortlich. Zwei Beobachtungen stützen diese Sichtweise. Menschen können jahrelang unter schwerer Herzgefäßerkrankung leiden, ohne daß es zu einem Anfall kommt. Und andrerseits kann ein Mensch ohne jede Vorgeschichte in Herzgefäßerkrankungen einen Herzinfarkt erleiden. Somit müssen wir die Frage stellen, was den Spasmus verursacht. Spasmen verlaufen im Muskelgewebe anders als im Herzgefäß. Wenn ein großer gestreifter Muskel von einem Spasmus befallen wird, nennen wir ihn Krampf. Wir alle haben einen solchen Muskelkrampf in den Beinen bei plötzlichen, schnellen oder ungewöhnlichen Bewegungen schon einmal erlebt. Zu solchen Spasmen kommt es nicht in Muskeln, die vollkommen entspannt oder stark kontrahiert sind. Im letzten Fall sind ungewöhnliche Bewegungen nicht möglich, während wir im ersten Fall jede Bewegung machen können. Zu einer ungewöhnlichen Bewegung kommt es, wenn ein angespannter Muskel anfängt, sich zu entspannen, das heißt, sich frei zu bewegen. Der vorübergehende Kontrollverlust ruft eine Angstreaktion in dem verspannten Muskel hervor, die einen Spasmus im Muskel auslöst. Glücklicherweise sind solche Spasmen oder Krämpfe nicht gefährlich und verschwinden bei etwas Entspannung. Die Situation ist ernster, wenn das gleiche in einer Koronararterie abläuft.

Das Opfer eines Herzanfalls ist sich dieser Abfolge von Ereignissen selten bewußt. Der Betroffene mag erkennen, daß er sich in einer festgefahrenen Situation befindet, aber oft spürt er die überwältigende Panik gar nicht, die der Wunsch auszubrechen hervorruft. Diese Panik ist die gleiche Panik, die er in der Kindheit als Reaktion auf sein gebrochenes Herz erlebt hat, und so wie damals reagiert er auch jetzt auf die Drohung, der seine Gefühle ihn aussetzen, indem er den Atem anhält und seinen Körper auf der tiefsten Ebene, nämlich im Herzen, bewegungsunfähig macht.

Cousins Herzanfall illustriert diesen Verlauf der Ereignisse. Wie er angibt, kam es zu seinem Anfall am Tag, nachdem er erkannt hatte, daß er überhaupt keine Lust hatte, eine weitere hektische Geschäftsreise anzutreten, obwohl er schon in wenigen Tagen abreisen sollte. Sein Wunsch, sich seinen Verpflichtungen zu entziehen, schien nicht sehr stark zu sein, weil er weder protestierte noch seinen Ärger darüber, sich in der Klemme zu fühlen, ausdrückte. Selbst als der Anfall auftrat, geriet er weder in Panik, noch schrie er vor Schmerzen auf. Stattdessen akzeptierte er die Situation auf seine typisch gutmütige Art. Aber sein Gleichmut war nur äußerlich; innerlich hatte etwas ihm das Herz gebrochen.

George Engel, ein Psychiater und Internist, hat die Ereignisse, die seinem eigenen Herzanfall vorausgingen, zu dem es fast genau ein Jahr nach dem Tage kam, an dem sein Zwillingsbruder Frank im Alter von neunundvierzig Jahren an einem Herzanfall starb, ziemlich detailliert aufgeschrieben. Sein Bericht wirft ein gutes Licht auf die Rolle, die unbewußte Schuldgefühle und Feindseligkeit bei der plötzlichen Auslösung eines Herzanfalls spielen.

Der Vater der Zwillinge war zwei Tage vor seinem neunundfünfzigsten Geburtstag an einem Herzanfall gestorben. Er starb zu Hause und ließ den fünfzehnjährigen George mit einem – wie er es ausdrückt – »deutlichen Gefühl von Unwirklichkeit« und der Überzeugung zurück, daß er wie sein Vater seinen neunundfünfzigsten Geburtstag nicht erleben würde.

Als Kinder waren Frank und George sich so ähnlich gewesen, daß ihre Eltern Schwierigkeiten hatten, die beiden auseinanderzuhalten. Ihre Beziehung war nach Georges Worten »eng, intensiv, aber auch von außergewöhnlicher Rivalität geprägt«. Beide Jungen gingen auf dieselbe Schule und strebten die gleiche Karriere an. Frank wurde Professor für Medizin und Pathologie an der Duke Universität, und George wurde Professor für Medizin und Psychiatrie an der Universität von Rochester.

Franks Tod im Alter von neunundvierzig Jahren trat völlig unerwartet ein. Nur wenige Stunden, nachdem er vom Tod seines Bruders gehört hatte, verspürte auch George Schmerzen in der Brust. Eine medizinische Untersuchung eine Woche später ergab, daß ein Herzleiden vorlag. Mehrere seiner Träume aus dieser Zeit zeigten Verwirrung darüber, ob er oder sein Bruder gestorben war. George hatte das starke Gefühl, er könne Franks Tod nicht lange überleben. Aber als die Monate vergingen, begann George zu denken, daß ihm ein Anfall erspart bleiben würde, wenn er bis zum 10. Juli, Franks Todestag, keinen erlitt. Zu seinem eigenen Anfall kam es am 9. Juli.

Am Tag des Anfalls war George mit jemandem verabredet, den er stark mit seinem Bruder gleichsetzte. Er freute sich nicht auf dieses Treffen, und ihm wurde im Nachhinein klar, daß er sich die ganze Woche über beschäftigt hielt, um nicht daran denken zu müssen. Das Treffen war für den Abend des 9. Juli vereinbart. Es kam nie dazu. Nachmittags um 15.30 Uhr hatte George seinen Herzanfall.

»Meine Reaktion auf den Anfall war eine große Erleichterung«, schreibt er. »Ich fühlte mich gelassen und ruhig. Nicht nur, daß ich dem unerfreulichen Treffen entkommen war; ich mußte auch nicht länger auf den Anfall warten.«

Diese Reaktion mag uns merkwürdig erscheinen, kommt aber, wie wir gesehen haben, bei den Opfern von Herzanfällen ziemlich häufig vor. Die Angst, die George wegen eines möglichen Anfalls verspürte, war für ihn eindeutig mit mehr Streß verbunden als der Anfall selbst. Vielleicht trug diese Angst dazu bei, daß er für eine Attacke anfällig wurde, aber sie hatte auch noch andere Wurzeln. Das wurde deutlich, als George sich, während er von seinem Anfall genas, im Radio eine Aufführung von *Hamlet* anhörte.

Plötzlich kam mir der Gedanke, daß ich eine bemerkenswerte neue Einsicht in das Stück gewonnen hatte. Hamlets Onkel hatte seinen Bruder gar nicht erschlagen. Das war lediglich Hamlets Phantasie. Ich war erstaunt, daß ich diese »Tatsache« nie zuvor richtig begriffen hatte und fühlte, wie mich diese Entdeckung erheiterte. Natürlich erkannte ich meinen Fehler und seine Folgen schnell. Ich war überhaupt nicht verantwortlich für Franks Tod!

George verließ die Klinik, erholte sich ein paar Monate lang daheim und kehrte zu einem Berg von Arbeit zurück.

Der Leser mag sich wundern, wie George sich für den Tod seines Bruders verantwortlich fühlen konnte, weil es für diesen Gedanken keine rationale Basis gab. Wer jedoch mit psychoanalytischem Denken vertraut ist, wird erkennen, daß Georges Verantwortlichkeitsgefühl dem unbewußten Wunsch entsprang, Frank möge sterben. Wie George zugibt, war die Rivalität zwischen den Brüdern enorm. George erinnert sich, daß er in einem Wutanfall seinen Bruder einmal mit einem Tranchiermesser verfolgt hatte und vom Koch entwaffnet werden mußte. Als Erwachsene machten sie aus, sich niemals mit der Freundin des anderen zu verabreden. Diese Rivalität hat ihre Wurzeln zweifellos in der Kleinkindzeit, dem Wunsch beider Säuglinge, die Mutter ganz für sich zu haben. Unter Tieren geht es bei diesen Rivalitätskämpfen oft ums Überleben, wenn nicht genügend Nahrung vorhanden ist. Unter Menschen zeigt sich darin eher eine sexuelle Rivalität.

Wie Norman Cousins hatte auch George Engel Schwierigkeiten, mit negativen Gefühlen umzugehen und unterdrückte sie. Unter diesen Umständen kommt es zu Ängsten, wenn solche Gefühle ins Bewußtsein treten und möglicherweise ausgedrückt werden wollen. Das passierte in Georges Fall in der Woche, die Franks Todestag voranging. Man könnte sagten, George glaubte, dafür bestraft werden zu müssen, daß er Franks Tod wünschte.

In den Jahren nach seiner eigenen Koronarthrombose schob George jeden weiteren Gedanken an Schuldgefühle wegen des Todes seines Bruders beiseite. Am fünften Jahrestag von Franks Tod hatte er jedoch einen Angsttraum, den er beschrieb als »Schmerz der Schuld und des Verlusts über Franks Tod und die Erleichterung über mein eigenes Überleben«. Ein weiterer Traum am fünften Jahrestag seines eigenen Anfalls machte ihn ziemlich deprimiert, ein emotionaler Zustand, den er dem Konflikt zwischen seiner Sehnsucht nach einer Wiedervereinigung mit seinem Bruder und der Rivalität zwischen ihnen zuschrieb. Zwei weitere Vorfälle in den folgenden Jahren – das Gefühl, Frank sei gar nicht gestorben, und ein plötzlicher Anfall von extremer Müdigkeit, der auf die Minute genau sieben Jahre nach seiner eigenen Koronarthrombose auftrat – zeigten, daß George auf einer unbewußten Ebene immer noch weiterkämpfte.

George Engel nennt seine Angst, nicht länger zu leben als bis zum Alter von achtundfünfzig Jahren, dem Alter, in dem sein Vater gestorben war, seinen »Nemesiskomplex«. Solche Ängste nennt man auch »Jahrestagsreaktionen«. Olin, der eine spezielle Untersuchung über Jahrestagsreaktionen durchgeführt hat, beschreibt sie als »psychobiologische Reaktion auf die Erinnerung an den genauen Zeitpunkt eines belastenden Ereignisses in der Vergangenheit, die unweigerlich zukünftige Symptome hervorruft… körperliche Krankheiten wie Herzanfälle; Gefühlskrankheiten wie Depressionen; und Verhaltenskrankheiten wie Drogen- oder Arzneimittelmißbrauch.«[47] Olin bezieht sich auf seine eigenen Fälle und berichtet auch von einigen bekannten Persönlichkeiten. Sein Bericht über Elvis Presley ist hier besonders relevant. Auch Presley war ein überlebender Zwilling und sehr mit seinem toten Bruder beschäftigt.

Darüber hinaus hingen, so Olin, »Elvis und seine Mutter sehr aneinander. Als sie am 14. August 1958 im Alter von 42 Jahren starb, sagte er: ›Mein Leben ist zu Ende.‹ Neunzehn Jahre später, am 6. August 1977, starb er im Alter von 42 Jahren.«[48] Das Nemesis-Jahr für George Engel war sein achtundfünfzigstes Lebensjahr, das Alter, in dem sein Vater gestorben war. In diesem Jahr dachte er immer häufiger an seinen Vater und erkannte, wie sehr er sich mit ihm identifizierte. Auf einem Foto, das seine Frau um diese Zeit von ihm machte, nahm George eine Pose ein, in der er seinem Vater so sehr glich, daß man sie für Zwillinge hätte halten können. Der schicksalhafte Tag, an dem sein Vater gestorben war, war der 12. Dezember, zwei Tage vor des Vaters Geburtstag und zwei Tage nach Georges eigenem Geburtstag. Im September begann George einige warnende Symptome zu zeigen – zunehmende Schwäche, Müdigkeit, Kurzatmigkeit bei Anstrengungen und Phasen von beschleunigter Herztätigkeit. Er achtete nicht darauf, bis sein Arzt, dem seine Blässe auffiel, ihn sofort ins Krankenhaus einwies. Seine Symptome erwiesen sich als eine Anämie, die durch große Mengen von Blutverlust aus blutenden Hämorrhoiden verusacht wurde. Der Blutverlust war so groß, daß er lebensbedrohlich war. George mußte eine Transfusion von zwei Blutkonserven erhalten und brauchte zwei Wochen, um sich zu erholen. »Aber war es nur so, daß ich Krankheit verleugnete?« fragt er. »Oder könnte es sein, daß ich Krankheit als wohlverdientes Schicksal akzeptierte, ebenso wie ich acht Jahre früher meinen Herzanfall passiv hingenommen hatte?«[49] Unser Interesse an diesem Fall bezieht sich auf die Rolle, die kritische Jahrestage bei plötzlich eintretender Krankheit spielen. Engel schreibt: »In dieser psychodynamischen Situation wurde die Kalenderzeit in Form von Jahrestagen zum äußeren Stimulus, allzeit bereit, den schrecklichen Kampf auf Leben und Tod wieder aufleben zu lassen.«[50] Für ihn ging es um den Kampf zwischen Liebe und Haß, zunächst mit seinem Zwillingsbruder und dann mit seinem Vater um die Liebe seiner Mutter. Aber darf ein Junge es wagen, in seiner Männlichkeit den Vater zu übertreffen? Den Vater zu besiegen bedeutet, die Mutter zu besitzen, ein Verbrechen, das jenseits der Grenzen des Erlaubten ist.

Wir werden erwachsen und lassen in gewisser Weise unsere Väter hinter uns, aber das Kind in uns, das vergessene Kind, das mit dem Herzen verbunden ist, bleibt dasselbe. Durch die Spaltung in den Erwachsenen-Ich-Aspekt unserer Persönlichkeit und den Kinder-Herz-Aspekt werden unsere tiefsten Gefühle auf das Niveau eines Sechsjährigen am Ende der ödipalen Phase festgelegt. Auf dieser Ebene darf ein Junge seinen Vater nicht übertreffen, noch darf er ihn überleben, weil auch das ein Zeichen von Überlegenheit wäre. Denn ein besserer Mann als der eigene Vater zu sein heißt, die Mutter zu besitzen. In manchen Fällen ist diese Aussicht so entsetzlich, daß scheinbar keine andere Alternative bleibt als zu sterben.

Der Nemesiskomplex kommt bei Männern häufiger vor als bei Frauen und bezieht sich meistens auf den Vater. Auch wenn er zu Krankheit führen kann, endet er glücklicherweise nicht immer mit dem Tod. In Georges Fall verursachte der drohende Durchbruch unbewußter Feindseligkeit gegenüber Bruder und Vater (»Ich bin froh, daß du tot bist. Jetzt gehört das Ruhmesfeld mir ganz allein.«) eine Panikreaktion, die zu einem Herzgefäßspasmus führte. Meiner Meinung nach muß jeder Herzanfall als eine Panikreaktion auf der unbewußten Ebene interpretiert werden.

Die Panikreaktion, wie sie oben beschrieben wird, geht dem Anfall voraus oder findet gleichzeitig statt. Kommt es erst einmal zum Anfall, nimmt die Panik ab, zumindest zeitweise. Es ist erstaunlich, wie selten Patienten in Panik geraten, wenn sie erfahren, daß sie einen Herzanfall haben. Tatsächlich verspüren viele Erleichterung. Endlich ist der Kampf vorbei.

Ein Schlüssel, um Herzanfällen vorzubeugen, ist, Panik vorzubeugen. Norman Cousins ist sich der Gefahr von Panik für das Herz sehr bewußt, besonders wenn jemand eine Koronarthrombose erlitten hat. »Panik verstärkt untergründige gesundheitliche Probleme«, schreibt er. »Panik kann die Blutgefäße zu Kontraktion veranlassen, den normalen Herzrhythmus unterbrechen und sogar einen Herzinfarkt hervorrufen.«[51] Man kann mit der Panik, die ein Mensch verspürt, zurechtkommen, indem man ihn beruhigt und ihm das Gefühl nimmt, alleine zu sein. Aber was können wir für den panischen Menschen tun, der seine Panik überhaupt nicht spürt?

Zuerst einmal müssen wir uns fragen, wie so etwas überhaupt möglich ist. Wie wir gesehen haben, läßt eine Spaltung in Körper und Geist zu, daß Gefühle auf der physiologischen Ebene auftreten, ohne auf der bewußten Ebene überhaupt wahrgenommen zu werden. Auf diese Weise kann ein Mensch seine Schultern hochziehen, den Atem anhalten und die Augen weit aufreißen – mit anderen Worten, alle Anzeichen von Angst zeigen –, ohne sich bewußt zu sein, daß er sich fürchtet. Sitzt die Angst tief und ist chronisch, erstreckt sie sich bis in die inneren Organe und das innere Gewebe. Die weiche Muskulatur der Bronchien und Arterien wird spastisch, die Koronararterien werden rigide, und der Schauplatz ist bereitet für einen Herzanfall, der bei jeder angstvollen oder panischen Reaktion erfolgen kann.

Wenn einem Menschen die Angst oder Panik, die er in sich trägt, bewußt gemacht werden kann, ist die Wahrscheinlichkeit geringer, daß er einen Herzanfall bekommt. Menschen, die auf der bewußten Ebene Panik ausgesetzt sind, leiden nicht körperlich, sondern emotional, denn es ist eine generelle Regel, daß emotionale Krankheit körperliche Krankheit ausschließt. Es gibt eine Fülle an klinischem Material, das diese Beobachtung belegt. Alle Psychiater haben mit Patienten gearbeitet, die unter oft schweren Ängsten leiden. Von keinem dieser Fälle wurde jemals berichtet, daß er zu einem Herzanfall führte. Ich habe einmal einen jungen Mann behandelt, der so große Ängste hatte, daß sie sein Leben ernsthaft behinderten und ihn dahin brachten, an Selbstmord zu denken. Ihm war bewußt, daß seine Ängste in gewisser Weise mit einer mörderischen Wut zu tun hatten, die er auf seinen Vater aber auch auf mich als Vater-Ersatz hatte. Zu manchen Zeiten übertrugen sie sich auch auf andere Autoritätspersonen. Seine Ängste stammten von der Furcht, seine Wut könne unerwartet hervorbrechen und verheerende Folgen haben. Da er sich seiner Wut jedoch bewußt war, war er kein Kandidat für einen Herzanfall.

Um dieses Problem zu behandeln, muß man Wut in Ärger umwandeln, eine Emotion, die in die Persönlichkeit integriert und rational gehandhabt werden kann. Aber zunächst muß der Patient seiner Wut an einem Bett oder einem anderen geeigneten Gegenstand freien Lauf lassen. Er kann sich an dem Bett nach Herzenslust austoben, ohne sich schuldig fühlen zu müssen, weil er jemanden verletzt. Wenn er dann den Druck erst einmal los ist, kann er anfangen, sich mit seinem Ärger zu identifizieren und ihn in Situationen angemessen auszudrücken, die eine ärgerliche Reaktion verlangen.

Therapie strebt Selbstbeherrschung an, trotz der Tatsache, daß der Patient häufig ermuntert wird, sich seinen Gefühlen hinzugeben. Darin liegt kein Widerspruch, denn Selbstbeherrschung beinhaltet die Fähigkeit, in bestimmten Situationen die Kontrolle aufzugeben. Wir sollten zum Beispiel nicht zulassen, daß wir bei Ärger die Kontrolle verlieren, außer wenn wir in einer geschützten und kontrollierten Situation sind. Andrerseits sollten wir keine Angst haben, die Kontrolle aufzugeben, wenn wir beim Sex liebevolle Gefühle ausdrücken. Um eine gesunde Selbstbeherrschung zu entwickeln, müssen wir mit unseren Gefühlen vollkommen in Kontakt sein. Das Unterdrücken von Gefühlen untergräbt wahre Selbstbeherrschung, weil dadurch die Einheit der Persönlichkeit gespalten wird. Die Verleugnung von Angst bringt uns genau mit den Dingen und Ereignissen in Kontakt, die wir fürchten. Wenn wir uns selbst davor schützen, unser gebrochenes Herz zu fühlen, und unsere Angst vor Einsamkeit verleugnen, machen wir uns anfällig für eine Attacke, die uns das Herz im wahrsten Sinne des Wortes brechen kann.

8 Der plötzliche Tod

Man schätzt, daß es in den USA jährlich ungefähr 450.000 plötzlich eintretende Todesfälle gibt, das sind 25 Prozent der gesamten Todesfälle.[52] Nach De Silva und Lown, die dieses Phänomen untersucht haben,»wird das typische Opfer, von dem man bis zu diesem Ereignis meistens annimmt, daß es ihm gutgeht, mitten in seinen üblichen Tätigkeiten schnell dahingerafft.«[53] De Silva und Lown definieren diese Todesfälle als solche,»die sofort eintreten oder innerhalb von etwa sechs Stunden nach dem Auftreten akuter Symptome und Anzeichen.«[54] Man neigt zu der Annahme, daß ein Herzanfall die Ursache ist, aber oft wird bei einer Autopsie weder ein Myokardinfarkt noch eine akute Koronarthrombose (oder Klümpchen) in einer der Koronararterien vorgefunden. Das Opfer eines plötzlichen Todes hat jedoch mit anderen Herzgefäßpatienten Risikofaktoren gemein wie etwa Typ A-Verhalten, erhöhter Blutdruck, hoher Cholesterinspiegel und Muskelrigidität, einhergehend mit einem aufgeblähten Brustkorb.

Es ist jetzt allgemein anerkannt, daß bei fast jedem Fall von plötzlich eintretendem Tod der Vorgang des Kammerflimmerns den »Endmechanismus« darstellt.[55] Kammerflimmern wird definiert als »eine chaotische elektrische Depolarisierung des Herzens, die zu desorganisierten und ineffektiven mechanischen Aktivitäten mit Stillstand des Blutflusses führt.«[56] Weil der Herzschlag sehr chaotisch und schnell ist, ist das Herz unfähig, das Blut zu verteilen. Der Tod tritt innerhalb weniger Minuten ein, wenn bei dem Betroffenen nicht eine Herz-Lungen-Wiederbelebung vorgenommen und er an den Defibrillator angeschlossen wird.

Die Frage, die wir hier zu beantworten versuchen wollen, lautet: Was veranlaßt ein Herz, das normal schlägt, eine tödliche Arrhythmie, einen unregelmäßigen Rhythmus zu entwickeln? Vorher müssen wir noch wissen, daß das gesunde Herz nicht wie eine Uhr schlägt. Wie wir bereits gesehen haben, beschleunigt oder verringert sich der Herzschlag entsprechend dem Blutbedarf des Körpers.

Deswegen kann bei einem Menschen, der eine anstrengende körperliche Arbeit verrichtet, der Herzschlag von siebzig Schlägen pro Minute im Ruhezustand auf bis zu 130 Schläge ansteigen. In einem Zustand von Entspannung und Muße verlangsamt sich der Herzschlag. Aber körperliche Aktivität ist nicht die einzige Ursache für einen beschleunigten Herzschlag. Sämtliche emotionalen Zustände haben direkten Einfluß auf das Herz. Liebe kann das Herz ebenso wie Angst veranlassen, schneller zu schlagen. Solche Reaktionen sind keine Arrhythmie, sondern Variationen des normalen Rhythmus und somit auch nicht pathologisch.

Das gelegentliche Aussetzen eines Herzschlags ist eine verbreitete Form von Arrhythmie. Wahrscheinlich hat das jeder schon einmal erlebt, weil es auch bei einem ganz gesunden Herzen auftreten kann. Aber das Herz setzt nicht zufällig einen Schlag aus. Herzflattern weist ebenso auf Ängste hin wie das Grummeln im Magen. Im Fall eines einzigen ausgelassenen Herzschlags können die Ängste so gering sein, daß sie gar nicht wahrgenommen werden. Andrerseits ist es fast unmöglich, sich nicht ängstlich zu fühlen, wenn das Herz zu flattern beginnt.

Unter normalen Umständen ist der Herzschlag eine wellenförmige Kontraktion, die sich systematisch im Herzmuskel ausbreitet. Ihm gehen gewisse elektrische Phänomene voraus, die die Kontraktion der jeweiligen Muskelzellen auslösen. Das Elektrokardiogramm spricht auf die elektrische Komponente dieser Welle an und informiert uns darüber, ob ihr Verlauf gestört ist. Die Ursache eines plötzlichen Todes als elektrische Instabilität zu bezeichnen, heißt jedoch, vom Herzen in rein mechanischen Begriffen zu denken. Weder der Mensch noch sein Herz ist ein elektrisches System, auch wenn es in bezug auf körperliche Abläufe einen elektrischen Aspekt gibt.

Meine These ist, daß das unstabile Herz bei einem unstabilen Menschen vorkommt. Emotionen sind das Lebenselixier des Körpers. Ein liebevoller Mensch hat ein offenes und liebevolles Herz, ein gleichgültiger Mensch ein kaltes und verschlossenes Herz. Jede Instabilität weist auf eine Störung der Gesamtpersönlichkeit hin.

Die Funktionsweise des Defibrillators zeigt uns den emotionalen Schlüssel zum Kammerflimmern, die Panik. Der Defibrillator ist ein

Gerät, das mit Hilfe elektrischer Stromstöße dem Herzen einen Schock versetzt. Wie der feste Klaps, der eine in Panik geratene Person schnell in die Wirklichkeit zurückbringt, wird durch den Schock die gesamte Herztätigkeit sofort gestoppt, was in den meisten Fällen dazu führt, daß der Herzrhythmus wiederhergestellt wird. In seltenen Fällen müssen zwei oder mehrere Schocks verabreicht werden, damit der normale Rhythmus wiederhergestellt wird.

In vielen Fällen besteht zwischen Panik und plötzlichem Tod ein direkter Zusammenhang. Man weiß von Menschen, die mit Feuer oder anderen Naturkatastrophen konfrontiert wurden, dabei in Panik gerieten und an einem Herzanfall starben. In erster Linie mag ihr Herz nicht so stabil gewesen sein, aber auch die Betreffenden selbst waren emotional vielleicht weniger stabil als andere, die ruhig blieben und das Ereignis überlebten.

Panik stellt den Kampf gegen das Gefühl dar, in einer lebensbedrohlichen Situation gefangen zu sein. Wenn der Organismus den Kampf aufgibt und sein Schicksal akzeptiert, verschwindet die Panik. Experimentelle Ergebnisse aus Untersuchungen mit Tieren belegen diese Sichtweise nachdrücklich. In einer Untersuchung, von der De Silva und Lown berichten, wurden Hunden Elektroschocks verabreicht, denen sie nicht ausweichen konnten. Obwohl die Hunde ganz normale Herzen hatten, zeigten sie eine um mehr als vierzig Prozent gesteigerte Anfälligkeit für Kammerflimmern. Ihr Herzschlag beschleunigte sich, und auch ihr Blutdruck und der »Kampfhormon«-Spiegel in ihrem Blut stiegen an. All diese physiologischen Veränderungen wiesen auf eine vermehrte Aktivität im sympathischen Nervensystem hin, dem Teil des autonomen Nervensystems, das ein Tier auf Kampf oder Flucht vorbereitet. Bei den Hunden, deren Herzen schon vorher durch verstopfte Koronararterien geschädigt waren, rief die Schockkonditionierung Kammerflimmern hervor.

Forscher fanden heraus, daß diese Wirkungen durch Verfahren aufgehoben werden konnten, mit denen das sympathische Nervensystem blockiert wird. Medikamente wie Propanolol und Tolamolol, die das sympathische Geschehen hemmen, schützten die Tiere, die unter Herzgefäßverschluß litten, vor Kammerflimmern. Das Durchschneiden der sympathischen Nerven, die zum Herzen verlaufen, hatte einen ähnlichen Effekt. Und Morphium, das Schmerzen dämpft, erwies sich als bedeutender Schutz vor Flimmern bei Tieren, die bei Bewußtsein waren und unter Streß litten. All diese Verfahren hatten den Effekt, daß die Angstreaktion reduziert oder verhindert wurde.[57]

Der folgende Fallbericht über ein vierzehnjähriges Mädchen, das das Bewußtsein verlor, als es eines Nachts von einem Donnerschlag geweckt wurde, zeigt ganz drastisch, welche Rolle Angst beim Zustandekommen des Kammerflimmerns spielt. Nach diesem Erlebnis erlitt das Mädchen jedesmal dann einen Anfall von Kammerflimmern und verlor das Bewußtsein, wenn sie vom Klingeln eines Weckers, dem Herunterfallen eines größeren Gegenstands oder einem anderen lauten Geräusch geweckt wurde. Diese Anfälle waren kurz und gingen von selbst vorbei, und eine sorgfältige Untersuchung brachte keinerlei Herzabnormität zutage.[58] Es wurde angenommen, daß ein elektrisch unstabiles Herz sie für diese Anfälle prädisponierten. Leider wurde das Mädchen nicht eingehend psychologisch untersucht, um seinen emotionalen Zustand zu bestimmen. War sie ein verängstigter Mensch? Litt sie unter Alpträumen? Hatte sie in ihrer Kindheit irgendein emotionales Trauma erlitten?

Lown berichtet von einem ungewöhnlichen Fall, in dem Angst beim plötzlichen Tod eines neununddreißigjährigen Mannes eine Rolle spielte, dessen Herz organisch normal war. Das Kammerflimmern trat im Schlaf der frühen Morgenstunden auf, während der Mann in einer Schlafklinik zur Beobachtung war. Er war mit der Beschwerde in die Klinik gekommen, daß er um diese Zeit meistens Träume mit gewalttätigem Inhalt hatte. Bei seinem Tode bestätigte das Elektroenzephalogramm, an das er routinemäßig angeschlossen war, daß große Unregelmäßigkeiten des Herzschlags mit seiner REM- (oder Tiefschlaf-) Phase zusammen auftraten.[59]

In *The Healing Heart* bezeichnet Norman Cousins Panik als »den schlimmsten Feind«[60], vor allem die Panik, die Patienten verspüren, wenn sie erfahren, daß sie eine schwere Krankheit haben. Er sagt (und ich stimme damit überein), »daß in der Behandlung schwerer Krankheiten nichts wichtiger ist, als den Patienten von

171

Panik und schlimmen Vorahnungen zu befreien.«[61] Der »plötzliche Katecholamin-[Epinephrin-]stoß [zu dem es bei Panik kommt] kann ein weites Spektrum an plötzlichen, negativen Reaktionen einleiten, wobei Herzschwäche und die Verengung von Blutgefäßen nicht ausgeschlossen sind«.[62] Alles, was die Panik verringern kann – wie menschlicher Kontakt, Unterstützung und Trost –, ist hilfreich. Cousins spezielles Gegenmittel ist Lachen, das sich für ihn in seinem eigenen Leben ebenso wie in seiner Arbeit mit Patienten als nützlich erwiesen hat. Wie Weinen fördert auch Lachen die Atmung, wodurch der Körper und das Herz mit dem notwendigen Sauerstoff versorgt werden.

Cousins schildert einen Fall, der die zerstörerische Wirkung von Panik auf die Herztätigkeit ganz anschaulich belegt. Bei diesem Fall geht es um einen jungen Mann, der im Rahmen einer medizinischen Routineuntersuchung ein Kardiogramm machen ließ. Zu seiner großen Überraschung zeigte das Kardiogramm an, daß er einmal einen Herzanfall erlitten haben müsse. Der junge Mann, der dachte, bei ausgezeichneter Gesundheit zu sein, verneinte, von solch einem Vorfall auch nur im geringsten zu wissen. Aber in der darauffolgenden Nacht hatte er das erste Mal Schmerzen in der Brust und geriet in Panik. Die nächsten drei Tage waren ein Alptraum. Er nahm fünfzehn Pfund ab und wurde von Todesgedanken gequält. Ein Belastungstest ergab eine Herzschwäche, und ein Angiogramm zeigte an, daß eine der Koronararterien geschädigt war. Eine Bypass-Operation wurde empfohlen.

Cousins erinnert sich, wie er dem jungen Mann half, seine Panik zu überwinden, indem er ihm versicherte, daß sein Herz gut arbeiten würde, wenn er Vertrauen faßte und Körperübungen machte. Bei einem folgenden Belastungstest zeigte der junge Mann keinerlei Herz- oder Atmungsprobleme. Sechs Monate später, in denen er einen vernünftigen Lebensstil sowie ein vorbeugendes Gesundheitsprogramm befolgt hatte, zeigte ein zweites Angiogramm keine Spur eines Schadens. Es kam bei dem jungen Mann niemals zu einer Bypass-Operation.

Dieser Fall ist nicht nur als Beispiel für die Selbstheilungskräfte des Herzens interessant, die wirken, wenn emotionale Belastungen reduziert oder ausgeschaltet werden, sondern auch zur Veranschaulichung der Tatsache, daß Panik, wenn sie offen ausgedrückt wird, nicht tödlich sein muß. Dieser Mann lebte drei Tage lang ununterbrochen in einem Zustand von Panik, ohne daß es bei ihm zu Kammerflimmern kam. Die bewußte Erfahrung seiner Panik mag seinen ganzen Körper in Mitleidenschaft gezogen haben, ließ das Herz aber aus. Ich habe in diesem Buch immer wieder betont, daß es die Unterdrückung von Gefühlen ist, die somatische Erkrankungen hervorruft.

Mir selbst begegnete ein Fall von plötzlichem Herzstillstand, bei dem die Unterdrückung von Gefühlen ziemlich offensichtlich war. Der Betroffene war ein früherer Patient von mir namens Benjamin, und das Ereignis, das den jähen Tod auslöste, war – wie ich später von seiner Frau erfuhr – die unwillkommene Aussicht, pensioniert zu werden. Mit Pensionierungen gehen mehr Herzanfälle einher als mit jedem anderen Ereignis im Leben.

Benjamin war rund dreißig Jahre davor bei mir in Behandlung gewesen, und ich war mit ihm all die Jahre in Verbindung geblieben. Man hätte ihn auf keinen Fall als A-Typ beschreiben können. Er war weder auf Konkurrenz aus noch aggressiv, stand nicht unter Leistungsdruck und arbeitete auch nicht unter Zeitdruck. Auch litt er nicht unter mangelnder Selbstachtung. Er fühlte sich eher überlegen, was auf seinem großzügigen Wesen, seiner Sensibilität für Menschen und seinem gebildeten Verstand beruhte. Er war Autodidakt, aber seine Ausbildung war gründlich gewesen. Trotzdem wußte er, daß es ihm hinter seiner Fassade an Selbstvertrauen fehlte und er zur Passivität neigte. Er war sechsundsechzig Jahre alt und stand kurz vor der Pensionierung von seiner Stellung als Vorarbeiter in einer Maschinenfabrik, als er plötzlich starb.

Das geschah wie folgt: Eines Morgen unter der Woche kam ein Freund mit seinem Wagen bei Benjamin vorbei, um ihn zum Bahnhof zu bringen. Auf dem Weg dorthin kippte Benjamin einfach um. Sein Freund fuhr ihn nach Hause und rief einen Krankenwagen. Er holte auch Benjamins Frau, die ihren Mann bei ihrer Ankunft zu Hause auf dem Rasen liegend vorfand, während die Notfallärzte versuchten, ihn wiederzubeleben. Ihre Anstrengungen waren vergeblich. Eine Autopsie ergab, daß die Todesursache Kammerflimmern in Verbindung mit einer Arteriosklerose war.

Benjamin hatte keine Vorgeschichte in Herzleiden und hatte sich niemals über Angina- oder Brustschmerzen beklagt. Er rauchte und führte eine sitzende Lebensweise, aber er war nicht übergewichtig. Da ich ihn gut kannte, wußte ich, daß er sehr viel Ärger unterdrückte. Er war anfällig für Herzleiden, aber das erklärte seinen plötzlichen Tod nicht. Was hatte Benjamin erlebt, das dieses schreckliche Ereignis auslöste? Seine Frau lieferte ein paar Informationen über seinen emotionalen Zustand zum Zeitpunkt seines Todes.»Am Tag bevor er starb«, erzählte sie,»sagte ich ihm, er solle zur Betriebsleitung gehen und ihnen sagen, daß er zum ersten des Jahres in den Ruhestand treten würde. Er hatte eine Zeitlang erzählt, daß er sich pensionieren lassen würde, hatte aber auch gesagt, daß er bis zum Tage seines Todes arbeiten würde. Das tat er. Er hatte ambivalente Gefühle hinsichtlich seiner Pensionierung.«

Die Pensionierung bedeutete für Benjamin, in eine andere Stadt umzuziehen, wo das Leben billiger war. Seine Frau und er hatten bereits eine Anzahlung auf ein neues Haus geleistet.»Ungefähr zwei, drei Wochen bevor er starb«, erzählte sie mir,»besuchte er ein paar Freunde, die von dem geplanten Umzug wußten. Sie erzählten mir, er habe zu ihnen gesagt: ›Aber ich werde nie in diesem Haus leben. Ich werde sterben.‹ Er starb, bevor der Kauf abgeschlossen war.«

Benjamin war in den letzten Jahren tief religiös geworden. Durch den Umzug in eine andere Stadt hätte er die sehr enge Beziehung zum Geistlichen der örtlichen Kirche abbrechen müssen, in der er Diakon war. Gleichzeitig hatte das Verhältnis zu seiner Frau sich verschlechtert. Ihr Sexualleben war während dieser Zeit praktisch auf Null gesunken.

Hätte Benjamin sich in der Beziehung zu seiner Frau sicherer gefühlt, wäre die Aussicht auf Pensionierung nicht so beängstigend gewesen. Aber er hatte Angst vor seiner Frau, so wie er in gewisser Hinsicht vor allen Frauen Angst hatte. Als Kind hatte seine Mutter ihn auf eine Art und Weise an sich gebunden, die verhinderte, daß er sich ganz mit seinem Vater identifizierte. Sie hatte

174

seine Aggressivität beschnitten, während sie ihn gleichzeitig ermunterte, seine sensible Seite zu entwickeln. So nahe wie er seiner Mutter war, war sein natürliches sexuelles Interesse an ihr tabu. Er fühlte sich ihr nicht in Liebe verbunden; selbst zur Zeit seines Todes beherrschte sie ihn, und er hatte Angst vor ihr. Auch seiner Frau fühlte er sich nicht verbunden. Seine wirklichen Verbindungen hatte er außerhalb des Hauses – zu seinen Mitarbeitern, den Männern, die sein Interesse für Musik mit ihm teilten, und zur Kirche. Die Aussicht, sie alle aufzugeben und auf eine Frau angewiesen zu sein, war für ihn unerträglich beängstigend. Er wußte, er konnte das nicht tun, und trotzdem konnte er auch nicht Nein sagen. Weder imstande zu fliehen noch zu kämpfen, saß er in der Klemme. Ich glaube, daß die Panik, die durch diese Situation hervorgerufen wurde, ihn umgebracht hat.

Der Fall von Carl, einem sechzigjährigen Sportjournalisten, ist ebenfalls ein Beispiel für das Trauma der Pensionierung. Carl war begeisterter Tennisspieler und körperlich gut in Form. Im Altcr von sechzig Jahren war er jedoch mit der Situation konfrontiert, daß seine Pensionierung angeordnet wurde. Er akzeptierte das mit Würde, verspürte aber auch einen beträchtlichen Ärger und Groll auf seine Arbeitgeber. Er drückte diese Gefühle nicht aus, aber sie spiegelten sich in seinen Träumen wider. Nach seiner Entlassung hatte er monatelang einen wiederkehrenden Traum, in dem er dringend gebraucht wurde. Andere Träume waren voller Sehnsucht und tiefer Traurigkeit. Eines Morgens brach er zusammen und wurde schnell ins Krankenhaus gebracht, wo man sein Leben durch sofortigen Einsatz eines Defibrillators rettete.

Die Geschichte von Paul William »Bär« Bryant, dem siegreichsten Trainer des College-Football, ging nicht so gut aus. Kurz nach seiner Pensionierung starb er plötzlich und unerwartet an einem schweren Herzanfall. Man war allgemein der Ansicht, daß er an gebrochenem Herzen starb. Football war die Liebe seines Lebens gewesen, und als er ihn aufgab, löste er auch seine lebenswichtigste Verbindung.

Wenn der Tod durch Kammerflimmern verursacht wird, können wir ihn mit Recht als eine Panikreaktion beschreiben. Herzstillstand kann aber auch ohne Kammerflimmern eintreten, vielleicht weil manche Menschen in der Lage sind, den Tod ruhig zu akzeptieren. Engel beschreibt einen Fall, von dem in der Zeitschrift *Life* berichtet wurde, bei dem es keinerlei Anzeichen von Panik gab. Der Mann, um den es in diesem Artikel ging, war um die siebzig. Unabhängig und unverheiratet, hatte er seinen Tod und seine Beerdigung bis in alle Einzelheiten vorbereitet, einschließlich der Gestaltung seiner Grabstelle. Allen, die ihn kannten, schien er guter Dinge zu sein. Eine Woche nach einer medizinischen Untersuchung, bei der sich erwies, daß er bei guter Gesundheit war, versammelte er seine Familie um sich und verteilte gegen ihren Protest sein Eigentum, wobei er sagte: »Ich brauche nichts mehr.« Engel berichtet, daß er, »als er den letzten Gegenstand los war, vor seinen erstaunten Verwandten tot umfiel.«[63]

Wenn der Tod am Ende eines erfüllten Lebens auf natürliche Weise eintritt, geht ein Mensch in Ruhe schlafen, aber es ist ein Schlaf ohne jedes Erwachen. Ein solcher Tod ist im Tierreich allgemein verbreitet, kommt aber unter zivilisierten Menschen, in denen der Wunsch zu sterben mit dem Wunsch zu leben kämpft, relativ selten vor. Eingeborene sind hingegen eher in der Lage, den Tod ohne Kämpfe zuzulassen, was besonders für den sogenannten Voodoo-Tod gilt. Mehrere Forscher haben dieses Phänomen untersucht.[64]

Voodoo-Todesfälle wurden von den Eingeborenen Südamerikas ebenso berichtet wie von denen Afrikas, Australiens, Neuseelands, Haitis und der Pazifischen Inseln. Ein Beobachter vermerkte folgendes: »Ich sah eine alte Frau einen Fluch über einen Mann verhängen. ›Du wirst vor Sonnenuntergang sterben‹, sagte sie zu ihm. Und das tat er. Bei der Autopsie konnte keine Todesursache gefunden werden.«[65]

Von einem Eingeborenen, über den ein Fluch verhängt wird, nimmt man an, daß er von bösen Geistern besessen ist, und er wird aus der Gemeinschaft verbannt. Das bewirkt den Abbruch sämtlicher Beziehungen innerhalb der Gemeinschaft, einschließlich derer zu seiner Familie. Ohne diese Verbindungen existiert er praktisch nicht und hat kein Lebensrecht. Zu sterben mag nicht seine Entscheidung sein, aber er hat keine andere Wahl. Ohne lebenswichtige Verbindungen kann das Leben nicht weitergehen. Ohne Liebe hört das Herz zu schlagen auf.

Als zivilisierte Menschen sind wir vielleicht weniger geneigt, solche Ansichten zu teilen, aber wie wir in diesem Kapitel gesehen haben, nehmen sie in Wirklichkeit für uns nur andere Formen an. George Engel hat sich vom Tod seines Vaters und seines Bruders verflucht gefühlt. Benjamin fühlte sich verflucht durch die Aussicht auf Pensionierung. J. J. Mathis berichtet vom Fall eines dreiundfünfzigjährigen Mannes, der, nachdem er über die Voraussage seiner Mutter gespottet hatte, es werde »tödliche Konsequenzen« haben, wenn er gegen ihre Wünsche verstieße, innerhalb einer Stunde plötzlich an einem akuten Asthmaanfall starb.[66]

Kinder sind besonders anfällig für die Verwünschungen eines Menschen, den sie für mächtig halten. Wenn eine Mutter zu ihrem kleinen Kind sagt: »Niemand wird dich jemals lieben, du bist einfach unmöglich«, wird es ihr wahrscheinlich glauben. Wenn der Mensch dann aufwächst und sein Ich und sein rationaler Verstand die Kontrolle seines Verhaltens übernehmen, kann er sich trotz des Fluches der Mutter für liebenswert halten, aber in seinem innersten Herzen wird er sich immer fragen, ob sie nicht doch recht hatte. Da er außerdem den Zwang verspürt, sich Liebe durch eigene Anstrengung verdienen zu müssen, wird er sich in gewisser Weise immer isoliert fühlen.

Nichts ist für ein Kind beängstigender, als sich verloren und allein auf der Welt zu fühlen. Diese Angst mag beim Erwachsenen geringer sein, aber sie verschwindet niemals ganz. Kein Tier erfährt sein Alleinsein auf die gleiche Art, denn es fühlt sich als Teil einer größeren natürlichen Ordnung. Die Angst des Menschen resultiert daraus, daß er ein Selbstbewußtsein hat, sowie aus der Tatsache, daß er von allen Wesen bei seiner Geburt das hilfloseste und abhängigste ist. Eine längere Phase mütterlicher Liebe ist der Schlüssel zum menschlichen Überleben. Wie wir im nächsten Kapitel sehen werden, ist der Verlust von Liebe so mächtig und bedrohlich, daß diejenigen, die ihn erleiden, den Wunsch zu sterben verspüren.

9 Der Lebenswille und der Wunsch zu sterben

Selbstzerstörerisches Verhalten gehört zu den Phänomenen, die am schwersten zu verstehen sind. Dieses Verhalten kommt bei Tieren relativ selten vor, ist unter Menschen aber ziemlich weit verbreitet. Menschen, die trinken, Drogen nehmen, rauchen oder zuviel essen, wissen in gewisser Weise, daß ihr Verhalten schädlich ist. Ich kenne einen Menschen, der zu sagen pflegte, daß jede Zigarette ein Nagel zu seinem Sarg sei, aber er konnte seine Gewohnheit nicht in den Griff bekommen. Später starb er an Krebs. Man kann den Gedanken nicht leugnen, daß er den Wunsch hatte zu sterben, aber das ist nicht alles. Was außerdem in diesen Menschen – wenn auch unbewußt – arbeitet, ist unterdrückter Ärger. Selbstmord ist das beste Beispiel dafür. Die meisten Psychologen bestätigen, daß der Impuls, sich selbst umzubringen, seinen Ursprung in dem Wunsch hat, einen anderen Menschen zu töten: Eltern, Partner oder frühere Geliebte. Durch die Unterdrückung dieses Wunsches aufgrund von Schuldgefühlen wendet sich der Tötungsimpuls gegen die eigene Person.

Da unterdrückter Ärger und Feindseligkeit charakteristisch für Typ A-Individuen sind, überrascht es nicht, daß diese auch deutliche Tendenzen zur Selbstzerstörung zeigen. Friedman beschreibt zwei erfolgreiche leitende Angestellte, die es versäumten, Einkommenssteuererklärungen abzugeben, ein »Versehen«, das sie ihre Stellung kostete.[67] Wollten diese Männer, die ansonsten gesund und anscheinend normal waren, erwischt werden? Will der Typ A-Mann, der einen Herzanfall erleidet, krank werden? Überraschenderweise geben einige solche Gefühle zu. Friedman erfuhr, daß über die Hälfte der Männer in seiner Untersuchung, die sich einen Infarkt zugezogen hatten, den Anfall nicht nur erwartet, sondern sich regelrecht danach gesehnt hatten. »Es ist einfach verdammt schön, hier zu liegen, keine Veranwortung zu haben und von so hübschen Schwestern umsorgt zu werden«, sagte einer von ihnen. Ein anderer gab an: »Jetzt kann ich mich aus der Firma zurückziehen und anfangen, wieder wie ein richtiger Mensch zu leben. Wissen Sie was? Ich wollte, daß es hierzu kam, und es war mir egal, ob ich lebte oder nicht.«

Manchen Menschen kann ein Herzanfall als der einzige Weg erscheinen, den Belastungen und Anstrengungen eines bedrängten Lebens zu entkommen. Einige machen dann einen Schritt weiter und nehmen die Veränderungen in ihrem Leben vor, die, hätten sie sie früher unternommen, den Anfall vielleicht verhindert hätten. Haben solche Menschen ein Bedürfnis zu leiden, ein Bedürfnis, das vielleicht von einem tiefen Schuldgefühl stammt, so daß sie nur dann die Freiheit haben, positive Schritte in ihrem Leben zu unternehmen, wenn sie vorher einen Preis dafür bezahlt haben? Es ist keine Frage, daß selbstzerstörerische Tendenzen die Persönlichkeit fest im Griff haben können, so daß das Individuum sich im wahrsten Sinne des Wortes in der Klemme und unfähig fühlt, mit seinem Leben zurechtzukommen. Da die Energien, die ein solches Verhalten hervorrufen, innerlich wirken und weitgehend unbewußt sind, widerstehen sie dem bewußten Willen. Solange man sie nicht versteht und ihren Ursprung erklären kann, setzen sie den bewußten Willen außer Kraft.

Psychiater sind sich darüber im klaren, daß Krankheiten für den Patienten indirekt oft eine Belohnung oder einen Gewinn mit sich bringen. Der kranke Mensch erhält soviel Pflege und Aufmerksamkeit wie vielleicht nie zuvor in seinem Leben und wird versorgt wie ein Kind, das keine Verantwortlichkeiten hat. Einige Krankheiten können als emotional unbewußte Regression betrachtet werden, als Versuch, die Liebe zu erhalten, die man als Kind nicht bekommen hat. Tatsächlich aber wird der kranke Mensch gar nicht bedingungslos geliebt, denn die vermehrte Pflege erhält er aufgrund seiner Krankheit, und derjenige, der ihn pflegt, wird wegen der Last, die Krankheit den Gesunden aufbürdet, unweigerlich Groll auf den Kranken verspüren. (Ich spreche nicht von Ärzten und Krankenschwestern, die diese Last schon bei ihrer persönlichen Berufswahl akzeptieren, sondern von Familienmitgliedern, die selbst um ihren Freiraum kämpfen.) Sollte Krankheit der Preis für diese Form von

Aufmerksamkeit sein, ist er ungewöhnlich hoch. Darüber hinaus bedeutet ein Herzanfall eine unmittelbare Lebensbedrohung ohne Überlebensgarantie; es geht dabei also nicht lediglich um den Wunsch, krank zu werden, um Aufmerksamkeit oder Pflege zu erhalten, sondern um den Wunsch zu sterben.

Menschen drücken oft den Wunsch aus, sterben zu wollen; manche handeln danach. Die, die Selbstmordgedanken hegen, haben den bewußten Wunsch zu sterben und schreiben ihn dem Schmerz und der Hoffnungslosigkeit in ihrem Leben zu. Ein Selbstmordgedanke oder eine Selbstmordphantasie sind Ausdruck des Gefühls »Ich halte es nicht mehr aus«. Aber Selbstmord hat auch noch eine andere Bedeutung. Üblicherweise versucht ein Mensch, der eine Situation nicht mehr aushält, diese zu verändern. Aber ein Mensch mit Selbstmordgedanken glaubt, daß eine Veränderung unmöglich ist, denn was er verändern möchte, ist das Verhalten, das andere ihm entgegenbringen. Er verlangt die bedingungslos akzeptierende Liebe, die er als Kind von seinen Eltern nicht bekommen hat, und von der er spürt, daß er sie braucht. Wenn er sie nicht bekommt, hat er das Gefühl, daß ihm etwas vorenthalten wird, und ist voller Wut. Diese Wut wird noch von dem Gefühl geschürt, daß andere Erwartungen an ihn haben, die er nicht erfüllen kann. Gleichzeitig hat er große Schuldgefühle wegen seines Ärgers. Weil er sich unzulänglich und nicht liebenswert fühlt, kehrt er seinen Ärger gegen sich selbst. Er versucht andere zu verletzen, indem er sich selbst zerstört. Er ist davon überzeugt, daß sie leiden werden, und manchmal tun sie das auch.

Eine geschiedene Frau um die vierzig mit zwei Kindern hatte sich auf eine Liebesbeziehung zu einem Mann eingelassen, der sagte, er könne sie nicht heiraten, solange seine Mutter noch lebe. Die Frau glaubte ihm, obwohl ihre Freunde ihr vor Augen zu führen versuchten, daß seine Erklärung nur eine Ausflucht war. Die Beziehung setzte sich ein paar Jahre fort, und schließlich starb die Mutter. Aber als die Frau ihren Geliebten drängte, sie zu heiraten, brach er die Beziehung ab. Daraufhin versuchte sie zweimal, Selbstmord zu begehen, um zu erreichen, daß der Mann sich wegen seines Verhaltens schuldig fühlte. Als ihre Versuche in dieser Hinsicht fehlschlugen, versuchte sie ein drittes Mal, sich umzubringen, und dieses Mal gelang es ihr auch.

Ein dermaßen selbstzerstörerisches Verhalten, das auf die Spitze getrieben wird, beruht eindeutig auf einer Verleugnung von Ärger. Unterdrückter Ärger ist, als hielte man sich ein Messer an die Brust. Aber was hält den Ärger unterdrückt? Mit anderen Worten, was ist die Grundlage für selbstzerstörerisches Verhalten? Wenn wir antworten: Angst, müssen wir fragen: Angst wovor und vor wem? Der Mensch, der seinen Ärger unterdrückt, ist sich nicht bewußt, daß er das aus Angst tut. In den meisten Fällen wird die Angst ebenfalls unterdrückt, und der Betroffene hat keine klare Erinnerung an frühere Situationen, in denen er sich ärgerlich und ängstlich zugleich fühlte – ängstlich vor allem deswegen, weil er fürchtete, für seinen Ärger bestraft zu werden. Was ihn zu selbstzerstörerischem Verhalten treibt, können wir erst dann ganz verstehen, wenn er imstande ist, sich an einige dieser Gefühle zu erinnern und sie wiederzuerleben. Dieser Prozeß findet meistens in einem analytischen Programm statt, dessen vorrangiges Ziel darin besteht, ihm dabei zu helfen, dieses Verhalten zu verstehen und zu ändern.

Wie Freud schon früh erkannte, ist jede analytische Therapie durch Widerstand und Übertragung charakterisiert. Widerstand bezieht sich darauf, daß der Patient unbewußt die Bemühungen des Therapeuten blockieren will, der ihm dabei zu helfen versucht, sich an seine ersten Lebensjahre zu erinnern; und das, obwohl dem Patienten bewußt ist, daß seine Genesung auf den Einsichten beruht, die er daraus gewinnt, daß er Verbindungen zu seiner Vergangenheit herstellt. Übertragung bezieht sich auf das Verhalten des Patienten dem Therapeuten gegenüber. Da der Patient in einer unterlegenen Position ist, betrachtet er den Therapeuten als Elternersatz, auf den er die widersprüchlichen Gefühle überträgt oder projiziert, die er seinen wirklichen Eltern gegenüber empfand. Während er einerseits vom Therapeuten erwartet, daß dieser ebenso auf ihn achtgibt, wie gute Eltern es tun sollten, betrachtet er den Therapeuten doch zugleich als schlechtes Elternteil, das aus der Bedürftigkeit des Patienten Vorteile zu seinen eigenen Gunsten zieht. In den meisten Fällen verbirgt der Patient sein Mißtrauen und seine negativen

Gefühle in bezug auf den Therapeuten, weil er Angst hat, daß der Therapeut ärgerlich wird und sich weigert, ihm zu helfen, wenn er diese Gefühle zeigt. Weil das den therapeutischen Prozeß behindert, ist das Zurückhalten negativer Gedanken eine weitere Form von Widerstand.

Resultat der Übertragung ist, daß der Patient in der analytischen Beziehung die gleiche Situation wiederherstellt, die seine Neurose hervorgerufen hat. Durch diesen Prozeß hat der Analytiker oder Therapeut die Gelegenheit zu verstehen, wie die Neurose in erster Linie entstanden ist. Theoretisch sollte die Analyse der Übertragung den Patienten von seiner Fixierung auf diese frühen Lebensjahre befreien. Dazu kommt es jedoch nur selten, weil der unbewußte Widerstand des Klienten, all seine Gedanken und Gefühle zu enthüllen, es erschwert, die Analyse des Widerstands vollständig durchzuführen. Der Patient ist in seinem Widerstand ebenso festgefahren wie der Therapeut in seiner Gegenübertragung (mit anderen Worten, in seinem Bedürfnis zu helfen). Analytisches oder therapeutisches Versagen kommt aus diesem Grund ziemlich häufig vor. Der Patient fährt mit seinem neurotischen Verhalten fort, obwohl es so offensichtlich selbstzerstörerisch ist. Freud, der immer wieder zum Zeugen dieses Verhaltens wurde, nannte es Wiederholungszwang – der Zwang, den Patienten verspüren, ein und dasselbe traumatische und enttäuschende Szenarium ihr ganzes Leben lang immer wieder durchzuspielen.

Konfrontiert mit Phänomenen wie Widerstand, Übertragung und Wiederholungszwang, postulierte Freud das Vorhandensein eines Todestriebs, Thanatos genannt, um selbstzerstörerisches Verhalten zu erklären. Als Gegengewicht zum zerstörerischen Verhalten des Todestriebs nahm Freud die Vorstellung von einem Lebenstrieb zu Hilfe, Eros genannt. Er stellte die Theorie auf, daß Eros beim gesunden Individuum den Todesinstinkt vom Selbst weglenkt und als Ärger oder Aggression in die Welt hinausleitet. Wenn jedoch der Lebensinstinkt nicht stark genug ist, um das zu bewerkstelligen, und die Persönlichkeit vom Todestrieb beherrscht wird, kehrt sich der Ärger nach innen gegen das Selbst und bringt einen Zustand hervor, den Freud Masochismus nannte.

Viele Analytiker haben diese Auffassung akzeptiert, aber ich für meinen Teil konnte die Vorstellung von einem Todestrieb niemals bejahen. Das Wort »Trieb« ist in meinem Denken immer mit Leben verbunden. Wir können jedoch nicht bestreiten, daß einige Menschen sich in den Tod treiben. In diesem Fall sind die Lebensenergien anscheinend nicht stark genug, um selbstzerstörerisches Verhalten zu verhindern. Das heißt aber nicht, daß ein solches Verhalten natürlich oder instinktiv wäre. Wir müssen einen tieferen Einblick in die Persönlichkeit gewinnen und uns die Ereignisse aus den frühen Lebensjahren näher anschauen, um verstehen zu können, wie diese selbstzerstörerischen Kräfte sich entwickeln.

»Wenn ich atme, werde ich sterben«, sagte eine meiner Patientinnen. Atmen ist gewiß nicht selbstzerstörerisch, ganz im Gegenteil. Den Atem anhalten, ist gegen das Leben. Wie konnte die Patientin dann Atmen mit Tod verbinden? In der Antwort auf diese Frage ist der Schlüssel zu einem Verständnis des Widerstands und damit der Tendenz zu selbstzerstörerischem Verhalten verborgen. Je tiefer und voller ein Mensch atmet, desto lebendiger ist er. Je lebendiger er ist, desto mehr fühlt er. Aber wenn seine Gefühle unerträglich schmerzhaft sind, wird er alles mögliche unternehmen, um nicht mit ihnen in Kontakt zu kommen, nämlich Widerstand dagegen leisten und verleugnen, daß er solche Gefühle hat, sowie flach atmen, damit er sie nicht spürt.

Hier geht es um dieselbe Patientin, über deren Fall ich schon früher berichtet habe. Ihre Mutter hatte sie als Säugling so lange schreien lassen, daß das Kind sich erbrach und beinahe einen Erstickungstod gestorben wäre. Diese Erfahrung hatte in dem jungen Organismus einen unauslöschlichen Eindruck hinterlassen: verzweifelt nach Liebe verlangen, heißt einen qualvollen Tod riskieren. Ein einziger traumatischer Vorfall muß ein Kind nicht zwangsläufig ernsthaft belasten, kann aber – in diesem Fall wie in den meisten anderen Fällen auch – für ein Verhaltensmuster in der Beziehung zwischen Eltern und Kind stehen. Das Erstaunliche an dieser Geschichte ist, daß meine Patientin sie von ihrer Mutter hörte, die sie mit Stolz erzählte. Sie hatte dem Kind nicht nachgegeben. Sie betrachtete den Vorfall als Machtkampf mit dem Kind, den sie gewonnen hatte. Das Kind hingegen hatte verloren – nicht den Machtkampf, weil man sich unmöglich vorstellen kann, daß ein zwei Monate alter Säugling auch nur die geringste Vorstellung von Macht hat, sondern jeglichen Glauben an die Mutter. Auch wenn Mutter und Tochter nach diesem Vorfall scheinbar miteinander klarkamen, hatten sie doch keine Herzensbeziehung mehr zueinander. Die Folge war, daß die Patientin den größten Teil ihres Erwachsenenlebens unter Depressionen litt. Sie mußte sich zwingen, ihren Alltagsaufgaben nachzukommen, und sagte, sie würde nie wieder aufstehen, wenn sie sich hinlegte und sich nicht länger zwingen würde. Dieses Gefühl spiegelt den Kampf des Menschen wider, trotz des herzzerbrechenden Schmerzes über den Liebesverlust weiterzuleben. Da das Leben ohne Liebe sinnlos ist, erfordert das Weiterleben und die Überwindung des Wunsches, aufzugeben und zu sterben, eine große Willensanstrengung.

Die meisten Menschen, die einen Liebesverlust erlitten haben, reagieren auf den *Wunsch zu sterben* in der Form, daß sie nicht aufgeben und den Kampf fortsetzen, Liebe durch Leistung und Dienen gewinnen zu wollen und indem sie versuchen, die Erwartungen anderer Menschen zu erfüllen. Es *muß* ihnen gelingen; es *wird* ihnen gelingen. Ihre Kiefer zeigen eine grimmige Entschlossenheit, nicht zu versagen, denn versagen bedeutet Tod. Stattdessen mobilisieren sie einen bewußten *Lebenswillen*. Sie erklären dann: »Ich werde nicht zusammenbrechen, ich werde weitermachen. Ich werde dich niemals brauchen.« Gewöhnlich zur Unterdrückung von Gefühlen benutzt, ist der Wille die Quelle des Widerstands in der Therapie und ein Haupthindernis für die Gesundheit.

Wie verbreitet ist der Wunsch zu sterben? Ich habe viele Patienten ihn äußern hören und gelernt, ihn ernst zu nehmen, nachdem ein Patient Selbstmord beging. Ich betrachte nicht jeden Patienten, der diese Worte äußert, als potentiellen Selbstmörder, aber jedesmal, wenn ich Patienten darüber sprechen höre, bin ich mir der Tiefe und der Größe des Schmerzes in der Persönlichkeit lebhaft bewußt. Ich weiß auch, daß der Mensch nicht sterben will, daß er den Wunsch hat zu leben. Der Wunsch zu leben und der Wunsch zu sterben können beide nebeneinander existieren, weil sie aus unterschiedlichen Schichten der Persönlichkeit stammen. Um die Möglichkeit eines Selbstmords einzuschätzen, muß man die Stärke beider Gefühle gegeneinander abwägen.

Ich glaube, ich wüßte gar nicht, wie verbreitet der Wunsch zu sterben ist, wenn ich ihn nicht selbst erlebt hätte. Als ich vor einigen Jahren langsam und mühelos in einem Schwimmbassin schwamm, kam mir, als mein Kopf unter Wasser war, der Gedanke, daß ich ihn nicht wieder über Wasser bringen wollte. Meinen Kopf über Wasser zu bringen, hätte eine Anstrengung erfordert, und ich war es müde, Anstrengungen zu machen. Wie schön es war, einfach dazuliegen und nichts zu tun! Es wäre wie eine Rückkehr in den Mutterleib. Ich wußte aber, daß ich sterben würde, wenn ich meinen Kopf nicht aus dem Wasser hob. Der Gedanke war nicht besonders beängstigend, aber ich spürte, daß ich leben wollte. Ich hob meinen Kopf über Wasser, atmete ein und schwamm weiter, aber diese Erfahrung machte mir bewußt, wie sehr das Leben für mich ein Kampf war.

In der Arbeit mit meinen Patienten sehe ich, daß für sie alle das Leben ein Kampf ist, für manche ein grimmiger, der wenig Raum für Freude und angenehme Erfahrungen läßt. Aber sie stehen damit nicht alleine da. Für fast alle von uns ist das Leben so beschaffen. So viele von uns sind des endlosen Lebenskampfes zutiefst überdrüssig. Wenn wir aber das Gefühl von Freude in unserem Leben zurückgewinnen wollen, müssen wir den Kampf aufgeben. Für die Erwachsenen ist der Krieg aus. Wir haben verloren und können die bedingungslose Liebe unserer Eltern, die wir als Kinder brauchten und uns so verzweifelt gewünscht haben, nicht mehr bekommen. Wir vergeuden unsere Energie, wenn wir weiter darum kämpfen. Den Verlust zu akzeptieren ist schmerzlich und bedeutet ein Eingeständnis von Versagen, gegen das das Ich ankämpft, aber das Akzeptieren befreit uns von unserer Beschäftigung mit der Vergangenheit. Nur wenn wir die Vergangenheit annehmen, sind wir frei, uns auf eine erfülltere Zukunft zuzubewegen.[68] Um das zu beweisen, mache ich meine Patienten darauf aufmerksam, daß die beiden Nationen, die den Zweiten Weltkrieg verloren haben, heute die erfolgreichsten Nationen der Welt sind.

Auf einer tiefen, unbewußten Ebene hat ein Patient Angst, daß er stirbt, wenn er seinen Willen losläßt und sich hingibt. Da er durch

Einsatz des Willens überlebt hat, besteht die Möglichkeit, daß es zum Tod führt, wenn er den Willen losläßt und sich seinen Gefühlen hingibt. Natürlich ist das unwahrscheinlich, da die meisten Patienten den Wunsch zu leben haben. Wenn man einen Menschen dahin bringt, seinen Wunsch zu leben zu spüren, nimmt das selbstzerstörerische Verhalten ab oder hört ganz auf.

Therapie zielt darauf ab, einem Menschen zu helfen, in direkten Kontakt mit seiner Lebensenergie zu kommen, damit er daraus für seine eigene Erfüllung schöpfen kann. Um diesen Kontakt herzustellen, muß er jedoch bis unter die ersten beiden Schichten seiner Persönlichkeit graben, nämlich den Lebenswillen und den Wunsch zu sterben. Abbildung 13 stellt diese Schichten dar. Der Lebenswille gewinnt seine Kraft aus der Lebensenergie, indem er Energie vom Streben nach Erfüllung zum Streben nach Überleben abzieht.

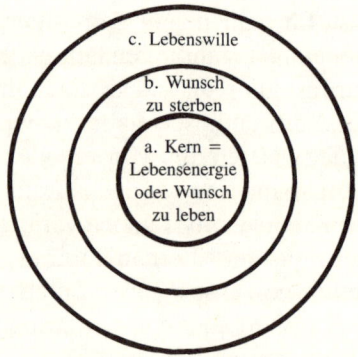

Abbildung 13: Der Lebenswille und der Wunsch zu sterben
a. Das Wort core (= Kern, Anm. d. Ü.) stammt von der lateinischen Wortwurzel cor, was Herz heißt. Das französische Wort *coeur* und das spanische Wort *corazon* geben diese Übereinstimmung wieder. Das Herz ist der innerste Kern des Lebens. Spürt man das Herz, ist man stark mit dem Wunsch zu leben verbunden.
b. Der Wunsch zu sterben ist die Schicht, die den Schmerz, die Traurigkeit und die Verzweiflung über den Liebesverlust enthält. Dies ist die Schicht des gebrochenen Herzens.
c. Der Lebenswille ist die Überlebenstechnik des Ich. Er beruht auf der Errichtung von Schutzwällen gegen Schmerz, Traurigkeit und Verzweiflung und blockiert dadurch den Wunsch des Herzens, nach Liebe auszugreifen.

186

Der erste Schritt besteht für den Patienten darin, sich des Konfliktes zwischen seinem Lebenswillen und seinem Wunsch zu sterben bewußt zu werden. Diese Bewußtheit kann manchmal mit Hilfe einer bioenergetischen Übung gewonnen werden. Eine dieser Übungen sieht so aus, daß der Patient sich über einen bioenergetischen Stuhl legt und so tief wie möglich ausatmet. Am Ende der Ausatmung wird er angewiesen, nicht einzuatmen. Die Reaktion des Patienten auf diese Situation erlaubt einige Einsichten in seine Persönlichkeit. Wenn er direkt nach einer relativ kurzen Ausatmung einatmen muß, beweist das, daß Panik vorliegt. Viele Patienten erleben diese Panik und drücken sie mit den Worten aus: »Ich brauche Luft!« oder: »Ich habe das Gefühl, ich muß sterben, wenn ich nicht einatme.« Aber man kann unmöglich sterben, wenn man freiwillig den Atem anhält. Wenn das Bedürfnis nach Luft akut wird, übernimmt der Körper die Führung und atmet gegen jede bewußte Anstrengung zur Unterbindung des Atmens ein.

Wir wissen, daß der Atem für relativ lange Zeitspannen angehalten werden kann. Jeder, der schon einmal ohne Sauerstofftank getaucht ist, weiß, daß man den Atem minutenlang anhalten kann. Ich glaube, zehn Minuten ist der Rekord, wenn ein Mensch still unter Wasser liegt. Bei unserer Übung geht es jedoch nicht darum, den Atem anzuhalten. Taucher halten die Luft *ein*, nachdem sie vorher tief *eingeatmet* haben. In der oben beschriebenen Übung wird die Luft *draußen* gehalten, nachdem tief *ausgeatmet* wurde. Weil der Körper normalerweise einen zwei- bis dreiminütigen Reservevorrat an Sauerstoff in Lungen und Blut hat, beruht die Panik, die der Patient verspürt, nicht auf einem Luft- oder Sauerstoffmangel, sondern auf der durch chronische Verspannungen im Brustkorb verursachten Unfähigkeit, frei durchzuatmen. Die Panik wird mit einem Gefühl der Unsicherheit und der Angst vor dem Verlassenwerden verbunden, die den Schrecken des Todes aufkommen läßt.

Andere Menschen scheinen bei dieser Übung ihren Atem maßlos lange draußen zu halten. Bei ihnen hat man den Eindruck, daß der unterschwellige Wunsch zu sterben sehr stark ist und fast schon bis zu dem Punkt reicht, da der Tod akzeptiert wird, denn Atmen ist

Ausdruck des Wunsches zu leben. Wenn der Lebenswille durch diese Übung erstarrt, tritt der Wunsch zu sterben deutlicher hervor. Der Lebenswille kann am besten in der Negativformulierung verstanden werden: »Ich werde nicht sterben.« Solange er am Werk ist, ist die Atmung eines Menschen ziemlich regelmäßig aber flach; der Wille hält die Atmung auf einer Ebene, wo tiefe Gefühle wie Verzweiflung nicht berührt werden. Bringt man den Menschen dahin, tiefer zu atmen, vor allem auszuatmen, wird die Schutzfunktion des Willens umgangen, und der Mensch kann mit seinem Gefühl von Verzweiflung und dem Wunsch zu sterben näher in Berührung kommen. Das erklärt die Panik der ersten Gruppe von Menschen, die Angst haben, die Luft ganz rauszulassen. Auch sie haben den Wunsch zu sterben, der sie sehr ängstigt, aber ihm steht ein starker Lebenswille entgegen. In der zweiten Gruppe ist der Lebenswille schwächer ausgeprägt.

Es gibt auch eine dritte Gruppe von Menschen, etwa in der Mitte zwischen den beiden ersten, deren Willen nicht stark ausgeprägt ist, weil der Wunsch zu sterben nur schwach oder gar nicht vorhanden ist. Diese Menschen können tief ausatmen und die Luft so lange draußen halten, bis sie damit ein mächtiges Einatmen hervorrufen. Dieses tiefe Einatmen geschieht spontan und ist eine lebensbejahende Handlung, die in jeder Hinsicht dem ersten Schrei und Atemzug eines neugeborenen Kindes gleicht. Die Intensität, mit der die Luft in den Körper gesogen wird, zeigt die Stärke des Wunsch zu leben an. Beim Einatmen öffnet die Kehle sich weit, um so viel Luft wie möglich aufzunehmen, was gleichbedeutend damit ist, daß man sich dem Leben voll öffnet. Nach dieser tiefen Einatmung atmet der Mensch auch weiterhin tiefer und voller und bricht häufig in sanfte, tiefe Schluchzer aus. Dieses Weinen ist ein Ausdruck von Erleichterung darüber, daß man dem Leben keinen Widerstand bieten muß, weil man sich vor dem Tod oder tiefen Gefühlen fürchten würde.

Der Wunsch zu leben ist die psychologische Seite des biologischen Instinktes zur Selbsterhaltung. Er ist im Kern der Persönlichkeit angesiedelt und manifestiert sich in allen lebenserhaltenden Funktionen des Körpers: dem Herzschlag, den peristaltischen Wellen des

Darms, der Ausdehnung und Kontraktion der Atmung sowie in all den zahllosen Aktivitäten der verschiedenen Organe, Gewebe und Zellen. Das Atmen ist die sichtbarste all dieser Funktionen und kann aus diesem Grund als Maßstab für die Stärke der Lebensenergie gelten. Die Tiefe der Atmung eines Menschen spiegelt die Stärke seines Wunsches zu leben wider. Reicht die Welle der Einatmung bis hinunter in den Unterleib und berührt den Beckenboden? Ist das Atmen eine totale körperliche Aktivität, oder beschränkt es sich auf ein Körpersegment, den Brustkorb oder das Zwerchfell? Das Gegenteil von tiefer Atmung ist flaches, gehemmtes oder gezwungenes Atmen. Die Frage ist nicht, wieviel Luft man mit Anstrengung einatmet, sondern wieviel Luft man mühelos einatmet. Da das *Einatmen* ein Prozeß des Einsaugens von Luft ist, können wir daran auch die Stärke des Saugimpulses messen. Jegliche Kindheitserfahrungen, die diesen Impuls geschwächt haben, haben auch das Verlangen zu leben vermindert. Durch Übungen, wie die oben beschriebene, die den Willen mobilisieren und stärken, werden auch die Energie und das Verlangen zu leben anwachsen. Kann ein Weinen hervorgerufen werden, wird es den Streß, der auf dem Herzen liegt, vermindern und die Atmung enorm anregen, indem es die Muskelverspannungen und Rigiditäten reduziert, die die grundlegenden lebensfördernden Aktivitäten des Körpers hemmen.

Menschen, die von einem starken Lebenswillen beherrscht sind, kann man als Überlebenstypen bezeichnen, ein Begriff, der auf viele in unserer Kultur zutrifft. Der Körper dieser Menschen zeichnet sich durch zusammengepreßte Kiefer und eine durchgängige Rigidität aus. Trotz ihrer offensichtlichen Fähigkeit zu überleben, bleiben sie auf der Stufe jenes Schmerzes und der Verzweiflung stehen, die mit dem ursprünglichen Liebesverlust zusammenhängen, durch den der Wunsch zu sterben in erster Linie hervorgerufen wurde. Dieser Wunsch wird durch den Mangel an Erfüllung (Liebe), der Hand in Hand mit der ständigen Sorge des Individuums um sein Überleben geht, fortwährend verstärkt. Solche Menschen leben, wenn auch unbewußt, in einem Ausnahmezustand und schwanken zwischen Kämpfen und Fliehen, tun aber beides nicht.

Mit Hilfe ihrer Rigidität sind sie imstande, weiterzumachen und zu überleben, aber sie können keine Erfüllung finden. Und wegen des enormen Stresses, dem ihr Körper ausgesetzt ist, gibt es keine Garantie, daß sie unbegrenzt weitermachen können, was ihr Überleben an sich bedroht. Früher oder später verspüren sie Erschöpfung und möchten aufgeben. An diesem Punkt können sie in Panik geraten (mit anderen Worten, den Wunsch zu sterben verspüren) und einen Herzanfall erleiden.

Um diese Entwicklung zu verhindern, muß ein Mensch seinen Willen aufgeben und seinen Schmerz, seine Verzweiflung und den Wunsch zu sterben uneingeschränkt spüren, damit er den Liebesverlust betrauern und den Kummer über all die Jahre empfinden kann, die er gekämpft hat. Durch dieses Aufgeben kann er mit seiner Lebensenergie im innersten Kern in Berührung kommen: mit dem Impuls zu atmen und dem Wunsch zu leben. Liebe ist das Herz des Lebens, und das Herz ist die Quelle der Liebe. Man muß bis zum innersten Kern seines Wesens vordringen, um die Liebe zu finden, die dem Leben Sinn und Erfüllung verleiht.

Der folgende Bericht über eine therapeutische Sitzung in einer Trainingsgruppe mit einem jungen Mann, einem klinischen Psychologen, der gekommen war, um die bioenergetische Analyse zu studieren, gibt ein gutes Beispiel für diesen Prozeß. In der Mittagspause beschloß er, den bioenergetischen Stuhl auszuprobieren. Ich kam gerade zufällig vorbei, als er über dem Stuhl lag und sah den Ausdruck von Tod in seinem Gesicht. Ich bemerkte das ihm gegenüber, und nach dem Mittagessen meldete er sich freiwillig, damit ich mit ihm arbeitete. Vor der Gruppe stehend, sagte er: »Ihre Beobachtung hat mich überrascht. Ich habe mich vor kurzem sehr mit dem Tod auseinandergesetzt. Meine Frau hat vor drei Monaten Selbstmord begangen.« Aber der Ausdruck in seinem Gesicht hatte eine chronische Qualität. Darüber hinaus verrieten seine angespannten Kiefer einen starken Lebenswillen, der den Todeswunsch ausgleichen sollte.

Ich schlug ihm vor, die oben beschriebene Übung zu machen, und er willigte ein. Im allgemeinen muß der Patient mehrmals versuchen, die Luft draußen zu halten, bevor er den Mut aufbringt, das

Einatmen so lange zu verzögern, bis ein tiefes Einatmen hervorgerufen wird. Das war auch bei diesem Patienten der Fall. Dann öffnete sich die Kehle, und das Einatmen brach durch. Er begann heftig zu schluchzen. »Ich will leben! Ich will leben!« sagte er immer wieder.

Nach der Übung fragte ich ihn, ob er jemals dem Tode nahegekommen sei. »Ja«, sagte er. »Als Säugling bin ich fast gestorben. Tatsächlich rechneten die Ärzte gar nicht damit, daß ich lebe. Ich aß nicht und verlor ständig an Gewicht.« Ich fragte ihn, was zu dieser Zeit seines Lebens geschehen sei. Er sagte: »Meine Mutter hat mich abgestillt.«

Der zusammengepreßte Kiefer des Patienten drückte seine Entschlossenheit aus, seine Lippen nicht für die Brust seiner Mutter zu öffnen, weil die Enttäuschung zu schmerzlich gewesen wäre. Gleichzeitig war er Ausdruck für seinen festen Willen, auch ohne die Liebe, die er wollte, zu überleben. Indem er sich weder öffnete noch nach Liebe ausgriff, konnte er dem Schmerz über eine Ablehnung ausweichen. Da er aber sein Leben auf das bloße Überleben aufbaute, blieb er in einen Kampf auf Leben und Tod verwickelt, der sich in seinem Gesicht zeigte.

Ich schlug ihm vor zu versuchen, den Schmerz der Vergangenheit, der seinen Wunsch zu sterben nährte, zu entladen, indem er jetzt nach seiner Mutter ausgriff und dadurch das frühe Trauma wachrief. Da er kein Kind mehr war, könnte er den Schmerz akzeptieren, statt weiter gegen ihn anzukämpfen. Er lag auf der Couch und spitzte die Lippen, wobei er gleichzeitig die Arme hochstreckte und nach seiner Mutter rief. Ich übte einen steten Druck auf seine angespannten Kiefermuskeln aus. Da brach er in ein dermaßen herzzerreißendes Schluchzen aus, daß alle, die im Raum anwesend waren, die Qual des Säuglings (die im Erwachsenen immer noch präsent war) spüren konnten, die Qual über den Verlust seiner Welt, der mütterlichen Brust, die für Freude und Erfüllung stand. Psychologisch gesehen, hatte der Säugling keinen Wunsch zu sterben, aber der Schmerz über den Verlust war so groß, daß die Kehle des Kindes so stark kontrahierte, daß die Nahrungsaufnahme fast unmöglich wurde.

Nach der Übung sagte der Patient, daß er sich freier fühle als je zuvor. Er wußte von seiner Krankengeschichte, hatte sie aber niemals mit dem Verlust der Brust in Zusammenhang gebracht. Ich bin sicher, daß auch seine Mutter und seine Ärzte diesen Zusammenhang nicht herstellten. Die Folge war, daß der Säugling in einer extrem hoffnungslosen und hilflosen Lage zurückblieb, für die das Weinen offensichtlich kein Gegenmittel war. Das Weinen, das der Patient jetzt erfuhr, wusch, zusammen mit einem Verständnis seines Verlustes, den Ausdruck von Tod und Schmerz von seinem Gesicht

Nicht jeder Fall ist so dramatisch wie dieser. Vielen Patienten fällt es nicht leicht, über den Lebenswillen hinauszugelangen und den Wunsch zu sterben zu erfahren. Man hört oft die Worte: »Ich möchte sterben«, aber die Todesangst ist zu stark, um eine Konfrontation damit zulassen zu können. Mit manchen Patienten muß man sehr lange arbeiten, bevor sie den Mut gewinnen, sie zu erfahren. Man kann dem Patienten versichern, daß er bei dieser Konfrontation nicht sterben wird. Er hat auch die reale Erfahrung überlebt, als er noch jünger und hilfloser war, und jetzt wird er außerdem vom Therapeuten unterstützt.

Stirbt ein Mensch, kann man seinen Tod als Ausdruck eines biologischen Wunsches zu sterben betrachten. Auf der psychologischen Ebene kann er weiterhin den Lebenswillen verspüren, der die Position des Ich oder des bewußten Denkens repräsentiert und nicht unbedingt die Wünsche des Körpers. Aus diesem Grund kann man sagen, daß ein Mensch, der aufgrund natürlicher Ursachen stirbt, so lange lebte, wie er es *wünschte*. Der Lebenswille ist nur so lange wirksam, wie er durch die Lebensenergie des Organismus energetisch gespeist wird. Das Zusammenbrechen dieser Lebensenergie durch Erschöpfung oder Streß untergräbt den Lebenswillen.

Man hat in mehreren Untersuchungen festgestellt, daß Krebs oft bei älteren Menschen auftritt, die einen geliebten Menschen verloren haben. Man nimmt zu Recht an, daß der Streß des Verlustes die Krankheit hervorgerufen hat. Viele Forscher haben jedoch erkannt, daß dieser Verlust im späteren Leben ein ähnliches Trauma aus der Kindheit wiederholt, nämlich den Verlust der mütterlichen oder väterlichen Liebe. Der spätere Verlust aktiviert den Schmerz über den früheren Verlust und steigert den Wunsch zu sterben. In vielen Fällen ist dem Menschen der Wunsch zu sterben bewußt, weil er mit fortschreitenden Jahren weniger Hoffnung hat, eine neue Liebe zu finden. Ohne Liebe oder die Hoffnung auf Liebe kann man noch nicht einmal überleben.

Wir haben dieses Kapitel mit einer Erörterung des selbstzerstörerischen Verhaltens von Herzgefäßpatienten angefangen. Die am meisten verbreitete Form ist das Verhalten des A-Typs, der sich getrieben fühlt, Leistung zu erbringen, um zu beweisen, daß er liebenswert ist. Die Intensität dieses Antriebs enthüllt, wieviel Verzweiflung darin enthalten ist. Ein Patient drückte es so aus: »Das Leben ist ein solcher Kampf. Wenn ich diesen Kampf aufgebe, gebe ich das Leben auf. Ich weiß nicht, wie ich mehr für mich leben kann. Ich habe damit zu tun, meine Familie großzuziehen, die Kinder zu verheiraten, zu arbeiten usw. Mein ganzes Leben war eine einzige Anstrengung, meine bloße Existenz zu rechtfertigen, denn ich sollte gar nicht hier sein. Meine Mutter wollte gar kein weiteres Kind, aber wenn schon noch eins kam, wollte sie ein Mädchen. Als ich geboren wurde, sagte sie: ›Nehmt ihn fort. Er ist nicht mein Kind.‹« Man kann sich einfach nicht vorstellen, warum seine Mutter ihm diese Geschichte, die zu einer schrecklichen Last für ihn wurde, erzählte.

Einige Leser kennen vielleicht Norman Cousins Buch über seine erste schwere Krankheit, *Der Arzt in uns selbst*.[69] Diese Krankheit war ein Kollagenleiden, das plötzlich auftrat und beinahe tödlich verlief. Laut Cousins bestand seine Kur in einer durch Lachen und Vitamin C bestimmten Lebensweise, beides in sehr hohen Dosen. Sein Bericht über die Ereignisse unmittelbar vor Auftreten der Krankheit zeigt, daß er aufgrund von Streß oft extrem müde war. Aber er konnte diese Erschöpfung nicht akzeptieren, weil sein Wille forderte, daß er weitermachte. Zu Krankheit kommt es, wenn ein Mensch sich über seinen kritischen Punkt hinaustreibt. Leider erkennt er diesen oft erst dann, wenn er ihn bereits überschritten hat. Die Gefahr liegt nicht in der Erschöpfung selbst, sondern in der bewußten oder unbewußten Annahme, es sei ein Zeichen von

Schwäche, wenn man seiner Müdigkeit nachgibt, und nicht akzeptabel zu sagen: »Ich kann nicht.«
Genau das Gegenteil trifft zu. Gibt ein Mensch seiner Müdigkeit nach, kann er sich erholen, seine Kräfte erneuern und seinen Geist wiederbeleben. Gibt man seiner Traurigkeit nach, öffnet und löst sich der tiefe Schmerz des Liebeskummers. Dieser Schmerz wohnt im Körper: im zusammengepreßten Kiefer, der engen Kehle, dem rigide aufgerichteten Brustkorb und dem eingezogenen Bauch des Menschen, der seine Sehnsucht nach Liebe und seinen Wunsch zu leben unterdrückt.

Hält der Mensch seine Sehnsucht nach Liebe unter Verschluß, fühlt er den Schmerz nicht mehr. Je nachdem wie verschlossen er ist, spürt er nur noch eine große Frustration und Hoffnungslosigkeit, die den Wunsch zu sterben schüren. Das Ausgreifen aber läßt den Schmerz lebendig werden. Im Tod selbst gibt es keinen Schmerz, was ihn für viele Menschen so anziehend macht. Auch im Leben gibt es keinen Schmerz, wenn man ganz lebendig ist. Der Schmerz liegt im Lebendigwerden, in dem Fließen von Energie und Gefühl in verspannte oder tote Körperbereiche hinein.

Die Angst vor diesem Schmerz erklärt, warum Herzanfälle tendenziell dann auftreten, wenn ein verletzlicher und offener Mensch den Wunsch nach Liebe verspürt und kurz davor steht, einen positiven Schritt zu machen, um aus der Falle der Lieblosigkeit auszubrechen. Es tut weh, wenn man sich bewußt wird, wie leer und unbefriedigend das eigene Leben war und vielleicht immer noch ist. Aber wenn dieses Bewußtsein zum Weinen führt und nicht zu weiteren Unterdrückungsversuchen, verringert sich der Schmerz sofort und wird weggespült.

Das Wachrufen des Schmerzes dient auch noch einem weiteren Zweck, nämlich den unterdrückten Ärger hochkommen zu lassen, so daß er nach außen gerichtet werden kann. Weil zurückgehaltener Ärger sich in fast allen Fällen auf die Traumata der frühen Kindheit bezieht, kann er später im Leben nicht gegenüber den eigenen Eltern ausgedrückt werden. Ist er unterdrückt, kann er als Reaktion auf irgendeine winzige Frustration als Wut zutage treten. Leider kann durch einen solchen Ausbruch, wie wir gesehen haben, der Ärger nicht entladen werden, was wieder eine Bedrohung für das Herz darstellt. Läßt man den Ärger an seinen eigenen Kindern aus, was durchaus üblich ist, liefert auch dieses »Ausagieren« keine wirkliche Spannungsabfuhr. Stattdessen sollte er in einer angemessenen Umgebung ausgedrückt werden, wo er keinen Schaden anrichten kann. In der Therapie können Patienten sich ihres zurückgehaltenen Ärgers entladen, indem sie im Behandlungsraum des Therapeuten oder zu Hause auf ein Bett einschlagen. Diese Übung verringert die Muskelverspannung in Rücken und Schultern, befreit den Brustkorb und erlaubt dem Menschen, tiefer und voller zu atmen. Gibt man den Ärger auf diese Weise nach außen, wird selbstzerstörerisches Verhalten, das letztendlich auf Ärger beruht, den man gegen sich selbst wendet, in großem Maße verringert.

Ich habe angedeutet, daß der Wunsch zu sterben mit so schweren Krankheiten wie Krebs und Herzanfällen einhergeht. Warum stirbt dann der eine Mensch an Krebs, während der andere einem tödlichen Herzanfall unterliegt? Krebs bedeutet einen langsamen Tod und wird verursacht durch eine allmähliche Erosion des Lebenswunsches. Merkwürdigerweise bleibt der Lebenswille bei Krebspatienten bis zum Ende ziemlich stark. Während der Körper stirbt, fährt das Ich fort, seinen Lebenswillen zu behaupten, was mit dem Fortschreiten der Krankheit immer sinnloser wird. Die Folge ist, daß der Krebspatient seinen neurotischen Kampf solange nicht aufgibt, bis der Tod ihn beendet. Aber gilt das nicht auch für das Opfer eines Herzanfalls? Ja und nein. Das Opfer eines Herzanfalls ist sich seines Kampfes sowie des Wunsches, ihn aufzugeben, stärker bewußt. Wenn der Mensch nicht in einem bewußten Akt ausbrechen kann, wird er etwas Zerstörerisches unternehmen, um seiner Falle zu entkommen, so wie die beiden leitenden Angestellten, von denen Friedman sprach, die ihre Stellung verloren, weil sie es versäumten, Einkommenssteuererklärungen vorzulegen. Es ist aber immer noch besser, eine Stellung zu verlieren, als das eigene Leben. In manchen Fällen ist der Herzanfall selbst eine Möglichkeit, dem unerträglichen Druck zu entkommen. Man kann aber nicht behaupten, daß der Mensch sich selbst den Anfall zugefügt hat; er mag ihn eingeladen haben, aber wenn das zutrifft, tat er es gegen seinen Willen.

Das Opfer eines Herzanfalls ist in einem Konflikt gefangen – es möchte aussteigen, hat aber Angst davor. Um auszusteigen, muß dieser Mensch sich öffnen, was den Schmerz des gebrochenen Herzens und die Angst vor dem Verlassenwerden wachruft. Sein Tod ist, wenn er durch einen Anfall auftritt, nicht eine Folge emotionaler Resignation, sondern der Angst. Symbolisch gesehen, gleicht der Herzanfall der Panikreaktion, zu der es kommt, wenn ein Impuls, auszubrechen, auszugreifen und sich zu öffnen, so stark wird, daß er die scheinbare Sicherheit des Status quo bedroht. Weder dieser Impuls noch die Panik läuft bewußt ab. Wäre das der Fall, könnte das Problem auf die bewußte Ebene gebracht werden, wo man damit umgehen kann. Tod infolge eines Herzanfalls weist auch auf einen Verlust an Hoffnung hin, weil das Herz ebenso ein Organ der Hoffnung wie der Liebe ist. Der Verlust an Hoffnung, eine Folgeerscheinung von Panik, ist ein überwältigendes, akutes Gefühl, das sich von der emotionalen Resignation des Krebspatienten, dessen Hoffnung langsam vom Wunsch zu sterben ausgewaschen wird, stark unterscheidet.[70]

Wenn diese Verhaltensmuster in der Therapie aufgedeckt und besprochen werden können, wird die Angst handhabbar. Und da diese Angst mit Einsamkeit einhergeht, kann sie bedeutend verringert werden, wenn ein anderer Mensch zur Stelle ist und mitfühlend zuhört. Für viele Patienten stellt die Beziehung zum Therapeuten eine lebensfördernde Verbindung dar. Sich den eigenen Konflikten zu stellen, ist immer eine schmerzliche und beängstigende Erfahrung, aber sie ist auch sehr lohnenswert, weil darin die Möglichkeit für ein Leben liegt, das nicht durch den Wunsch zu sterben verdorben wird.

Der folgende Fall ist deshalb interessant, weil der Patient sämtliche Symptome für einen Herzanfall aufwies, ohne tatsächlich einen zu haben. Ich glaube, daß Morris einen Infarkt vermeiden konnte, weil er mit seinen Gefühlen in Kontakt blieb. Der Vorfall ereignete sich, als positive Gefühle der Liebe versuchten, durch seinen gepanzerten Brustkorb vorzudringen. Als klinischer Pathologe

Mitte fünfzig war Morris eine Reihe von Jahren in der bioenergetischen Therapie gewesen. Sein Kampf darum, sein Herz zu öffnen, war ein Hauptthema in der Therapie. Er hatte vor zehn Jahren zum dritten Mal geheiratet, und die Beziehung war die meiste Zeit über ziemlich stürmisch. Auf Zeiten voll positiver Gefühle von Nähe und Wärme zwischen ihm und seiner Frau, Barbara, folgten Gefühle von Distanz, Kälte, Verletztheit und Ausbrüche von Ärger. Es war eine schwierige Beziehung, die sich aber trotzdem langsam verbesserte, während jeder von ihnen an seinen persönlichen Verhaltensmustern arbeitete. Morris für seinen Teil arbeitete hart daran, ein selbständigerer Mensch zu werden und nicht von einer Frau abhängig zu sein, sich stärker mit seiner Sexualität zu identifizieren und sich sicherer damit zu fühlen sowie liebevoller zu werden. Seine Schwierigkeiten mit Barbara glichen denen, die er mit seiner Mutter erlebt hatte. Er übernahm die Helferrolle und war immer für sie »da«; und er rastete aus, wenn sie umgekehrt für ihn nicht da war.

Der Vorfall, wie Morris ihn wiedergab, versetzt uns in die Lage, die Gefühle und Konflikte zu verstehen, die mit dem Versuch einhergehen, die Spannungen zu durchbrechen, durch die die Gefühle des Herzens gefangen gehalten werden. Es begann damit, daß Morris aus einem Traum mit einem »schrecklichen Gefühl in der Kehle und in der Speiseröhre« erwachte. In diesem Traum sah er einen Mann, den er kannte, dessen Brustkorbmuskeln mit langen Schnitten aufgeschlitzt worden waren. Er erinnerte sich: »Ich wurde bei diesem schrecklichen Anblick total von Kummer überwältigt. Ich war sicher, daß er sterben würde, und verspürte trotzdem wunderbare Gefühle für ihn. Aber ich wachte mit diesem Schmerz in meiner Kehle auf.«

Der Traum läßt sich leicht deuten. Der Mann im Traum war Morris selbst, dessen Brustkorb und Kehle sich öffneten, was sowohl wunderbare Gefühle als auch Schmerz und die Angst vor dem Sterben hervorrief. Als er erst einmal ganz wach war, fühlte der Schmerz sich an wie eine Magenverstimmung und wurde schlimmer, als er versuchte, sich aufzusetzen. Er bekam Angst und fragte sich, ob er wohl einen Herzanfall haben könne. Er brach in feuchten Schweiß

197

aus und dachte, daß er vielleicht sterben würde. Zu diesem Zeitpunkt weckte er Barbara und sagte: »Es kann sein, daß ich sehr krank bin.« Sie beschloß, einen Krankenwagen zu rufen, womit Morris, der sich elend fühlte, naßkalt und kurz davor war, das Bewußtsein zu verlieren, einverstanden war. Er hatte jetzt jedoch keine Schmerzen mehr in der Kehle oder im Brustkorb. Er wurde den Gedanken, daß er gerade sterbe, nicht los und machte sich darauf gefaßt, diese Möglichkeit zu akzeptieren.

Unter der herbeigerufenen Rettungsmannschaft war der Mann einer Frau namens Jenny, die einmal Morris' Assistentin gewesen war. Morris fragte den Mann nach Jenny und ihrem erst vor kurzem geborenen Baby und erfuhr, daß es ihnen gut ging. »Als ich an Jenny dachte, spürte ich mein Herz und eine Woge von Liebe für sie. Ich sagte: ›Erzähle ihr, daß ich sie liebe.‹ Ich fühlte, daß das sehr wichtig für mich war.«

Als Morris im Krankenhaus ankam, schloß die Belegschaft der Notfallstation ihn sofort an einen Monitor an, machte ein EKG und führte eine Kanüle in seine Hand ein. Ihr schnelles Handeln beruhigte ihn, und er war von ihrer Tüchtigkeit beeindruckt. Das EKG zeigte an, daß sein Herz normal war. Er wurde jedoch auf die Intensivstation zur Überwachung geschickt, wo er die Nacht an einen Monitor angeschlossen verbrachte. Am nächsten Tag, als er sich besser fühlte und ihm klar wurde, daß sein Herz in Ordnung war, besprachen seine Frau und er ihre gemeinsame emotionale Situation und sein »wirkliches« Herzensproblem.

Er berichtete folgendes:

Im Krankenwagen, auf dem Weg in die Klinik, war es mir sehr wichtig zu sagen: »Sag Jenny, daß ich sie liebe.« Ich spürte mein Herz; ich liebte sie wirklich. Als ich mich auf der Notfallstation umsah, dachte ich, wen kann ich hier lieben? Folgendes war geschehen: Meine Frau hatte in den letzten vier Wochen nicht zugelassen, daß ich sie liebte. Sie war wütend auf mich, eifersüchtig, weil sie dachte, ich hätte etwas mit einer anderen Frau. Ich nahm mich zurück, hielt Abstand von ihr und fühlte mich nicht sexuell gestimmt. Während die Tage verstrichen, fühlte ich, daß etwas in mir starb. Als meine Frau und ich in der Klinik miteinander sprachen, hatte ich das Gefühl, für sie sterben zu können. Das Gefühl bedeutete in

198

Wirklichkeit, ich wäre für meine Mutter gestorben, um sie glücklich zu machen oder sie zu mir zurückzubringen. Ich erinnere mich, daß ich als Kind von dem Gedanken besessen war, einen Teil meines Lebens zu opfern, damit meine Eltern Hunderte von Jahren lebten. Darin zeigte sich eine Angst, sie zu verlieren, weil ich darunter das Gefühl spürte, daß ich sterben würde, wenn sie nicht mehr da wären. Während der Schwierigkeiten mit meiner Frau hatte ich, wie ich mich erinnere, eines Nachts im Bett bei dem gleichen Gedanken – »Ohne dich werde ich sterben!« – geweint und dabei einen Schmerz in meiner Kehle verspürt. Ich wollte verzweifelt nach jemandem rufen – nach Mutter – und hatte die schreckliche Gewißheit, daß sie nicht kommen würde, nicht hören würde, daß meine Stimme und meine Gefühle nicht willkommen waren. Es war ein schreckliches Gefühl von Einsamkeit, Schmerz, Verzweiflung – Verlassenheit, obwohl das Wort auf den ganzen Schrecken des Gefühls, ich könne sterben, nicht zu passen schien. In dieser Zeit schlief ich eines Abends ein und hatte zwei fürchterliche Empfindungen in der Kehle und in der Speiseröhre, die die ganze Nacht anzuhalten schienen. Die eine war, daß meine Kehle und meine Speiseröhre versagten, und ich sterben würde; die andere, daß ich umgebracht werden würde, wenn ich mich nicht verstellte und versteckte. Heute verstehe ich das so, daß ich meine Gefühle und Bedürfnisse verstecken mußte oder umgebracht werden würde. Irgendwie verschloß ich mich. Das gleiche Gefühl hatte ich, als ich die Wut meiner Frau wahrnahm und wie sie durchdrehte und mich beschuldigte, mit einer anderen Frau etwas zu haben. Sie war in Panik, und das steckte mich an, wodurch ich erkannte, daß meine Mutter in einem ähnlichen Zustand gewesen war. Ich erkannte, wie verzweifelt ich versuchte, ihr zu helfen, meiner Mutter zu helfen, aber auch spürte, daß ich *hilflos* war. Dieses Gefühl von Hilflosigkeit brachte mir irgendwie die Freiheit, um mich selbst zu weinen und meine Einsamkeit zu fühlen. Ich spürte und gab jetzt zu, wie unglücklich ich die meiste Zeit meines Lebens gewesen war, ein Gefühl, das zu erinnern ich mich schämte, als hätte ich kein Recht darauf, unglücklich zu sein. Es war ein Unglücklichsein, an dem ich scheinbar überhaupt nichts ändern konnte – weil es das Unglücklichsein meiner Mutter war. Irgendwie hatte ich es in mich aufgenommen und das Gefühl entwickelt, es sei meines.

Die Identifikation eines Kindes mit den Gefühlen seiner Mutter stammt aus der symbiotischen Verschmelzung der beiden. Sie ist kein psychologisches Phänomen. Während der neun Monate, die das Kind im Mutterleib heranwächst, ist sein Körper mit dem seiner Mutter so eng in Kontakt, daß er jede Gefühlsregung, die die Mutter durchläuft, spürt und darauf reagiert. Selbst bei der Geburt ist der Körper des Kindes so auf seine Mutter eingestellt, daß er harmonisch mit ihr zusammenschwingt. Ist eine Mutter traurig und unglücklich, wird auch ihr Kind traurig und unglücklich sein. Wenn sie erregt und lebendig ist, wird ihr Kind sich ebenso fühlen. Ihre Gefühle bestimmen die häusliche Atmosphäre. Wenn sie unglücklich ist, wird ihr Unglück sich wie ein Leichentuch über die Seelen der Kinder wie auch der Erwachsenen breiten, die mit im Haus leben. Ein Erwachsener kann das Haus verlassen und anderswo angenehme Unterhaltung finden, aber ein kleines Kind sitzt in der Falle. Es kann sich nicht gut fühlen, solange seine Mutter sich nicht gut fühlt, also muß es alles tun, was in seiner Macht steht, um die Stimmung der Mutter zu heben. Das kann ihm nicht gelingen, und es wird unweigerlich zu einem unglücklichen Kind mit einem schweren Herzen. Das Unglück der Mutter ist jetzt sein eigenes geworden. Diese Art von Unglück kann das Kind nicht durch Weinen entladen. Wie kann es seine arme, unglückliche Mutter mit seiner Traurigkeit belasten, wenn sie selbst soviel davon hat? Das Kind weiß intuitiv, daß seine Mutter nicht auf seine Bedürfnisse eingehen kann.

Morris erkannte sein Dilemma. Er sagte: »Ich sehe ein, daß ich jetzt etwas gegen mein Unglücklichsein tun kann – ich kann weinen. Diese Einsicht steht in Verbindung zu meiner Kehle. Ich habe meine Kehle verschlossen, um mein Weinen zu unterdrücken, mit dem Ergebnis, daß ich wie festgefahren war.«

Morris' Rolle als Helfer von Frauen war eine Fortsetzung der Rolle, die er als Junge innehatte. Möglicherweise hat sie auch seine Berufswahl bestimmt. Für die Mutter dazusein, versetzt ein Kind in die Lage, über das schreckliche Gefühl von Einsamkeit und Verlassenheit hinwegzukommen, das sein Leben bedroht. Sich selbst zu verleugnen und die Verantwortung für die Mutter zu übernehmen wird zu einer Überlebensmöglichkeit.

Wir ersehen aber aus dem oben Gesagten, daß sich ein Kind in der Beziehung zur Mutter leicht festfährt, so daß die Trennung schwierig wird. Als Erwachsener kann der Mensch sich mit dem Gefühl in eine unbefriedigende Beziehung verrennen, es sei seine Rolle, seinen Partner oder seine Partnerin glücklich zu machen, damit auch er sich erfüllt fühlen kann. Aber diese Erklärung ist nur die eine Hälfte der Geschichte. Die Tür zu dem Käfig, der das Herz einsperrt, klappt erst mit Abschluß der ödipalen Phase ganz zu. Ein Junge, der für seine Mutter da ist, befindet sich meistens in einer Situation, in der sexuelle Untertöne und Nebengedanken mitschwingen. Morris war sich bewußt, daß seine Mutter sich ihm gegenüber aufreizend verhielt und mit ihrem Benehmen für das verantwortlich war, was er seine sexuelle »Verrücktheit« nannte. Er sagte:

Meine Mutter spielte mit mir, neckte und lockte und verspottete mich, verweigerte sich und war nicht für mich da. Ich konnte spüren, daß sie mich mit ihrem aufreizenden Verhalten fast verrückt machte. Mir ist jetzt klar, daß viel von meiner sexuellen Erregung gebunden ist in einer Reihe anderer Beschäftigungen, in einem gewissen Kitzel, in Spielen und nicht im sexuellen Akt selbst.

Die Wirkung auf Morris – wie auf jedes Kind, das in einer ähnlichen Situation gefangen ist – war, daß er ein Gefühl von Schuld hinsichtlich seiner Sexualität entwickelte. Man mag sich fragen, warum *er* sich in dieser Situation schuldig fühlte und nicht seine Mutter, denn er war ja der verletzte Teil. Aber nur wenige Eltern lassen Schuldgefühle wegen ihres aufreizenden Verhaltens gegenüber ihren Kindern zu. Sie betrachten ihr Verhalten nicht als moralisch falsch oder schädlich für das Kind. In ihren Augen ist es ein harmloses Vergnügen, das sie unter Kontrolle haben, so daß es nicht zum Inzest führt. Leider kann das Kind seine Erregung nicht kontrollieren. Es wird überreizt, was um so schwerwiegender ist, als ihm keine der Möglichkeiten zur Abfuhr der Aufladung zur Verfügung steht, die die Erwachsenen haben. Ein Teil von ihm möchte verzweifelt sexuellen Kontakt mit dem betreffenden Elternteil, und ein anderer Teil hat Angst vor dieser Aussicht und weiß, daß das, was es will, falsch ist. Weil es falsch ist, muß jemand die Schuld dafür übernehmen. Es fällt Eltern nicht schwer, das Kind dafür verantwortlich zu machen, daß es sich sexuell auf sie einläßt. Indem Eltern die Schuld auf das Kind projizieren, verleugnen sie, daß ihr eigenes Verhalten schuldhaft ist. Das Kind hat keine andere Wahl, als die Schuld auf sich zu nehmen, wodurch seine Unschuld zerstört und die Tür zu seiner Kindheit versperrt wird.

Wir haben bereits gesehen, welche Konsequenzen solche Erfahrungen haben. Der Erwachsene spaltet die Sexualität von der Liebe ab. Das Individuum kann mit beiläufigen Partnern oder Partnerinnen sexuelle Erfüllung finden, aber es fällt ihm schwer, sich von jemandem stark erregen zu lassen, den es wirklich liebt. Wie der Mensch als Kind nur allzugut gelernt hat, sind solche intensiven Liebesgefühle für ein Liebesobjekt tabu.

Wird aber Sexualität von der Liebe abgespalten, gerät das Herz in Gefahr, weil es sich seine tiefsten Sehnsüchte nicht erfüllen kann. Die Lösung liegt darin, ein liebevoller Mensch zu werden, dessen Herz für das ganze Spektrum an Gefühlen offen ist. Um das zu erreichen, muß man nach Grundsätzen leben, durch die die Unversehrtheit der Persönlichkeit bewahrt bleibt. Einige dieser Grundsätze werden wir uns im nächsten Kapitel näher anschauen.

10 Das gesunde Herz – der liebevolle Mensch

Das Herz folgt seiner eigenen Logik,
die Logik niemals erfassen wird.
Pascal

Heutzutage wird zunehmend erkannt, daß Herzleiden im Zusammenhang mit der eigenen Lebenseinstellung und den eigenen Verhaltensmustern stehen. Folglich versuchen gesundheitsbewußte Menschen nicht nur die Belastungen des modernen Lebens zu verringern, sondern auch den Körper zu kräftigen, damit er diesen Belastungen standhalten kann. Für viele heißt die Aufgabe: körperliche Fitness. Sie achten auf ihre Ernährung, treiben regelmäßig Sport, hören mit dem Rauchen auf, lassen sich regelmäßig medizinisch untersuchen und machen manchmal Meditation oder andere Entspannungstechniken. Wenn auch alle diese Praktiken empfehlenswert sind, richten sie sich doch nicht auf das Schlüsselelement, das zu Herzleiden führt, wie wir es in diesem Buch untersucht haben, nämlich den Mangel an Liebe. Meine These ist, daß ein Mensch, dessen Herz für Liebe offen ist, keine Herzgefäßerkrankungen bekommen wird. Ein solcher Mensch ist nicht rigide, atmet voll und steht nicht unter Leistungs- oder Erfolgszwang wie die Typ A-Persönlichkeit. Wenn diese Feststellung stimmt, sollten diejenigen unter uns, denen die Gesundheit ihres Herzens wichtig ist, ihr Interesse darauf lenken, wie sie ihr Herz für die Liebe öffnen können.

Die Schwierigkeit, der die meisten von uns gegenüberstehen, sieht so aus, daß die Verteidigungswälle, die wir zum Schutz des Herzens errichtet haben, zu seinem Gefängnis geworden und uns jetzt nicht mehr bewußt sind. Viele Menschen nehmen die Spannungen in ihrem Brustkorb oder ihre Unfähigkeit, ihr Herz zu öffnen, noch nicht einmal wahr. Die meisten glauben, daß sie vollkommen imstande sind zu lieben, wenn sie nur geliebt würden. Sie verwechseln die Sehnsucht nach Liebe mit der Liebe selbst. Sie spüren Liebe in ihrem Herzen, gelangen aber an diese Liebe nicht heran, weil sie von ihrem Herzen durch die Barrieren, die sie selbst zu seiner Rettung errichtet haben, abgeschnitten sind.

Es reicht nicht aus, den Entschluß zu fassen, liebevoller zu sein. Wir können uns ebensowenig zwingen, Liebe zu fühlen, wie wir uns durch Willensanstrengung glücklich machen können. Es liegt in der Natur von Gefühlen, daß sie tief aus dem Inneren des Organismus aufsteigen, und obgleich wir sie abschwächen oder unterdrücken können, steht es nicht in unserer Macht, sie zu erzeugen. Es stimmt zwar, daß man ein Gefühl durch Phantasie hervorrufen kann oder dadurch, daß man es spielt, dennoch ist es solange nicht das echte Gefühl, wie dieses Spiel nicht ein unterdrücktes Reservoir an Emotionen berührt. Gelegentlich kann man die Barrieren durchbrechen, die die Liebesgefühle zurückhalten, so daß sie an die Oberfläche kommen, aber diese Durchbruchserfahrungen, so wichtig sie auch sind, verändern die Persönlichkeit nicht, wenn die Barrieren nicht verstanden und beiseite geräumt werden. Viele Menschen haben zum Beispiel die überwältigende Freude, sich zu verlieben, erlebt. Aber in vielen Fällen hat die Liebe eine kindische oder romantische Qualität. Angesichts der erwachsenen Realität bricht sie zusammen, und der Mensch bleibt der Liebe gegenüber ebenso verschlossen zurück, wie er es vor dieser Erfahrung war.

Um das Herz so zu öffnen, daß es für den Menschen Sinn ergibt und seinen Körper lebendiger werden läßt, müssen wir herausfinden, warum und wie es zugemacht wurde, und welche Kräfte und Ängste es verschlossen halten. Ohne dieses Wissen und Verständnis können wir Therapeuten weder für uns selbst noch für den Patienten den Panzer demontieren oder die Barrikaden aus dem Weg räumen. Der erste Schritt besteht darin, die Vergangenheit des Menschen zu erforschen und zu analysieren, vor allem die Kindheitserfahrungen. Gleichzeitig müssen wir das Verständnis der körperlichen Prozesse fördern, die das Individuum panzern. Wir müssen den Körper als lebendigen Ausdruck der Lebensgeschichte eines Menschen betrachten, statt ihn rein mechanisch zu verstehen. Wie wir gesehen haben, ist jede chronische Verspannung im Körper ein

Anzeichen für einen frühen Konflikt, durch den der Betreffende mit einer unaufgelösten Angst zurückgeblieben ist. Diese Ängste müssen durchgearbeitet und beseitigt werden, wenn sein Herz für das Leben offen bleiben soll. Um das zu erreichen, müssen Muskelverspannungen abgeführt und unterdrückte Gefühle zugelassen werden, damit sie ins Bewußtsein treten können. In der Therapie wie auch im Leben schreiten beide Prozesse, der analytische und der körperliche, Hand in Hand voran.

Die folgende Skizze einer Therapiesitzung zeigt dieses Ineinandergreifen der verschiedenen Prozesse. Während die Patientin, eine Frau um die dreißig, die ich Barbara nennen werde, auf dem Bett lag, schlug ich ihr vor, mit den Armen auszugreifen und zu sagen, was sie wollte. Sie sagte: »Ich möchte Liebe in meinem Herzen spüren.« Dabei dachte sie, wie sie mir später erzählte, an ihren Mann und ihre Schwestern. Mit dem Vorbringen ihres Wunsches kam ein Gefühl von Traurigkeit hoch, aber sie konnte nicht weinen. Ihre zusammengepreßten, grimmigen Kiefer und ihr verspannter Körper machten es ihr sehr schwer, sich in Tränen aufzulösen. Als wir ihre Unfähigkeit zu weinen besprachen, fügte sie hinzu: »Ich habe das gleiche Problem, wenn ich mit meinem Mann im Bett liege und durch die sexuelle Begierde anfange, weicher zu werden. Ich verkrampfe mich, schneide das Gefühl ab und werde feindselig.« Sie erklärte: »Wenn ich zulasse, meine Gefühle zu zeigen, habe ich das Gefühl, daß andere Menschen sie genießen und eine perverse Lust aus meiner Hilflosigkeit schöpfen werden.« Dann fügte sie noch hinzu: »Wenn du die Kontrolle verlierst, bist du übergeschnappt.« Im Stillen setzte ich hinzu: »Und wirst gedemütigt.«

Barbara hatte sich vorher über einen Mangel an Privatsphäre in ihrer Kindheit beklagt. Sie hatte das starke Gefühl, daß ihre Mutter sie ständig beobachtete, und daß ihr Vater ihre Sexualität sehr bewußt wahrnahm. Als Erwachsene verhielt sich Barbara immer noch so, als ob sie sich mit jedem Gefühl, das sie zeigte, einer Demütigung aussetzen würde. Natürlich wußte sie, daß das nicht der Fall war, aber ihr bewußter Verstand konnte das Angstgefühl, das als chronische Verspannung in ihre Körperstruktur eingegangen war, nicht überwinden.

Fühlen heißt, wie bereits ausgeführt, wahrzunehmen, was im Körper vor sich geht. In Barbaras Fall signalisierte die Unterdrückung der Gefühle die Angst vor Bloßstellung und Demütigung. Wenn sie weinte, würde sie sich unweigerlich gedemütigt fühlen, weil Demütigung das Gefühl war, das sie zu unterdrücken suchte. Aber wenn sie niemals weinte, würde sie immer die Angst haben, sich bloßzustellen und gedemütigt zu werden. Befand sie sich also in der Falle? Nicht wenn Barbara den Mut finden konnte, ihre Erwachsenenrealität zu testen. Das Gefühl von Demütigung, das sie vielleicht erlebte, wenn sie dem Weinen freien Lauf ließe, würde vorübergehen. Es würde sich schnell in ein Gefühl der Erleichterung verwandeln, wenn sie realisierte, daß die, die ihr nahestanden, auf ihr Weinen mit Sympathie und Verständnis reagierten.

Da Barbara diese Erleichterung wollte, war es nicht sehr schwer, ihr zu helfen, nachzugeben. Ich bat sie, nochmals auszugreifen und dabei dieses Mal um meine Hilfe zu bitten. Trotz ihres verzweifelten Bedürfnisses fiel es ihr schwer, diese Geste mit Gefühl zu machen. Während sie die Worte sagte: »Bitte, helfen Sie mir!«, übte ich etwas Druck auf beide Seiten ihres Kiefers aus, wodurch sie sich entspannten. In weniger als einer Minute begann Barbara zu schluchzen. Als sie mit dem Weinen zu Ende gekommen war, bemerkte sie, wie gut es sich anfühlte, loszulassen. Sie wußte, daß sie es ohne mein Dazutun nicht geschafft hätte.

Damit steht sie nicht alleine da. Viele Menschen sind wie gelähmt durch das widersprüchliche Zerren von »Ich möchte« auf der einen und »Ich werde nicht« auf der anderen Seite und brauchen das Eingreifen eines Therapeuten oder einer Therapeutin, um von der Unterdrückung der Gefühle zu deren Ausdruck zu gelangen.

Kleine Kinder bilden eine Ausnahme. Wenn ein Säugling Angst hat, verletzt oder frustriert ist, beginnt sein Kinn zu zittern, was sofort zu heftigem Schluchzen führt. Das ist gleichermaßen sowohl ein verzweifeltes Weinen wie auch die konvulsivische Entladung von Spannung.

Wird der Säugling älter, lernt er andere Möglichkeiten, Spannung zu entladen. Eine ist, ärgerlich zu werden, wenn er verletzt oder beleidigt wird. Ein Kind zum Beispiel, das sich über eine plötzliche Bewegung erschreckt, kann nach dem Menschen schlagen, der ihm einen Schrecken eingejagt hat. Der Ausdruck von Ärger, der sich in einem körperlichen Angriff manifestiert, entlädt die Spannung. Das Kind lernt auch, Spannung abzuführen, indem es sich von stressigen Situationen fernhält. Wenn es älter wird, kann es auch zum Lachen Zuflucht nehmen.

Kleinen Kindern, deren einziger Weg zur Spannungsabfuhr das Weinen ist, steht keine dieser Möglichkeiten zur Verfügung. Weinen ist auch die einzige Möglichkeit für Erwachsene, die Spannung loszulassen, die aus dem Verlust von Liebe resultiert. Der Prozeß des Trauerns ist zur Entladung des Schmerzes über den Verlust solange ohne Wirkung, wie er nicht heftiges Schluchzen einschließt. Man kann über den Tod eines geliebten Menschen auch ärgerlich werden, wie das bei manchen Naturvölkern der Fall ist, aber ihr Ärger geht immer einher mit Heulen, Schreien und Weinen. Einer meiner Patienten erzählte mir, daß er nach dem Tod seiner Frau vor einigen Jahren eine Woche lang jede Nacht geweint hätte. Der Schmerz über den Verlust war so groß, daß er glaubte, er würde ihn nicht überleben. Aber durch das Weinen konnte er schlafen, was ihm die Kraft gab, weiterzumachen.

Während Ärger die Spannung im Rücken abführt, wird durch Weinen die Spannung an der Vorderseite des Körpers abgeführt. Jeder Schluchzer ist wie eine Pulsation, die tief im Unterleib (aus dem Bauch heraus weinen) aufsteigt, hinauf zu Brust und Kehle, wo sie als Ton entladen wird. Um den Ton von sich zu geben, muß man ausatmen; man kann unmöglich weinen, wenn man den Atem anhält. Auch wenn man den Ton durch Verspannungen in der Kehle und im Kiefer blockiert, wird man das Weinen unterbinden. Werden diese Behinderungen aber überwunden, fühlt der Brustkorb sich leichter an, und das Atmen wird müheloser, nachdem man sich richtig ausgeweint hat.

Das Lachen ist in seiner Eigenschaft als Spannungsableiter dem Weinen sehr ähnlich. Norman Cousins empfiehlt, wie wir gesehen haben, den Einsatz von Lachen als Gegenmittel bei Panik und Hilfe bei der Heilung. Man kann seine positiven Eigenschaften schwerlich verneinen; es hebt die Stimmung. Physiologisch gesehen, sind

Lachen und Weinen nicht sehr verschieden; beides sind konvulsivische Reaktionen, bei denen die Stimme eingesetzt und die Atmung angeregt wird. Die Spannungsabfuhr resultiert aus den konvulsivischen Bewegungen, aber wo das Lachen in ein aufwärts gerichtetes Gesicht ausläuft, beugt sich das Gesicht beim Weinen nach unten. Ein gutes Lachen aus dem Bauch heraus und ein gutes Weinen aus dem Bauch heraus sind psychologisch gesehen nicht das gleiche. Zu lachen, wenn man sich traurig fühlt, trägt nichts dazu bei, die Traurigkeit zu entladen, auch wenn wir uns vorübergehend erleichtert fühlen können. Nur durch heftiges Weinen wird die Traurigkeit entladen.

Viele Patienten lachen, um ihre Traurigkeit zu blockieren oder zu verleugnen. Manchmal wird ein Patient spontan zu lachen anfangen, wenn er, über den Stuhl gelehnt, tief atmet, aber das Lachen ist unangemessen, weil an dieser Situation nichts Witziges oder Komisches ist. Aber wenn man ihn auffordert, mit dem Lachen fortzufahren, kann man manchmal erleben, wie es sich plötzlich in Weinen verwandelt. Es kann auch andersherum verlaufen. Ich erinnere mich an eine Gelegenheit, als das passierte. Meine Frau arbeitete an den Verspannungen in meinen Schultern, während ich auf dem Boden saß. Hinter mir stehend, drückte sie ihre Fäuste in die verkrampften Muskeln zwischen Nacken und Schultern. Das tat so weh, daß ich zu weinen anfing. Dann plötzlich verschwand der Schmerz, und ich lachte. Als die Muskeln losließen, verschwand die Spannung aus ihnen und auch der Schmerz. Ich lachte vor Erleichterung, und weil ich mich so gut fühlte.

Manchen Menschen fällt es sehr schwer zu weinen, und sie sind sogar stolz auf ihre Fähigkeit, soviel »wegzustecken«, ohne zusammenzubrechen. Es gibt Zeiten und Orte, wo diese Haltung ein Zeichen von Tapferkeit ist. Es ist lobenswert, vor einem Feind nicht zusammenzubrechen, aber diese Haltung in das Alltagsleben zu übertragen, ist idiotisch und gefährlich. Man könnte sich fragen, ob der Betreffende zu beweisen versucht, daß er aus Stein ist. Aber in diesem Fall, wie in so vielen anderen auch, liegen die wirklichen Gründe unter der Oberfläche verborgen, im Unbewußten. Nicht zu weinen war der Weg, auf dem sie als Kinder überlebten. Indem es nicht weint, kann ein Kind einem strafenden und feindseligen Elternteil die Genugtuung nehmen, sich das Kind unterworfen zu haben. Indem es sich in Stein verwandelt, kann das Kind ein Elternteil dahin bringen, sich machtlos zu fühlen. Niemand ist so mächtig, daß er sich einen Stein gefügig machen kann. Außerdem schämen sich viele Männer zu weinen. Wenn sie weinen, bedecken sie ihr Gesicht mit den Händen. Auf einer bewußten Ebene haben sie das Gefühl, daß es unmännlich ist zu weinen. Aber ihre Schwierigkeiten mit dem Weinen haben ihren Ursprung in der unbewußten Rigidität, die eine tiefe Atmung blockiert und unterdrückte Konflikte anzeigt.

Ich habe meine eigenen Schwierigkeiten zu weinen schon einmal erwähnt. Mir war viele Jahre lang bewußt, daß mein Brustkorb verspannt war und daß sich dort Panik verbarg. Ich wußte, daß ich Angst vor dem Verlassenwerden hatte. Die Therapie und die Übungen, die ich machte, verringerten Angst und Panik in großem Maße, aber ich wußte, daß ich immer noch ein Kandidat für einen Herzanfall war. Tatsächlich träumte ich sogar, daß ich einen Herzanfall haben und sterben würde. Obwohl für den Anfall keine Zeit angegeben wurde, legte der Traum auch nicht nahe, daß er erst in ferner Zukunft auftreten würde. Trotzdem hatte ich keine Angst bei dieser Aussicht. Ich sagte einfach: »Das ist schon in Ordnung, solange ich mit Würde sterbe.« In der folgenden Nacht träumte ich, daß ich der vertraute Ratgeber eines Kinderkönigs war. Er glaubte, daß ich ihn verraten hätte, und ordnete meine Hinrichtung an. Ich wurde zum Richtplatz geführt, wo mein Kopf abgeschlagen werden sollte. Ich sah den Henker mit seiner Axt neben dem Richtblock stehen, aber ich verspürte keine Angst, weil ich sicher war, daß der König seinen Irrtum einsehen und mich in letzter Minute befreien würde. Die Sekunden tickten dahin, die Zeit der Hinrichtung rückte näher, und es kam keine Begnadigung. Im letzten Augenblick schaute ich nach unten und sah, daß die Kette, an der mein Fuß festgebunden war, aus Goldlametta bestand, und daß ich einfach weggehen konnte. Da erwachte ich. Der Traum war so lebhaft gewesen, daß er wichtig sein mußte.

Als ich über den Traum nachdachte, wurde seine Bedeutung mir klar. Der Kinderkönig war mein Herz, der vertraute Ratgeber mein Kopf.

Mein Kopf hatte mein Herz verraten, indem er die Macht an sich riß und das Verhalten diktierte, mit der Begründung, daß der König, mein Herz, kindlich war. Der Traum schilderte den typischen Konflikt zwischen dem Erwachsenen-Ich und dem Herzen. Wollte ich mein Herz retten, mußte ich meinen Kopf verlieren – das war die eine Botschaft des Traumes. Die andere Botschaft war, daß keine wirkliche Bedrohung für mein Leben bestand, wenn ich meine Situation realistisch betrachtete. Ich war frei. Ich mußte einfach die Vorherrschaft meines Herzens anerkennen. Ich hatte den Konflikt erzeugt, und deshalb konnte ich ihn auch lösen, indem ich erkannte, daß die Rolle des Ratgebers nicht darin bestand, Entscheidungen zu treffen. Das ist das Vorrecht des Königs. Die Aufgabe des Ratgebers besteht darin, den König auf dem Laufenden zu halten und ihm dabei zu helfen, seine Entscheidungen durchzuführen. Ich würde die Kopf-Herz-Beziehung wie folgt beschreiben: Das Herz wird Ihnen sagen, was Sie zu tun haben, und der Kopf wird ihnen die beste Möglichkeit zeigen, wie Sie es tun können.

Meine Herangehensweise an das in diesem Buch besprochene Problem – nämlich die Unfähigkeit, das Herz für die Liebe zu öffnen – ist sowohl psychologischer als auch physischer Art. Auf der psychologischen Ebene ist es notwendig, daß der Mensch das Wesen des Problems versteht und soviel Einsicht wie möglich in seine Ursachen gewinnt. Das schließt eine sorgfältige Analyse ein, um ihm zu helfen, mit seinen Kindheitserfahrungen in Berührung zu kommen. Aber ich glaube nicht, daß die Analyse allein voll wirksam ist. Das Problem ist in Form von Muskelverspannungen in die Körperstruktur eingegangen, wie ich in diesem Buch so oft betont habe. Ich habe die Panzerung vor dem Brustkorb beschrieben, die die Sehnsucht blockiert, und den Schild im Rücken, der den Ausdruck von Ärger stillstellt. Diese Spannungen müssen in ausreichendem Maße losgelassen werden, wenn es wieder zu einer gesunden Funktionsweise kommen soll. Der erste Schritt eines Behandlungsprogramms besteht darin, diese Verspannungen zu sehen.

Abbildung 14A zeigt eine Zeichnung nach der Fotografie eines dreiundvierzigjährigen depressiven Patienten, der zwei Jahre zuvor einen Myokardinfarkt erlitten hatte. Die Krümmung des Rückens ist die auffälligste Form in der ganzen Zeichnung. Manche Tiere zeigen diesen Buckel, wenn sie so ärgerlich sind, daß sich die Haare auf ihrem Rücken aufrichten. Wie diese war der Mann in Verteidigungsposition. Ungefähr vier Wochen vor dem Anfall hatte sein Vorgesetzter sich ihn vorgeknöpft; ein Erlebnis, das er als sehr erniedrigend beschrieb. Obwohl er ärgerlich und wütend war, zeigte er seine Gefühle nicht. In den darauffolgenden Weihnachtstagen fühlte er sich erschöpft und rastlos zugleich. Er hatte auch Schwierigkeiten beim Atmen. Er sah so verhärmt aus, daß man ihm riet, Urlaub zu nehmen. Über die Neujahrsfeiertage fuhr er nach Kalifornien, um im Haus seiner Schwester Urlaub zu machen, und während seines dortigen Aufenthaltes schlug der Verlobte seiner Nichte, ein junger Mann Anfang zwanzig, ihm vor, Tischtennis zu spielen. Der Patient konnte der Versuchung nicht widerstehen. Er verlor das erste Spiel 21:12 und verlor auch das zweite. Beim dritten Spiel strengte er sich sehr an, verlor aber wieder. Nach der dritten Niederlage spazierte er fünfzehn oder zwanzig Minuten umher. Als er sich hinsetzte, verspürte er Schmerzen in der Brust. Glücklicherweise war das Krankenhaus nur fünf Minuten entfernt.

Wenn auch die Krümmung des Rückens am meisten ins Auge fällt, sollten wir nicht den aufgeblähten, gepanzerten Brustkorb übersehen, der auf ein gebrochenes Herz und Panik hinweist. Wegen des gekrümmten Rückens ist es gut möglich, daß die Aufblähung seines Brustkorbs nicht zu sehen ist, wenn der Patient Kleidung trägt. Unbekleidet zeigt sie sich deutlich im übertriebenen Umfang des Brustkastens. Dieser Mann hatte nie geheiratet und hatte niemals eine längerfristige oder erfüllte Beziehung zu einer Frau gehabt. Als wir seine Kindheit besprachen, zeigte er kein Bewußtsein dessen, daß er einen Liebesverlust erlitten hätte. Er erinnerte sich nur sehr schwach an seine Kindheit, glaubte aber nicht, daß bei seiner Erziehung irgend etwas Ungewöhnliches vorgefallen war. Das Gespräch über seinen Herzanfall rief keine Traurigkeit in ihm hervor oder irgendeine Empfindung, daß ihm etwas Schreckliches passiert war. Er erkannte, daß er ärgerlich war, hatte aber das Gefühl, ärgerlich auf sich selbst zu sein, weil er ein Versager war. Da er jegliche Traurigkeit über den Mangel an oder den Verlust von Liebe verleugnete, verspürte er auch nicht den Wunsch zu weinen. Er konnte sich nicht daran erinnern, wann er das letzte Mal geweint hatte. Beim Tod seiner Mutter vor einigen Jahren waren ihm zwar Tränen in die Augen gestiegen, aber auch dann war er nicht zusammengebrochen und hatte auch nicht schluchzen müssen

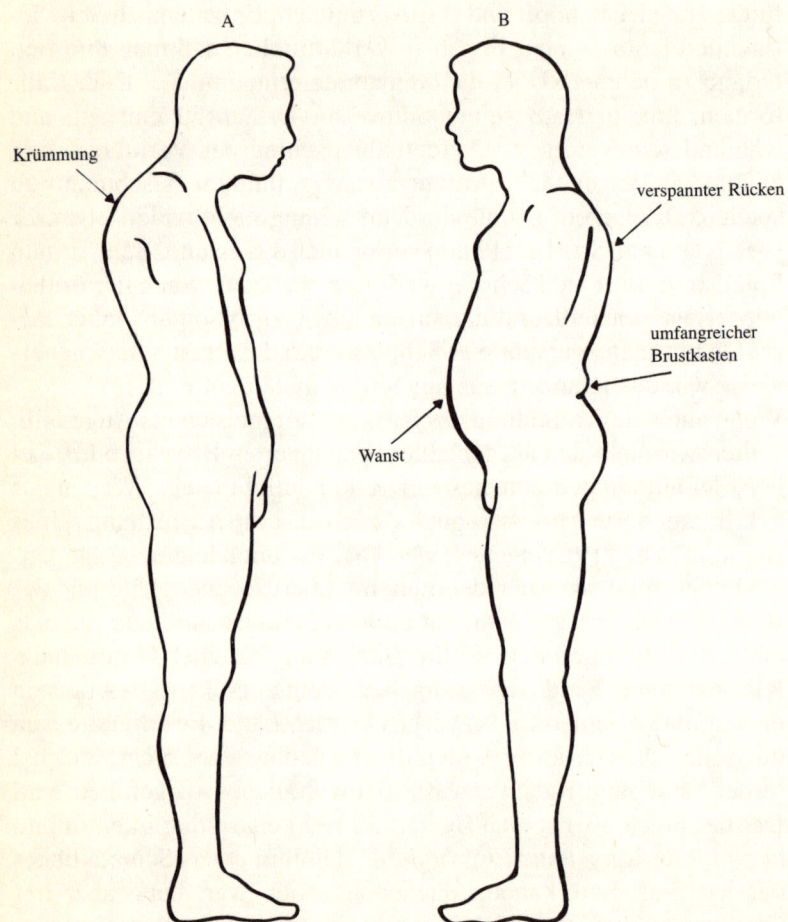

Abbildung 14: Verspannungsmuster bei gepanzerten Individuen

Abbildung 14B stellt eine bei Männern in mittleren Jahren ziemlich verbreitete Körperstruktur dar. Sie zeigt den hochgezogenen, verspannten Rücken, den übermäßigen Umfang des Brustkastens von der Vorder- zur Rückseite und den ziemlich typischen Bauch. Ein Mensch mit diesem Körpertyp ißt wahrscheinlich schwer und viel und hat einen hohen Cholesterinspiegel. Diese physischen Erscheinungsformen sind aber meiner Meinung nach gegenüber den emotionalen Faktoren und den Atemschwierigkeiten, die sich im vergrößerten Brustkasten zeigen, zweitrangig. Ein weiterer Aspekt dieser Zeichnungen verdient unsere Aufmerksamkeit: der eingefallene Hintern. In beiden Zeichnungen ist das Gesäß ziemlich flach, eine Körperhaltung, die an einen Hund erinnert, der den Schwanz zwischen seine Beine klemmt. Für mich zeigt diese Körperhaltung einen deutlichen Verlust an männlicher Kessheit, ein weiterer Faktor, der für Herzleiden prädisponiert. Da ein Mensch sein Körper *ist*, muß der Körper sich verändern, wenn es zu einer dauerhaften Veränderung der Persönlichkeit kommen soll. Die Beschreibung einiger Übungen, durch deren Anwendung diese Veränderungen erreicht werden können, folgt.

Die grundlegende Technik, die ich einsetze, um einem Menschen dabei zu helfen, die Blockaden gegen das Weinen aufzulösen, besteht darin, seine Atmung und seine Stimme anzuregen. Dafür gibt es mehrere Möglichkeiten, aber zur Behandlung von Menschen, die sich verhärtet haben, ist der Einsatz eines bioenergetischen Stuhls hilfreich. Der Stuhl, wie er in Abbildung 15 gezeigt wird, ist sechzig Zentimeter hoch. Eine zusammengerollte Decke, innen mit Papier gefüllt, wird auf den Sitz geschnallt. Der Betreffende legt sich mit dem Rücken auf den Stuhl, die Arme werden nach hinten über den Kopf gestreckt und liegen auf einem weiteren Stuhl. Die Decke stützt den Rücken genau gegenüber der Linie, die zwischen den Brustwarzen verläuft. Diese Position wurde dem Dehnen und Strecken abgeschaut, das man oft bei Menschen sieht, die zu lange gesessen haben und sich entspannen wollen: Um ein paar tiefe Atemzüge zu nehmen, richten sie ihren Oberkörper auf und strecken ihre Arme hoch nach hinten über die Stuhllehne. Da die meisten Menschen unter beträchtlichen Muskelverspannungen im Rücken leiden, ist diese Stellung auf dem bioenergetischen Stuhl unbequem. Wenn man sich aber so gut wie möglich entspannt, ist der Stuhl eine Hilfe beim Atmen, denn die feste Muskulatur, die den Brustkasten umgibt, wird in dieser Position gedehnt. Es ist schwer, den Atem anzuhalten, wenn man über dem Stuhl liegt, und Individuen, die rigide sind, werden sowohl ihre Rigidität als auch ihre Unfähigkeit, tief durchzuatmen, spüren. (Eine umfassendere Beschreibung für die Anwendung des Stuhls findet sich im Handbuch für bioenergetische Übungen.[71])

Wie wir gesehen haben, halten Menschen, die ihre Gefühle zurückhalten, auch ihren Atem zurück. Über dem Stuhl zu liegen fördert das Ausatmen und damit auch das »Loslassen«. Wenn man tief aus dem Unterleib heraus ausatmet, kann die unterdrückte Traurigkeit nicht länger festgehalten werden und bricht spontan hervor. Meistens können Menschen nicht so tief atmen, aber durch Einsatz der Stimme kann diese Atmung noch weiter unterstützt werden. Wenn man sich die Mühe macht, über dem Stuhl liegend einen leichten Ton von sich zu geben und ihn zu halten, wird dadurch die Ausatmung vertieft. Die Unfähigkeit, einen Ton länger als ein paar Sekunden zu halten, ist ein Zeichen für Atemschwierigkeiten, auch wenn man diese im Alltagsleben nicht verspürt. Meistens bezieht sich Atemnot auf Schwierigkeiten beim Einatmen, aber hier liegt das Problem in der Unfähigkeit, tief auszuatmen. Die meisten Menschen werden mit dem Ton aufhören, wenn sie damit an den kritischen Punkt gelangen, das heißt an den Punkt, an dem die Ausatmung fortzusetzen bedeuten würde, unterbrochene Töne wie »Uh, Uh, Uh« zu erzeugen, die leicht in ein Schluchzen übergehen könnten. In vielen Fällen wird der Mensch durch Spannungen in den Bronchien zum Husten gereizt. Wenn die Kehle stark verspannt ist, wird er anfangen zu würgen. In manchen Fällen wird das Gefühl von Traurigkeit heruntergeschluckt, wenn es hochsteigt. Welche Form der Widerstand auch immer annehmen mag – ich ermutige die Person, so weit wie möglich loszulassen und absichtlich weinende Geräusche von sich zu geben. Und selbst dann ist es für viele Menschen, und besonders für Männer, nicht leicht, zusammenzubrechen und zu weinen. Auch mir ist das nicht leichtgefallen. Ich hatte Angst vor dem Schmerz in meinem Herzen, aber ich erkannte, wie wichtig es für mich war, daß ich weinen konnte. Durch die Arbeit an meiner Atmung über all die Jahre hinweg bin ich jetzt imstande, leicht und sanft zu weinen, fast wie ein Säugling, und darüber bin ich sehr glücklich.

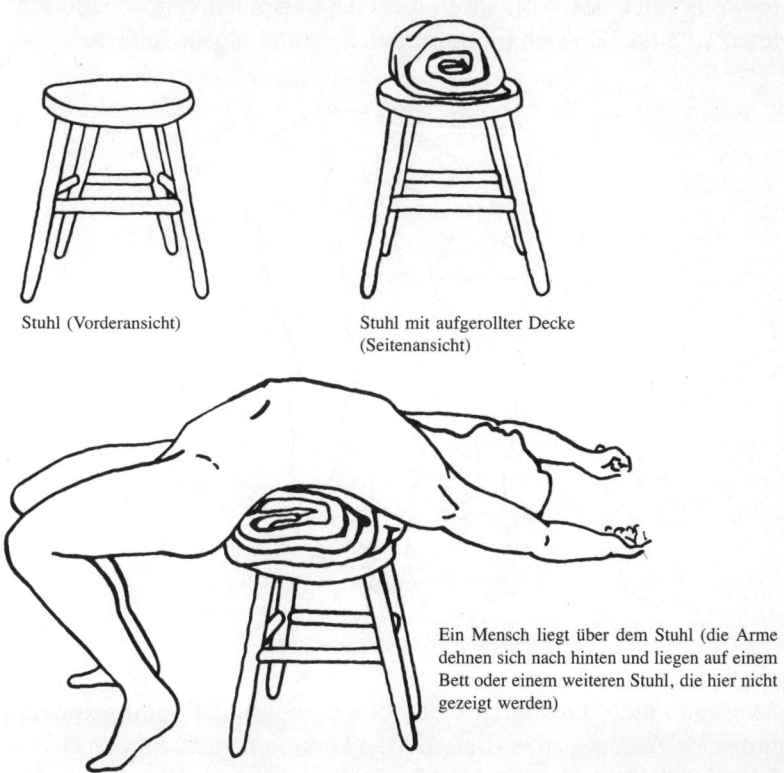

Stuhl (Vorderansicht)

Stuhl mit aufgerollter Decke (Seitenansicht)

Ein Mensch liegt über dem Stuhl (die Arme dehnen sich nach hinten und liegen auf einem Bett oder einem weiteren Stuhl, die hier nicht gezeigt werden)

Abbildung 15: Der bioenergetische Stuhl und die Atemübung

Auf die Übung mit dem Stuhl folgt eine weitere, bei der der Rücken sich in die Gegenrichtung wölbt. Man beugt sich dabei vornüber und berührt mit den Fingerspitzen den Boden, wobei die Knie leicht gebeugt sind, und die Füße, knapp dreißig Zentimeter auseinander, leicht nach innen zeigen. Wenn man diese Position drei bis fünf Minuten hält, beginnen die Beine zu zittern. War die Übung auf dem Stuhl wegen der Rigidität des Übenden eventuell mit Streß verbunden, wird dieser Streß jetzt durch die Vibrationen losgelassen und darüber hinaus der Atmungsprozeß angeregt. Bei dieser Position geht es darum, in die Erde loszulassen; wir nennen sie die Erdungsübung (siehe Abbildung 16). Als wir mehrere Herzpatienten während eines Workshops diese Übung machen ließen, berichteten alle, daß sie sich hinterher leichter und besser fühlten.

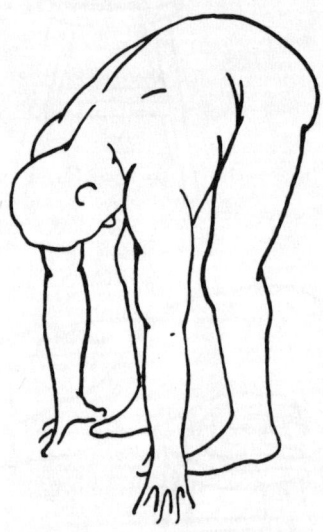

Abbildung 16: Die Erdungsübung

Man muß nicht unbedingt einen bioenergetischen Stuhl benutzen, um seine Atmung zu vertiefen. Man kann sich auch auf den Boden legen, eine Deckenrolle unter dem oberen Rücken. Wenn diese Position auch nicht so effektiv ist, wie sich über den Stuhl zu legen, kann man dabei doch durch Einsatz der Stimme, wie oben beschrieben, ein Weinen hervorrufen. Selbst im Sitzen kann man sich durch Einsatz der Stimme zum Weinen bringen. Es ist auch hilfreich, sich dabei Traurigkeit oder einen Verlust in seinem Leben in Erinnerung zu rufen. Viele Menschen sagen, daß sie weinen können, wenn sie einen traurigen Fernsehfilm anschauen oder Musik hören, aber in den meisten Fällen ist hier eher von Tränen als von Schluchzern die Rede. Wenn Tränen als Ausdruck von Traurigkeit und als Reinigungsmittel für die Augen auch wichtig sind, dienen sie doch nicht dazu, die Spannungen, die aus einem Liebesverlust resultieren, abzuführen. Zu diesem Zweck müssen wir aus vollem Hals und unkontrollierbar weinen.

In der bioenergetischen Therapie wenden wir eine weitere Übung an, um Menschen zu helfen, die Protestgefühle auszudrücken, die jeder kennt, der einen geliebten Menschen verloren hat. In vielen Naturvölkern ist es üblich, seinen Protest herauszuschreien, wenn ein geliebter Mensch stirbt, aber wir gebildeten und zivilisierten Menschen akzeptieren Tod und Verlust gleichmütig, auch wenn diese rationale Einstellung die Gefühle des Körpers verleugnet und unser emotionales Leben abtötet. Die Übung besteht darin, daß der Patient sich mit dem Rücken auf das Bett legt und mit ausgestreckten Beinen rhythmisch dagegen tritt. Wenn das Bett eine zehn bis fünfzehn Zentimeter dicke Schaumstoffmatratze hat, kann er so fest treten, wie er will, ohne sich zu verletzen oder das Bett zu beschädigen. Während er tritt, ruft der Patient mit lauter, anhaltender Stimme aus: »Warum?« Ich bitte den Patienten, drei »Warums« zu rufen und – während er weitertritt – jedes solange anzuhalten, bis ihm der Atem ausgeht, und er an diesem Punkt neu Luft holen muß. Während die Übung vom ersten »Warum« bis zum dritten fortschreitet, wird das Treten beschleunigt und die Stimme weiter erhoben. Bei vielen Frauen geht das dritte »Warum« in ein Kreischen über. Weinen und Kreischen sind Bestandteil eines wirklichen Trauerprozesses. Durch diese Übung wird die Spannung in Brustkorb, Kehle und Beinen entladen und die Atmung bedeutend vertieft, so daß man sich der Spontanität der Atmung sehr bewußt ist. Wie tiefes Weinen nimmt auch das Herausschreien oder Kreischen eines Protestes viel von der Schwere der Traurigkeit oder des Schmerzes, die auf dem Herzen lasten.

Das Wichtige an diesen Übungen ist, daß die Wirkung, die sie auf die Atmung haben, nicht auf die Zeitspanne der Übung begrenzt ist. Weil sie dem Menschen helfen, seine Angst davor zu überwinden, sich den Gefühlen hinzugeben, können sie weitreichende und lang anhaltende Veränderungen in Verhalten und Persönlichkeit hervorrufen. Statt Gefühle zurückzuhalten, lernt der Patient, loszulassen, um lockerer, weicher und freier zu werden. Das geschieht bereitwilliger, wenn der Betreffende in einer Therapie ist, die ihm erlaubt, seine Erinnerungen sorgfältig zu erforschen, um die Kräfte zu verstehen, die seine starken Verspannungen hervorgerufen haben. Es soll aber mit Nachdruck darauf hingewiesen werden, daß Therapie kein absolutes Muß ist, um zu wachsen und reif zu werden. Das Leben bietet uns viele Gelegenheiten, unsere Gefühle offen und direkt auszudrücken, und jedes Mal, wenn wir das tun, lernen wir, ein offenerer und liebevollerer Mensch zu werden. Aber Übungen wie diese sind eine große Hilfe für den Prozeß, unser Herz zu öffnen und unsere Gefühle auszudrücken.

Jede Auseinandersetzung mit unseren Gefühlen ist unvollständig, wenn das Problem Ärger ausgelassen wird. Im allgemeinen sind die meisten Menschen sich ihres zurückgehaltenen Ärgers nicht bewußt, trotz der Tatsache, daß sie sich vielleicht gereizt fühlen und von Zeit zu Zeit vor Wut explodieren. Sie sind sich auch der enormen Verspannungen im oberen Rücken nicht bewußt, die mit unterdrücktem Ärger einhergehen. Ein Mensch kann aufgebracht sein, aber im allgemeinen spürt er es nicht. Dieser unterdrückte Ärger stammt, wie wir gesehen haben, aus frühen Kindheitserfahrungen mit Verlust, Verleugnung und dem Zwang, sich der elterlichen Autorität unterwerfen zu müssen. In vielen Fällen bestehen diese frühen Erfahrungen zum Teil aus körperlichem Mißbrauch in Form von Bestrafung durch ein Elternteil. Der Ärger als Reaktion auf diesen Mißbrauch ist so intensiv, daß er an mörderische Wut grenzt, der die meisten Menschen nicht nachgeben wollen, weil sie Angst haben, sie könnten außer Kontrolle geraten und jemanden ernsthaft verletzen. Aber wenn diese Gefühle zurückgehalten werden, richtet man sie gegen sich selbst und wird selbstzerstörerisch. Dieser zurückgehaltene Ärger erschwert es einem auch, um das zu bitten, was man haben will, oder auf eine unvernünftige Forderung mit Nein zu antworten. Man hat Angst, vor Wut zu explodieren, wenn man auf Widerstand trifft.

Und so trägt man seinen Ärger in Form von chronischen Muskelverspannungen wie einen Affen auf seinem Rücken mit sich herum.
Will der Betreffende mit Streßsituationen leicht und vernünftig
umgehen können, muß der Ärger freigesetzt werden. Am folgerich-
tigsten ist für ihn, mit all seiner Raserei auf ein Bett einzuschlagen
und dabei sämtliche Worte zu benutzen, die ihm in den Sinn
kommen. Während diese Übung für eine erlösende Spannungsabfuhr sorgt, ist ihr Hauptzweck doch, die Schultern und Arme zu befreien, damit sie sanft nach Liebe ausgreifen können. Jahrelang zurückgehaltener Ärger kann nicht mit einer Übung entladen werden.
Solange der »Affe« ihm im Nacken sitzt, wird der Betreffende ein
ärgerliches Individuum sein. Zur vollständigen Spannungsabfuhr
ist zweierlei notwendig: Zum einen muß er seinen Ärger spüren
und sich damit identifizieren; und zum anderen muß er als regelmäßige Übung zu Hause mit dem Schlagen fortfahren, bis er sich
von den Spannungen in seinem Rücken und seinen Schultern befreit
hat. (In *Bioenergetik für Jeden* finden Sie genaue Anleitungen für
diese Übung.)

Mein üblicher Tagesanfang, nach dem Waschen und vor dem Früh-
stück, sieht so aus, daß ich mich für mehrere Minuten über den
Stuhl lege, damit mein Körper sich dehnen und strecken und meine
Atmung sich vertiefen kann. Ich liege in verschiedenen Positionen
und arbeite mich vom oberen bis zum unteren Rücken hinab. Trotz
all der Jahre, die ich mit dem Stuhl gearbeitet habe, sind diese Positionen immer noch unangenehm. Sie können auch solange nicht
angenehm sein, wie im Rücken oder im Schultergürtel noch irgendwelche Spannungen vorhanden sind. Für manche Menschen sind
sie wegen der verspannten Rückenmuskulatur jedoch durch und
durch schmerzhaft. Einige befürchten vielleicht, daß ihnen der
Rücken bricht, was nicht passieren wird, aber man sollte nicht in
einer schmerzhaften Stellung liegen bleiben, wenn das zu beängstigend ist. Und doch ist der Schmerz kein negatives Zeichen, da
er den Konflikt zwischen dem Wunsch, loszulassen, und der Angst
davor zeigt. Der Schmerz kann jederzeit durch Seufzen und Stöhnen
verringert werden, wodurch etwas von der Spannung abgeführt und
die Atmung vertieft wird.

Nachdem ich mit dem Stuhl gearbeitet habe, mache ich die Erdungsübung, die ich oben beschrieben habe. Sobald meine Beine zu vibrieren angefangen haben, fühlt sich mein ganzer Körper aufgeladener und lebendiger. An diesem Punkt führe ich ein paar Schlag- oder andere Übungen durch, bei denen meine Arme und Schultern mit einbezogen werden. Und von Zeit zu Zeit erlaube ich mir zu weinen, wenn mir klar wird, wie rigide ich gewesen bin, und wie sehr mein Leben ein Kampf gewesen ist. Solange ich weinen kann, weiß ich, daß mein Körper weich und mein Herz offen ist. Diese regelmäßige Arbeit an mir selbst hat mir geholfen, an den Punkt zu gelangen, wo ich meinen aufgestauten Ärger entladen und es aufgeben kann, ein ärgerlicher Mann zu sein.

Das überraschende Resultat ist, daß mir mein Ärger leicht zugänglich ist. Ich kann fühlen, wie er hochschwappt, wenn ich glaube, daß jemand mich übervorteilt hat. Ich kann ihn mit meinen Augen ausdrücken, so daß Menschen sehen können, daß ich ärgerlich bin, ohne daß ich sie angreifen muß. Durch diesen Zugang zu meinem Ärger fühle ich mich mehr als Mensch, und weil man mir auch häufiger so begegnet, muß ich immer seltener ärgerlich werden. Ich habe auch weniger Angst, seit ich weniger angreifbar bin und mich weniger abgrenze, da ich in meinem Denken und im Herzen offener bin.

Wenn wir über ein gesundes Herz sprechen, müssen wir erkennen, daß dieses nur in einem gesunden Menschen existiert. Wollen wir ein gebrochenes Herz heilen, muß die Rolle, die Liebe im Leben spielt, deutlich gemacht werden. Hierbei kann eine Analogie hilfreich sein. Ich habe das Herz als die Nabe eines Rades beschrieben, dessen Speichen die Liebesimpulse darstellen, die vom Herzen ausgehen. Diese Impulse stützen, wie die Speichen, die Felge oder die Grenze des Individuums. So wie ein Rad nicht ohne Felge funktionieren kann, kann ein Mensch nicht ohne Grenze funktionieren, die das Selbst absteckt.

Wenn ich mit einem Menschen arbeite, um ihm zu helfen, sein Herz zu öffnen, schlage ich ihm nicht vor, seine sämtlichen Schutzwälle fallenzulassen. Das würde ihn auf die Ebene eines Kindes einschränken, das vielleicht ganz Herz, aber außerdem auch abhängig und hilflos ist. Aus diesem Grunde ist es so wichtig, einem Menschen dabei zu helfen, daß er seinen Ärger spürt und sich damit identifiziert. Wenn er die Möglichkeit hat, sich zu wehren, muß er sich weder in einer Festung einschließen, um sich zu schützen, noch in einer schmerzlichen Situation verbleiben.

In Kapitel 3 habe ich die Wachstumsstufen besprochen und beschrieben, wie die Persönlichkeit in zwei Zentren aufgespalten wird, das Herz und das Ich. Wir werden uns diese Stufen in Hinsicht auf die Qualität der Liebe, für die jede steht, noch einmal anschauen (siehe Abbildungen 9 und 10).

Liebe = Wunsch nach Nähe und Kontakt

a. Die Liebe
des Kleinkinds . . . . . . braucht Wärme, Nahrung,
Unterstützung und Schutz;
bictct im Austausch dafür
eine Verbindung zur Zukunft an,
die über das Selbst hinausgeht;
Erneuerung und Wiedergeburt

b. Kindliche Liebe . . . . braucht Unterstützung, Schutz
und Anerkennung;
bietet im Austausch dafür an,
die Freude am Spiel zu teilen

c. Mädchen- oder
Jungenliebe . . . . braucht Unterstütung, Anerkennung
und Anleitung;
bietet im Austausch dafür an,
die Erregung des Abenteuers zu teilen,
sowie tiefe Freundschaften

d. Jugendliche Liebe . . braucht Anleitung und Freiheit;
bietet im Austausch dafür
die Erregung und Spannung
von Liebesabenteuer
und Sexualität an

221

e. Erwachsene Liebe   . . braucht eine/n Gefährten/in,
                         um das Leben mit ihm/ihr zu teilen;
                         bietet im Austausch dafür
                         Zuneigung, Respekt
                         und Unterstützung an

Das obige ist eine angemessene Darstellung dessen, wie die Liebe
sich entfaltet, während der Mensch sich entwickelt und heranreift.
Wenn diese Entwicklung durch Kindheitserfahrungen behindert
wird, die dem Kind das Herz brechen, wird der Liebesimpuls eingeschränkt und dringt nur zögernd, schwach und halbherzig durch.
Das Ausmaß der Behinderung hängt vom Zeitpunkt und der
Schwere dieser frühen Erfahrungen ab. Die Folge ist, daß der Liebesimpuls unerfüllte Bedürfnisse aus den früheren Stufen in sich
birgt. Die Worte, »Ich liebe dich«, können bedeuten:
(a) »Ich brauche es, von dir versorgt zu werden«;
(b) »Ich brauche deine Unterstützung«;
(c) »Ich brauche deine Anerkennung«;
(d) »Ich brauche es, daß du sexuell auf mich reagierst«;
(e) »Ich möchte mein Leben mit dir teilen.«
Die Liebe mancher Menschen enthält ein stark infantiles Element;
bei anderen wieder ist das romantische Element sehr ausgeprägt.
Sind diese frühen Elemente stark vertreten, schrumpft das reife
Element. Darum möchte ich, wenn ein Patient von Liebesgefühlen
für einen Ehegefährten oder Partner spricht, wissen, aus welcher
Schicht der Persönlichkeit er oder sie spricht. Ich bewerte die Lie-
besäußerung nach dem Reifestand des Individuums.
Für die Behandlung eines Menschen wegen irgendwelcher emotionalen Schwierigkeiten reicht es nicht aus, wenn man sich nur auf
das Herz konzentriert. Wenn wir uns auf den ganzen Menschen
ausrichten und verstehen, daß Liebe für sein Problem wesentlich
ist, können wir ihm helfen, sein Herz zu öffnen und die Erfüllung
in der Liebe zu finden, die er sucht. Einer meiner Patienten, den
ich Michael nennen will, hatte mehrere frustrierende Erfahrungen
mit Frauen gemacht, trotz der Tatsache, daß es sein wichtigstes Le-
bensziel war, Liebe zu finden. Michael war ein kräftiger, vitaler

und gutaussehender Mann, zu dem sich viele Frauen hingezogen fühlten. Er reagierte warmherzig auf sie, weil er das Gefühl hatte, daß ein Leben ohne die Liebe einer Frau leer war. Trotzdem war seine Ehe gescheitert, und drei weitere längere Beziehungen waren auseinandergegangen. Er suchte nach der idealen Frau, einer, die seine sämtlichen unerfüllten Bedürfnisse befriedigen würde. Aber jedes Mal, wenn er die Liebe einer Frau besaß, sah er nur, wie sie darin versagte, seinem Ideal zu entsprechen. Andrerseits wurde er von einer Frau, die sich weigerte, sich voll auf ihn einzulassen, abhängig und durchlebte sehr schmerzliche Gefühle. Hätte es nicht sein können, daß sie doch die ideale Frau war? Wenn eine Frau sich ihm entzog, rief das die gleichen tabuisierten Gefühle in ihm wach, die er seiner Mutter entgegenbrachte.

Diese Analyse war, obwohl sie zutraf, nicht das Ausschlaggebende für Michaels Veränderung. Er wußte von der engen Bindung an seine Mutter. Was er dagegen nicht wußte, war, wie diese Bindung ihn auf die Ebene eines Jungen fixierte. Ich wies Michael darauf hin, daß es sein Thema war, ein Mann zu werden, nicht Liebe zu finden. Mit der Zeit begann er zu verstehen, wie er sich in seinen Beziehungen zu Frauen selbst verriet, so wie auch seine Mutter ihn verraten hatte, indem sie ihn zu ihrem »kleinen Mann« machte. Diese Einsicht brachte in ihm Ärger auf seine Mutter und die anderen Frauen hoch, sowie das starke Gefühl, daß er gar nichts von ihnen brauchte. Da er nicht länger bedürftig war, konnte er wie ein Mann lieben – von ganzem Herzen.

Um diesen Punkt zu erreichen, braucht es beträchtliche analytische Arbeit. Nach dem Liebeskummer der Kindheit entwickelt sich die Persönlichkeit mit vielen Kurven und Windungen. Erwachsene sind selten direkt und offen; viel häufiger sind sie indirekt und abwehrend, unterwürfig und voller Groll. Das muß durchgearbeitet werden. Eine der Übungen, die ich anwende, zielt darauf ab, einem Menschen zu helfen, Nein zu sagen. Mit ausgestreckten Beinen auf dem Bett liegend, wird er angewiesen, so heftig zu treten, wie er kann. Gleichzeitig fordere ich ihn auf, so laut und langanhaltend wie möglich »Nein« zu sagen. Wird das Wort »Nein« auf diese Weise gehalten, hat das auf die Atmung eine starke Wirkung und hilft auch, Gefühle freizusetzen. Wenn ein Mensch in seiner Selbstbehauptung nicht blockiert oder behindert ist, kommt das Nein laut und deutlich heraus. Das ist aber nicht immer der Fall. Die meisten Menschen finden es schwer, sich energisch auszudrücken, ohne daß sie dazu provoziert wurden. Man hat ihnen als Kind nicht erlaubt, sich zu behaupten, und so fällt es ihnen auch als Erwachsene schwer. Diese Übung bietet eine Möglichkeit, sich dem Problem zu stellen und, durch fortgesetzte Anwendung, es zu überwinden. Man kann, um Selbstbehauptung zu trainieren, auch im Stehen »Nein« sagen, entweder zu einem Therapeuten oder zu einer Gruppe.

Die Fähigkeit, »Nein« zu sagen, ist ein Zeichen dafür, daß ein Individuum sich sicher fühlt. Eine unsichere Person agiert ihr »Nein« aus, indem sie nicht tut, um was sie gebeten wurde, und sich dann dafür entschuldigt, indem sie behauptet, vergeßlich gewesen zu sein. Ihre Vergeßlichkeit mag real sein, aber sie ist ein Symptom für Feindseligkeit. Das gleiche gilt für den Menschen, der unterwürfig »Ja« sagt. Auch wenn er versucht, seinen Groll zu verbergen, wird dieser sich in vielen kleinen Anzeichen äußern, die der andere wahrnimmt. Dagegen ist es ein Zeichen für Vertrauen in einen anderen Menschen, wenn man offen und direkt »Nein« zu ihm sagt. Ohne die Annahme, daß der andere unsere Gefühle versteht und akzeptiert, wäre es unmöglich, mit ihm zu teilen, was in uns selbst vorgeht.

Im allgemeinen wird ein ehrliches Nein leichter akzeptiert. Der andere ist vielleicht über diese Weigerung nicht glücklich, aber er oder sie schätzt den Respekt und das Vertrauen, die mit einem solchen Nein ausgedrückt werden. Ein ehrliches Ja oder »Ich liebe dich« von demselben Menschen hat dann um so größere Überzeugungskraft. Sehr häufig werden die Worte »Ich liebe dich« benutzt, um Konflikte zu vermeiden oder Feindseligkeit zu überspielen. Bei vielen Menschen ist es die Angst vor dem Verlassenwerden und nicht Liebe, die sie in einer Beziehung hält. In diesem Zusammenhang bedeutet der Satz »Ich liebe dich« nicht, was die Worte eigentlich meinen.

Was wir hier über das offene und direkte Nein gesagt haben, gilt für jede Beziehung, in der Vertrauen eine Rolle spielt. Dem Mann, der zu seinem Chef nicht Nein sagen kann, bringt dieser weder Vertrauen noch Respekt entgegen, weil seine Unterwürfigkeit auf Angst beruht. Darüber hinaus untergräbt die Selbstverleugnung, die einer unterwürfigen Haltung innewohnt, die Fähigkeit eines Menschen, kreativ oder innovativ zu sein. Ja-Sager mögen gut darin sein, Anordnungen auszuführen, aber sie sind verloren, wenn von ihnen verlangt wird, daß sie auf eigenen Füßen stehen.

Für alle Beziehungen gilt, daß es nicht darum geht, den eigenen Weg zu verfolgen, sondern sich auszudrücken. Wir alle wissen, daß mangelnde Kommunikation ein Problem in Beziehungen ist. Aber ebenso wie wir den Mund nicht aufmachen, um unsere wirklichen Gefühle mitzuteilen, hören wir nicht, was andere zu sagen haben. Wir hören zwar die Worte, fassen sie aber sehr oft als persönlichen Angriff auf, statt als eine Äußerung der Gefühle, die der andere hat. Wenn wir unseren Verstand abschotten, schotten wir auch unser Herz ab. In diesem Fall verschlechtert sich die Situation zu einem Konflikt, der nur durch den Einsatz von Macht gelöst werden kann. Der andere kann sich uns unterwerfen, oder wir uns ihm, um die Beziehung aufrechtzuerhalten. Mit diesem Verhalten setzen wir jedoch das Verhaltensmuster aus unserer Kindheit fort, wo Mutters oder Vaters »Nein« immer das letzte Wort war.

Eine offene Geisteshaltung, ein offenes Herz und die Bereitschaft, zuzuhören, sind ganz ersichtlich Wesenszüge eines liebevollen Menschen. So sieht die Persönlichkeit aus, die Kopf und Herz mit der Sexualität vereinigt hat (vgl. Abbildung 11 in Kapitel 3). Wir haben im ersten Kapitel gesehen, daß die enge Verbindung zwischen diesen Segmenten bei vielen Menschen unterbrochen ist, so daß das Denken vom Fühlen und die Sexualität von der Liebe abgespalten sind. Dieser Bruch zerstört die Einheit der Persönlichkeit, so daß es keinen Zusammenhang zwischen dem Verhalten im Geschäftsleben und dem in der eigenen Familie gibt. »Liebe Deinen Nächsten« mag sonntags in der Kirche ein bedeutungsvoller Leitsatz sein, der aber am Montagmorgen im Büro keine Wichtigkeit mehr hat. Wenn das Leben in verbindungslose Abschnitte aufgeteilt ist, gilt ähnliches für die Affäre mit der Sekretärin oder Kollegin einerseits und die Liebe, die man der eigenen Frau bekundet, auf der anderen Seite: beides steht nicht im Widerspruch zueinander. In verschiedenen Situationen immer wieder ein anderer Mensch zu sein aber heißt, in keiner Situation ein ganzer Mensch zu sein. Man mag liebevolle Gefühle verspüren, aber sie sind begrenzt und unvollkommen.

Was heißt es, ein ganzer, liebevoller Mensch zu sein? Im allgemeinen kann in der Liebe der Kopf dem Herzen nicht diktieren, was es zu tun hat. Man kann nicht beschließen, den oder die zu lieben und auch nicht, wann man sich verlieben will. In vielen Fällen würde der Kopf nicht dasselbe Liebesobjekt wählen wie das Herz, aber wer hört schon auf den Kopf, wenn es um Liebe geht? In der Hitze der Leidenschaft kann kühle Vernunft nicht die Oberhand gewinnen. Heißt das, wir machen einen Fehler, wenn wir dem Wunsch unseres Herzen folgen? Ich glaube nicht. Es stimmt, daß wir auf der Höhe der Leidenschaft dazu neigen, den Menschen, den wir lieben, zu idealisieren; aber es liegt etwas Bemerkenswertes darin, daß er oder sie uns in solchem Maße erregt. Leider kann es sein, daß wir mit einer ganz anderen Realität konfrontiert werden, wenn wir wieder auf der Erde landen – Probleme, Mängel und alle möglichen menschlichen Schwächen. Heißt das, daß die Liebe blind war? Nicht unbedingt.

In Kapitel 3 haben wir gesehen, daß die Persönlichkeit infolge des frühen Liebesverlustes in zwei separate Zentren, das Herz und das Ich, gespalten wird. Als Verteidigungsmaßnahme schließt das Ich das Herz in einen Schutzkäfig ein und prüft jeden, der sich ihm mit kritischem und zynischem Auge nähert. Aber die ganze Zeit über hält das Herz nach jemandem Ausschau, den es lieben kann, nach jemandem, der es befreit. Wenn es diesen Menschen findet, überrennt es seinen Fänger und entflieht seinem Gefängnis. Weil das Auge des Herzens unfehlbar ist, findet es immer den richtigen Menschen, aber es bleibt nicht immer frei. Wenn die Flitterwochen vorbei sind, wenn Liebende sich der Realität des Alltagslebens stellen müssen, übernimmt das Ich das Kommando und stellt den Status der Vorbeugehaft wieder her.

Daß die anfängliche Intensität der erotischen Liebe nicht erhalten bleibt, schmälert nicht die Bedeutung, die sie im menschlichen Leben hat. Wenn auch das Feuer, das zwischen zwei Liebenden entfacht wird, nicht die ganze Zeit weiter hell flackert, verlöscht es doch nicht ganz. Im innersten Kern brennt es stark, und in den Augen der Liebenden sind immer noch Flammen dieses Feuers zu sehen, auch wenn sie ein Leben lang zusammen sind. Auch sollten wir nicht vergessen, daß es in Augenblicken der Ekstase aufflackert, wenn die beiden sexuell zusammenkommen. Nein, daß Liebesbeziehungen versagen, wird nicht durch das Wesen der erotischen Liebe, sondern durch die Spaltung der menschlichen Persönlichkeit verursacht. Die Vorstellung, daß die Liebe uns befreit, ist eine Illusion, die ihre Wurzeln in dem Kinderglauben hat, daß wir im Paradies wären, wenn Mutter uns bedingungslos liebte. So selten es ist – das Kind, das von seiner Mutter bedingungslos geliebt wird, genießt tatsächlich die menschliche Entsprechung zum himmlischen Segen. Die meisten von uns sehnen sich nach dieser Liebe, ohne sie jemals zu erhalten. Trotzdem überlebt das Sehnen, das wir als Kinder verspürten, in unserem Herzen und untermauert unseren Glauben daran, daß die Liebe uns befreien wird. Daß das vorübergehend möglich ist, ist ein Tribut an die Macht der Liebe. Aber wir können nur frei sein, wirklich frei, wenn unser ganzes Wesen von Liebe durchdrungen ist – wenn wir wirklich ein liebevoller Mensch geworden sind.

Um ein liebevoller Mensch zu werden, müssen wir den Riß zwischen dem Ich und dem Herzen heilen. Das bedeutet nicht, daß das Ich auf seine Stellung als Richter über die Realität verzichten oder der Kopf seine führende Position in der Persönlichkeitshierarchie aufgeben muß, sondern daß Kopf und Herz zusammenarbeiten müssen, um die Gesundheit und das Glück des Menschen zu fördern. Wir müssen erkennen, daß Macht und Liebe gegensätzliche Bestrebungen und Werte sind. Macht erzeugt Ungleichheit; ihr Einsatz erfordert den Ausschluß von Gefühlen. Liebe hingegen beruht auf der Erkenntnis der Gleichwertigkeit. Selbst die Beziehung einer Mutter zu ihrem Kind muß einschließen, daß sie das Kind ebensosehr als Menschen anerkennt wie sich selbst. Fehlt diese Anerkennung, wird das Kind einen narzißtischen Charakter entwickeln und nicht imstande sein, andere Menschen als gleichwertig zu betrachten.

Macht verseucht oft die intimen Beziehungen zwischen Erwachsenen, indem sie das Vertrauen untergräbt, das so wesentlich ist, damit die Liebe blühen kann. Das am meisten verbreitete Machtmittel ist Geld. Viele Menschen benutzen Geld, um andere zu kontrollieren und zu beherrschen, indem sie es geben oder zurückhalten, um ihren Forderungen Nachdruck zu verleihen. Auch glauben viele Menschen, daß sie mit Geld Liebe kaufen können. Aber Liebe gehört keinesfalls zu den Dingen, die mit Geld erworben werden können; vielmehr steht Geld oft der Liebe im Weg.

Der Besitz von Geld oder Macht sowie das Erreichen von Erfolg oder Ruhm muß nicht zwangsläufig verhindern, daß ein Mensch im vollen Sinne des Wortes liebt. Wenn jedoch das Verfolgen dieser Ziele die Persönlichkeit beherrscht, ist das Ich vom Herzen abgespalten, und der Mensch ist unfähig, mit seinem ganzen Wesen zu lieben. Der Drang nach Macht, Erfolg oder Ruhm erfordert, daß maßlos viel Energie auf diese Ziele umgeleitet wird. Aber durch die Umleitung von Energie wird der Körper rigide, und der rigide Körper verschmilzt nicht leicht in Liebe. Die Anfälligkeit der typischen A-Persönlichkeit für Herzleiden steht in direktem Zusammenhang mit der Rigidität, die mit dem Erfolgszwang einhergeht. Wie wir gesehen haben, hängt sie auch mit Feindseligkeit, Panik und einem gebrochenem Herzen zusammen. Wir können uns auf den einen oder anderen Aspekt dieses Problems konzentrieren, aber die Folgen für den Körper sind jedesmal sehr ähnliche.

Daraus folgt nicht, daß ein Mensch, der lustbetont ist, nicht Geld, Erfolg oder Ruhm besitzen kann. Lust wohnt dem kreativen Prozeß inne,[72] und ein liebevoller Mensch ist ganz einfach deswegen sehr kreativ, weil sein Herz an allem, was er tut, beteiligt ist. Er kann Macht, Ruhm und Erfolg erwerben, aber er wird von diesen Werten nicht beherrscht und opfert ihnen auch nicht seine Integrität.

Gewisse Ich-Werte – wie Achtung, Würde, Ehrlichkeit, Gerechtigkeit – harmonisieren mit den Werten des Herzens und helfen die Einheit der Persönlichkeit fördern. Achtung ist in jeder Liebesbeziehung zwischen reifen Erwachsenen von ganz wesentlicher Bedeutung. Ist keine Selbstachtung vorhanden, hat das Liebesgefühl eine infantile oder kindische Qualität und drückt eher das Bedürfnis nach Unterstützung und Versorgung aus, als den Wunsch, schöne Gefühle miteinander zu teilen. Ist keine Achtung für den Partner vorhanden, verkommt die Beziehung zu einer, in der man nur noch aus Bequemlichkeitsgründen zusammen ist. Nur das Individuum, dem Achtung wichtig ist, kann ein liebevoller Mensch sein. Das muß nicht heißen, daß dieser Mensch niemals ärgerlich auf seinen Gefährten oder seine Gefährtin wird. Wir haben im ersten Kapitel angeführt, daß ambivalente Gefühle in Liebesbeziehungen allgemein verbreitet sind. Aber Ambivalenz führt immer zu einem Verlust an gegenseitiger Achtung in der Partnerschaft, der die Beziehung mit der Zeit untergräbt. Selbstachtung und Achtung für den anderen erfordern, daß man sich der Situation stellt und seinen Ärger zeigt, damit die Beziehung auf solider Basis wieder hergestellt werden kann.

Würde, der äußere Ausdruck von Selbstachtung, ist ein weiterer Ich-Wert, der die Liebe bereichert. Sie verleiht der Persönlichkeit ein hohes Maß an Aufladung und damit an Attraktivität. Weil das würdevolle Individuum sich stolz aufrecht hält, verwechseln viele Menschen Würde mit Rigidität, aber das ist nicht das gleiche. Der rigide Mensch hält sich aus Angst vor dem Zusammenbrechen aufrecht. Der würdevolle Mensch hat keine Angst, zusammenzubrechen – er ist weder steif noch überheblich, und er kann weinen. Sein Verhalten verdient unsere Achtung und verspricht, daß auch wir mit Achtung behandelt werden.

Ehrlichkeit ist ein weiterer Zug, der für den liebevollen Menschen charakteristisch ist, weil sie einen Zustand innerer Einheit darstellt. Der Mensch, bei dem Kopf und Herz getrennt sind, sagt einmal dies und einmal das. Jede Liebeserklärung, die er macht, wird von dem Mißtrauen und dem Argwohn, die er ausstrahlt, Lügen gestraft. Auch mit sich selbst ist er nicht ehrlich. Stattdessen überspielt er seine negative Haltung oder rechtfertigt sie, indem er anderen Vorwürfe macht. Aber mit jeder Lüge, die er von sich gibt, wird die Spaltung in seiner Persönlichkeit vertieft, denn sein Herz weiß die Wahrheit. Auch schadet jede Lüge seiner Verbindung zu anderen Menschen, weil man nicht ein offenes Herz haben und gleichzeitig lügen kann.

Leider sind die wenigsten von uns den Traumata der Kindheit entkommen, die uns zwangen, unsere Herzen zu isolieren und uns gegen die Liebe zu panzern. Trotzdem sehnen wir alle uns nach Liebe, auch wenn wir unsere Herzen nicht ganz öffnen können, solange wir uns nicht sicher fühlen. Diese Sicherheit werden wir nicht in der Liebe eines anderen Menschen finden, sondern nur in der Liebe, die wir für uns selbst verspüren. Wie ich in einem früheren Buch bereits ausgeführt habe, ist diese Selbstliebe kein Narzißmus.[73] Sie ist auch keine Selbstsucht. Wenn das Liebesgefühl, das Gefühl, auszugreifen, sich im ganzen Körper ausbreitet, erfahren wir es als Selbstliebe, weil es uns Genuß schenkt. Berührt dieses Gefühl einen anderen Menschen, erleben wir die Freude gegenseitiger Liebe oder das, was Psychologen »Objektliebe« nennen. Aber in Wirklichkeit sind die beiden eins, wie Erich Fromm sagt: »…wir selbst sind ›Objekte‹ unserer Gefühle und Einstellungen; dabei stehen unsere Einstellung zu anderen und die zu uns selbst keineswegs miteinander im Widerspruch, sondern hängen eng miteinander zusammen.« Deswegen, schreibt er, »wird man bei allen, die fähig sind, andere zu lieben, beobachten können, daß sie auch sich selbst lieben.«[74] Aber wir können uns selbst nur lieben, wenn Achtung, Würde und Ehrlichkeit die Werte sind, nach denen wir leben.

Kopf und Herz miteinander zu verbinden, ist die eine Hälfte der Aufgabe, ein liebevoller Mensch zu werden. Die andere Hälfte besteht darin, die Verbindung zwischen Herz und Genitalien wieder herzustellen, damit die sexuelle Aktivität aufrichtig empfunden wird. Tatsächlich gibt es eine Blutsverbindung zwischen Herz und Genitalien; sonst könnten wir uns nicht sexuell erregt fühlen. Aber weil wir den Blutfluß nicht spüren, nehmen wir auch diese Verbindung nicht bewußt wahr. Das Spüren dieser Verbindung hängt von der Tiefe unserer Atmung ab. Wenn wir Liebe und Sexualität nicht zusammenbringen können, beschränken wir das Atmen auf die obere Körperhälfte und halten den Atem zurück. Den Atem voll herauszulassen, ist Vorbedingung für ein Loslassen in der Sexualität. Wenn unsere Atmung sich bis tief in den Unterleib erstreckt und den Beckenboden berührt, spüren wir die Verbindung zwischen

230

Brustkorb und Unterleib. In diesem Fall ist die sexuelle Erregung, wenn sie eintritt, nicht auf die Genitalien beschränkt, sondern schließt schöne warme und schmelzende Empfindungen im Unterleib mit ein. Wenn sexuelle Gefühle nicht auf die Genitalien reduziert sind, erfassen sie den ganzen Körper und kommen darum auch von ganzem Herzen. Manche Menschen glauben, daß die sexuelle Erregung mit zunehmender Vertrautheit natürlicherweise abnimmt, aber ich glaube, das gilt nur für die Erregung des Vorspiels. Die Endlust oder die Befriedigung durch den Orgasmus wächst mit zunehmender Vertrautheit, weil man sich in der Sicherheit der Liebe uneingeschränkter hingeben kann.

Meine Konzentration auf Liebe und Sexualität mag einige Leser und Leserinnen zu der Frage geführt haben, ob ich nicht den spirituellen Aspekt von Liebe außer acht gelassen habe. Was ist mit der Liebe zu Gott? Liebe ich denn Gott nicht, wenn ich Freude an Seiner Schöpfung finde? Kann denn die Liebe für Gott von der Liebe für Seine Geschöpfe getrennt werden?

Ich habe in diesem Buch immer wieder betont, wie wichtig es ist, ein einheitliches Wesen zu sein. Von Spiritualität als von etwas zu sprechen, das von sämtlichen anderen menschlichen Beschäftigungen abgetrennt ist, heißt, die Einheit der Persönlichkeit zu spalten. In meiner Sicht ist Spiritualität die Kehrseite von Sexualität; beide gehen vom Herzen aus. Wenn wir nach oben schauen, berühren wir den Himmel; schauen wir nach unten, treten wir in Verbindung mit der Erde. Aber wie bei den Bäumen kann unser Ausgreifen nach oben nicht kräftiger sein als die Verbindung, die wir zur Erde haben. Können wir wahrhaftig spirituell sein, wenn wir nicht sexuell sind? Ich glaube nicht.

Wenn die großen Mystiker und religiösen Lehrer recht haben, wohnt Gott im Herzen. Jede Aktivität, in die wir unser ganzes Herz legen, wird zu einem spirituellen Ausdruck, einem Ausdruck unserer Seele. So gesehen ist Sexualität, wenn sie direkter Ausdruck der Liebe ist, gottgegeben und erhaben. Umgekehrt kann die Vereinigung mit Gott oder die Verschmelzung mit dem kosmischen Bewußtsein einen sexuellen Beiklang haben. Sobald eine Frau einem katholischen Orden beitritt und ihr Leben religiöser Andacht weiht, wird sie zur Braut Christi. Ich denke gerne, daß wir spirituell in unserer Sexualität und sexuell in unserer Spiritualität sind, wenn unsere Herzen ganz offen sind.

Am Anfang dieses Buches habe ich das Wesen der Liebe erörtert, von der ich sagte, sie stehe im Zentrum des Lebens. So wie wir wachsen und uns entwickeln, verändert sich unsere Liebe, die mehr von der Welt umfaßt und reift, während wir mehr Verantwortung übernehmen für die, die wir lieben. Ein liebevoller Mensch liebt das Leben und alles Lebendige und alles, was das Leben erhält. Diese Liebe fördert den andauernden Prozeß menschlichen, tierischen und pflanzlichen Lebens. Verantwortung bedeutet keine Last und keine Verpflichtung. Verantwortung heißt, mit Liebe zu antworten – doch niemals aus einer Pflicht heraus. Pflicht und Liebe sind unvereinbar, denn Liebe ist die Antwort eines freien Menschen, dessen einzige Schuldigkeit – wenn überhaupt – es ist, ein liebevoller Mensch zu sein.

Anmerkungen

1 Kitzup Sh'lh, zitiert in Edith B. Schnapper: *The Inward Odyssey*. London: George Allen and Unwin Ltd. 1965, S.141.
2 Kaivalya Upanischade, zitiert in Schnapper, a.a.O.,S. 130.
3 George A. Maloney: *Prayer of the Heart*. Notre Dame, Ind.: Ave Maria Press 1983, S. 25.
4 David Steindl-Rast: *Fülle und Nichts. Die Wiedergeburt christlicher Mystik*. München: Goldmann 1986, S. 31.
5 Chandaya Upanischade, 8.3.3.
6 Alexander Lowen: *Körperausdruck und Persönlichkeit*. München: Kösel 1985, S. 99.
7 Siehe Alexander Lowen: *Lust – Der Weg zum kreativen Leben*. München: Goldmann 1984.
8 Diese Auffassung von Sadismus stellte Wilhelm Reich, mein Lehrer, in einem Seminar einem kleinen Kreis vor. Ich glaube nicht, daß sie jemals veröffentlicht wurde
9 William H. Masters und Virginia E. Johnson: *Die sexuelle Reaktion*. Frankfurt a.M.: Akademische Verlagsgesellschaft 1967.
10 L.A. Abramov: »Sexual Life and Sexual Frigidity Among Women Developing Acute Myocardial Infarction«, in: *Psychosomatic Medicine* 38 (Dezember 1976), S. 418 – 424.
11 A.J. Wahrer und R.C. Burchell: »Male Sexual Dysfunction Associated with Coronary Heart Disease«, in: *Archives of Sexual Behavior* 9 (1980), S. 69.
12 Ebd., S. 70.
13 Wilhelm Reich: *Die Funktion des Orgasmus. Die Entdeckung des Orgon I*. Frankfurt a.M.: Fischer 1979, S. 76 – 91.
14 Lowen: *Körperausdruck und Persönlichkeit*. A.a.O., S. 100.
15 Reich, a.a.O.,S. 80.
16 Marie Robinson: *Die erfüllte Frau. Wesen, Ursachen und Behandlung der weiblichen Gefühlskälte*. Rüschlikon Zürich: A. Müller 1967.
17 Für eine ausführliche Behandlung des ödipalen Problems, seines kulturellen Ursprungs und seiner Auswirkungen auf Sexualität und Persönlichkeit vergleiche Alexander Lowen: *Angst vor dem Leben. Über den Ursprung eines seelischen Leidens und den Weg zu einem reicheren Dasein*. München: Kösel 1981.
18 Alexander Lowen und R.L. Hiewen: *The Way to Vibrant Health*. New York: Harper & Row.
19 Über diesen Fall wird ausführlich berichtet in: Alexander Lowen: *Depression. Unsere Zeitkrankheit. Ursachen und Wege der Heilung*. München: Kösel 1978, S. 170 – 186.
20 Arthur P. Moyes: *Modern Clinical Psychiatry*. Philadelphia: W.B. Saunders & Company 1934, S. 90.
21 Clancy Sigal: »Beware the Forgotten Child in the Marathon Male«, in: *International Herald Tribune* v. 10. Juni 1986.
22 Alexander Lowen: »A Case of Migraine, Bioenergetic Analysis, A Clinical Journal«, 1, S. 117 – 24.
23 Sigmund Freud: *Trauer und Melancholie*. In: *Gesammelte Werke*, Bd. X: Werke aus den Jahren 1913 – 1917. Frankfurt am Main: Fischer 1973, S. 130 – 139.
24 Lowen: *Depression*. A.a.O., S. 130 – 139.

25 Für eine ausführlichere Besprechung des Unterschieds zwischen Wut und Ärger vergleiche: Alexander Lowen: *Narzißmus. Die Verleugnung des wahren Selbst.* München: Kösel 1983, S. 110 – 111.

26 Für eine ausführliche Analyse dieses Persönlichkeitstyps vergleiche ebd..

27 Meyer Friedman und Diane Ulmer: *Treating Type A Behavior and Your Heart.* New York: Alfred Knopf 1984, S. 4.

28 Ebd., S. 5.

29 Ebd., S. 144.

30 Stephen Sinatra, unveröffentlichte Daten, die auf einer zehnjährigen Untersuchung über die Aufnahme von Patienten mit Herzgefäßleiden im Manchester Hospital beruhen.

31 I.M. Dombroski u.a. Wiedergegeben von R.B. Williams in: *Integrative Psychiatry* 2, Nr. 4, S. 133.

32 J.C. Barefoal u.a., in: *Psychosomatic Medicine* 45, 1983, S. 13.

33 Friedman und Ulmer, a.a.O.,S. 45.

34 Ebd., S. 31.

35 James Lynch: *Das gebrochene Herz.* Reinbek: Rowohlt 1979.

36 Diese Statistik ist altersgebunden.

37 Lynch, a.a.O.,S. 226.

38 Ebd., S. 193.

39 Stewart Wolf und Helen Goodell: *Behavioral Science in Clinical Medicine.* Springfield, Ill: 1926, S. 79.

40 Der Mechanismus für Verleugnung ist ausgeführt in: Lowen: *Narzißmus.* A.a.O., S. 71 – 74.

41 R. Gryglewski: *Prostacycline and Sclerosis.* Wroclaw: Polish Academy of Science 1981.

42 J. Santorski, in: ebd., S. 9.

43 A.M. Master und H.L. Jaffee:»Factors in the Onset of Coronary Occlusion and Coronary Insufficiency: Effort, Occupation, Trauma and Emotion«, in: *JAMA* 148, 1952, S. 794.

44 C. Avery-Clara:»Sexual Dysfunction and Disorder Patterns of Working and Nonworking Wives«, in: *Journal of Mental Therapy* 12, 1986, S. 2.

45 Norman Cousins: *The Healing Heart.* New York: W.W. Norton & Company 1983, S. 36.

46 Ebd., S. 35.

47 Barney M. Olin:»Psychobiology and Treatment of Anniversary Reactions«, in: *Psychosomatics* 26, 1986, S. 505.

48 Ebd., S. 506.

49 George L. Engel:»Death and Reunion: The Loss of a Twin«, in: *Dartmouth Alumni Magazine*, Juni 1981.

50 Ebd.

51 Cousins, a.a.O., S. 134.

52 R. A. De Silva and B. Lown:»Ventricular Premature Beats, Stress and Sudden Death«, in: *Psychosomatics* 19, 1978, S. 694.

53 Ebd., S. 651.

54 Ebd.

55 Ebd., S. 650.

56 Ebd.

57 Ebd., S. 652.

58 A. H. Wellens, A. Venneulen und D. Duren:»Ventricular Fibrillation Occurring on Arousal from Sleep by Auditory Stimulation«, in: *Circulation* 46, 1972, S. 661.

59 De Silva und Lown, a.a.O., S. 658.
60 Cousins, a.a.O., S. 202.
61 Ebd., S. 207.
62 Ebd.
63 G. L. Engel: »Sudden and Rapid Death During Psychological Stress«, in: *Annals of Internal Medicine* 74, 1971, S. 777.
64 M. L. Yawkes: »Emotions as the Cause of Rapid and Sudden Death«, in: *Archives of Neurology and Psychoanalysis* 19, 1936, S. 875 – 879; W. B. Cannon: »Voodoo Death«, in: *Psychosomatic Medicine*, 1957, S. 182 – 190.
65 Cannon, a.a.O., S. 186.
66 J. L. Mathis: »A Sophisticated Version of Voodoo Death, Report of a Case«, in: *Psychosomatic Medicine* 26, 1964, S. 104 – 107.
67 Friedman und Ulmer, a.a.O., S. 141.
68 Vergleiche Lowen: *Angst vor dem Leben*, a.a.O., S. 53 – 56, für eine ausführlichere Erörterung dieses Themas.
69 Norman Cousins: *Der Arzt in uns selbst. Anatomie einer Krankheit aus der Sicht der Betroffenen*. Reinbek: Rowohlt 1981.
70 Alexander Lowen: »Some Thoughts About Cancer«, in: *Bioenergetic Analysis* 3, Nr. 1 1987, S. 1 – 28.
71 Alexander und Leslie Lowen: *Bioenergetik für Jeden. Das vollständige Übungshandbuch*. Gauting: Peter Kirchheim 1984.
72 Lowen: *Lust*. A.a.O., S. 236.
73 Lowen: *Narzißmus*. A.a.O., S. 243.
74 Erich Fromm: *Die Kunst zu lieben*. Frankfurt a.M./Berlin/Wien: Ullstein 1980, S. 71.

Register